数字经济背景下
交通运输业绿色低碳发展研究

严桂琴 著

吉林科学技术出版社

图书在版编目（CIP）数据

数字经济背景下交通运输业绿色低碳发展研究 / 严

桂琴著. -- 长春：吉林科学技术出版社，2024.5

ISBN 978-7-5744-1407-5

Ⅰ．①数… Ⅱ．①严… Ⅲ．①交通运输业－绿色经济

－低碳经济－经济发展－研究－中国 Ⅳ．① F512.3

中国国家版本馆 CIP 数据核字 (2024) 第 102397 号

数字经济背景下交通运输业绿色低碳发展研究

著	严桂琴
出 版 人	宛　霞
责任编辑	靳雅帅
封面设计	树人教育
制　　版	树人教育
幅面尺寸	185mm×260mm
开　　本	16
字　　数	240 千字
印　　张	11
印　　数	1~1500 册
版　　次	2024 年 5 月第 1 版
印　　次	2024 年10月第 1 次印刷

出　　版	吉林科学技术出版社
发　　行	吉林科学技术出版社
地　　址	长春市福祉大路5788 号出版大厦A 座
邮　　编	130118

发行部电话/传真　0431－81629529 81629530 81629531
　　　　　　　　　　　　81629532 81629533 81629534

储运部电话	0431－86059116
编辑部电话	0431－81629510
印　　刷	廊坊市印艺阁数字科技有限公司

书　　号	ISBN 978-7-5744-1407-5
定　　价	70.00元

前　言

在数字经济浪潮下，交通运输业的绿色低碳发展已经成为全球经济可持续发展的焦点之一。数字技术的快速发展和广泛应用为实现绿色低碳目标提供了前所未有的机遇，同时带来了一系列挑战。随着全球人口的不断增加和城市化进程的迅速推进，交通运输业正面临着日益加剧的环境污染、不断增长的能源消耗以及持续恶化的交通拥堵等多重压力。

在这一背景下，数字经济的崛起为交通运输业创造了新的发展机遇。智能交通系统、电动汽车、共享出行等数字技术的应用，为传统交通运输模式带来了颠覆性的改变。为了全面深入地探讨在数字经济条件下交通运输业绿色低碳发展的现状、问题、机遇以及可行性，本书旨在提供对政府、企业和学术界有益的参考和建议。

本书将深入研究如何充分利用数字技术，推动交通运输业朝着更加绿色低碳的方向发展，以实现可持续发展的目标。笔者将分析当前交通运输业所面临的环境挑战和压力，探讨数字技术在减缓环境污染、降低能源消耗方面的潜力；将深入剖析数字经济条件下的绿色低碳发展现状，了解各种新技术和创新对交通行业的影响。本书还将聚焦于研究可行的政策和商业模式，以促进数字技术在交通运输领域的广泛应用。

本书旨在为各方利益相关者提供实用的指导，以共同努力推动交通运输业实现数字化、绿色化和低碳化的目标，为全球可持续发展贡献力量。通过深入研究和全面讨论，我们期望为构建更加环保、高效、智能的交通运输体系提供新思路和实践经验。

目　录

第一章 数字经济与交通运输业绿色低碳发展的背景

在数字经济蓬勃发展的大背景下，交通运输业的绿色低碳发展已然成为全球经济可持续发展的关键议题。数字技术的快速崛起和广泛应用为实现绿色低碳目标提供了前所未有的机遇，也给交通运输业带来了深刻的变革。这一领域面临的挑战日益严峻，随着全球人口不断增加和城市化的迅速推进，环境污染、能源消耗的不断攀升以及交通拥堵等问题日益凸显。

智能交通系统、电动汽车、共享出行等数字技术的应用正在逐步改变传统交通运输模式，为实现绿色低碳目标提供了全新的可能性。本书的研究背景正是在深入剖析在数字经济条件下，交通运输业如何更好地实现绿色低碳发展，以促进可持续发展目标的达成。随着城市化进程的加速，交通需求激增，传统交通模式难以满足日益增长的出行需求，环境问题日益凸显。此外，过度依赖传统燃油交通工具导致的空气污染和温室气体排放也引发了严重的气候变化问题。数字经济条件下，绿色低碳发展成为解决这些问题的当务之急。智能交通系统的推广和发展使得交通流动更为高效，减少了拥堵问题；电动汽车的普及降低了对有限能源资源的依赖，减少了尾气排放；共享出行平台的兴起改变了人们的出行方式，实现了资源的更加有效利用。这些技术创新为绿色低碳发展提供了可行的途径，为构建智能、高效、清洁的交通系统奠定了基础。在研究过程中，我们将深入分析数字经济条件下交通运输业的现状，探讨新技术的应用和发展趋势。我们将关注数字技术在提高交通运输效率、降低能源消耗、减少环境污染方面的潜力，并深入挖掘数字技术在交通运输业中的创新案例。本书将专注于研究政策和商业模式的可行性，以推动数字技术在交通领域的广泛应用。通过制定激励政策，鼓励企业投入绿色低碳领域的研发和创新，政府和企业可以共同推动数字技术在交通运输领域的应用。我们将分析各种商业模式的优劣，为企业提供科学的发展方向，促使其更好地适应数字经济的浪潮。

本书旨在为政府、企业和学术界提供有益的参考和建议，促使各方共同努力，充分利用数字技术的威力，推动交通运输业向绿色低碳的方向发展，实现可持续发展的目标。通过深入研究，我们期望为构建更加环保、高效、智能的交通运输体系提供新思路和实践经验，为全球经济的可持续发展贡献力量。

第一节 数字经济对交通运输的影响

在数字经济快速崛起的时代，其对交通运输的影响不仅是深刻的，更是全方位的。数字技术的广泛应用正在彻底改变交通运输的面貌，为其带来了前所未有的机遇与挑战。这种影响不仅仅体现在提高效率、降低成本上，更涉及整体运输系统的智能化、绿色化和可持续发展。本节将深入剖析数字经济对交通运输的多层面影响，旨在全面展现这一领域正在发生的深刻变革。

一、数字经济为交通运输提供了智能化的解决方案

数字经济的崛起为交通运输领域注入了强大的智能化动力，推动了各种智能化解决方案的发展和广泛应用。

数字经济的蓬勃发展正在深刻改变传统的交通运输模式，为其提供了智能化的解决方案，从而提高了效率、降低了成本，同时改善了用户体验。这一趋势主要得益于数字技术的快速进步，包括大数据分析、人工智能、云计算和物联网等。通过大规模数据的采集、分析和应用，交通管理系统能够更准确地预测交通流量、优化交通信号灯，从而减缓拥堵，提高道路通行效率。实时监控和智能调度也有助于更好地管理交通网络，确保交通系统的安全性和可靠性。共享经济平台结合智能手机应用，使用户能够方便地使用共享车辆、自行车、电动滑板车等交通工具。通过应用程序，用户可以实时查看交通工具的位置、可用性和价格，实现灵活的、即时的出行需求，减少了个体拥有交通工具的必要性，降低了交通拥堵和碳排放。数字化充电基础设施建设，使电动汽车用户能够更加方便地找到充电站点，并通过应用程序实时监测充电状态。智能电池管理系统的应用，能够优化电池充放电过程，延长电池寿命，推动电动汽车的可持续发展。在货物运输领域，数字经济也为物流提供了智能化解决方案。物联网技术使物流公司能够实时追踪货物的位置、温度、湿度等信息，提高货物运输的可视性和安全性。智能路线规划和车队管理系统优化了配送路线，提高了运输效率。数字经济为交通运输提供了智能化的解决方案，促使传统的交通方式向更加高效、灵活和环保的方向发展。这不仅提升了交通运输的效率和用户体验，也为构建更加智能、可持续的城市交通体系奠定了基础。在数字经济的引领下，交通运输领域将持续迎来更多创新，为未来的可持续发展贡献力量。

二、数字经济推动了交通运输工具的电动化发展

数字经济的崛起不仅在交通运输领域推动了智能化解决方案的应用，同时加速了交通

工具的电动化发展。

随着数字经济的兴起，电动化成为交通运输领域的一个重要趋势，得益于数字技术的创新和应用。数字经济推动了交通工具的电动化发展，带来了一系列变革，包括电动汽车、电动自行车、电动滑板车等多种电动交通工具的广泛应用。数字技术的发展使得电动汽车具备更智能、便捷的特性。智能手机应用与车辆互联，用户可以实时监测电池状态、远程控制车辆充电，甚至进行远程预约、导航和车辆状态监测。这些数字化功能提高了电动汽车的用户体验，为用户提供了更多的智能化出行选择。通过应用程序，用户可以方便地查找最近的充电站点、了解充电桩的使用状态和费用情况，实现更为便捷的充电服务。这种数字化的充电基础设施大大提高了电动交通工具的可用性和充电便利性。在共享出行领域，数字经济也推动了电动交通工具的广泛应用。共享电动滑板车、电动自行车等成为城市短途出行的便捷选择，用户通过智能手机应用可以轻松找到附近的可用交通工具，实现即时借还，方便快捷。数字化技术的应用也为电动交通工具提供了更精准的数据分析和智能化调度。通过大数据分析，运营商可以更好地了解用户的出行需求和习惯，优化车辆分布和调度，提高运营效率。数字经济推动了交通运输工具的电动化发展，为实现清洁、高效、智能的出行方式奠定了基础。电动交通工具的普及不仅有助于改善城市空气质量，降低碳排放，还为城市交通注入了更为智能化和可持续的元素。在数字化的引领下，电动交通工具将继续成为未来城市交通发展的重要方向。

三、数字经济催生了共享出行模式的兴起

数字经济的崛起催生了共享出行模式的兴起，为城市居民提供了更加便捷、经济、环保的交通选择。

随着数字经济的迅猛发展，共享出行模式应运而生，成为城市交通领域的一场革命。数字技术的创新为共享出行提供了强大的支持，包括智能手机应用、移动支付、定位技术等，极大地提高了共享出行的便捷性和用户体验。通过智能手机应用，用户可以随时随地查询附近可用的共享交通工具，如共享汽车、电动滑板车、自行车等，并完成实时预订和支付。这种数字化的操作方式大大简化了出行流程，提高了用户的使用便捷性。通过全球定位系统（GPS）和大数据分析，共享出行平台能够实时监测交通工具的位置、使用情况和运营状况。这使得运营商能够更精准地调度车辆，提高车辆利用率，同时减少了用户等待时间。除传统的共享汽车外，电动滑板车、共享自行车等新型共享交通工具纷纷涌现。这种多元化的选择为用户提供了更丰富的出行方式，满足了不同的出行需求。在经济层面，共享出行模式也为用户提供了更为经济的交通选择。相对于传统的个人拥有交通工具，共享模式能够以短时租赁的方式按需支付，减少了用户的固定成本支出，使出行更加灵活和经济。通过更好的优化城市交通资源利用，减少车辆拥堵，共享出行有助于减少交通排放，

改善城市空气质量，推动城市向更为可持续的出行方式转变。数字经济催生了共享出行模式的兴起，为城市居民提供了更加便捷、经济、环保的交通选择。共享出行模式的普及不仅改变了人们的出行方式，还为城市交通体系的升级提供了新的思路和方向。在数字化的引领下，共享出行将继续发展创新，为城市出行带来更多便捷和可持续性。

四、数字经济对物流行业的影响是显著的

数字经济对物流行业的影响显著，推动了物流行业的数字化转型，提高了效率，降低了成本，并为全球供应链的优化提供了新的机遇。

数字经济的快速发展深刻改变了传统的物流模式，为物流行业注入了新的活力。通过物联网、传感器技术和大数据分析，物流公司能够实时监测货物的位置、温湿度、状态等信息，从而提高了整个物流链的可控性，减少了货损和延误。电商平台、物流公司利用先进的信息技术，实现订单的自动化处理、智能仓储管理和路线优化，从而大幅提高了货物的处理速度和配送效率。这不仅减少了人工干预，降低了错误率，也缩短了物流周期，加速了货物的流通。自动化仓储设备、无人机、自动驾驶车辆等技术的应用，使物流过程更加智能、自动化，减少了对人力的依赖，提高了工作效率。智能物流设备能够根据实时数据做出更精准的决策，进一步提升了整个供应链的灵活性。线上支付的推广加速了物流支付的电子化，提高了支付的安全性和效率。数字支付也为物流公司提供了更精细化的财务管理和资金流动掌控。通过数字技术，物流公司能够更好地协调全球供应链，实现全球范围内的货物跟踪、库存管理和运输计划的协同。这种数字化的全球物流网络使得供应链更为灵活、高效，适应了不断变化的市场需求。数字经济对物流行业的影响是全方位的，从提高效率、减少成本到优化全球供应链，都在推动物流行业迈向数字化、智能化的未来。物流企业需要积极采用新的数字技术，不断创新业务模式，以适应数字经济时代的挑战和机遇。

五、数字经济给交通运输带来了一些新的挑战

数字经济的崛起在给交通运输带来新机遇的同时，也引发了一些新的挑战。

随着智能交通系统和共享出行模式的兴起，传统交通规划和管理面临着新的挑战。数字技术的引入使得交通系统更加复杂，需要更精细、实时的数据分析和调度。传统的交通规划和管理机制可能需要适应新技术的快速发展，以更好地满足日益增长的出行需求并提高交通效率。数字经济推动了电动汽车和共享交通工具的发展，但同时带来了相关基础设施建设和管理的挑战。例如，电动汽车充电桩的分布和数量不足、共享交通工具的管理和维护等问题都需要综合考虑，以确保新型交通方式的可持续发展。随着智能交通系统的发展，车辆和交通基础设施之间的信息交流增多，需要更强大的网络安全和隐私保护措施。

智能交通系统可能会记录大量关于个体出行习惯和位置的信息，引发有关隐私权的争议。在共享出行方面，安全问题也是一个亟待解决的挑战。共享出行服务的扩大规模可能导致车辆维护和安全检查的压力增加，需要建立更加健全的监管和安全标准。共享出行和电动汽车的提高可能会提高城市道路的使用率，导致交通拥堵加剧，需要采取有效的交通管理和规划措施，以缓解城市交通压力。数字经济给交通运输带来了新的挑战，需要政府、企业和学术界共同努力，通过创新技术、合理规划和科学管理，以实现数字经济条件下交通运输的可持续发展。在解决这些挑战的过程中，需要平衡创新和规范，确保数字技术的应用能够为交通运输系统带来真正的益处，同时最大限度地保障公众的利益和安全。

数字经济对交通运输的影响是多方面的，涉及技术、经济、社会等多个层面。数字化为交通运输带来的智能化、电动化、共享化等趋势，推动了交通运输朝着更加绿色、低碳的方向发展。也需要平衡数字化发展和环境、社会的可持续性，应对相应的挑战，确保数字经济对交通运输的影响是积极的、可持续的。通过科学合理的规划和管理，数字经济与交通运输业的结合将成为推动可持续发展的强大引擎，为未来智能、绿色、高效的交通运输体系奠定坚实基础。

第二节　交通运输业绿色低碳发展的重要性

交通运输业绿色低碳发展的重要性在当今社会凸显无疑，这不仅是为了应对日益加剧的环境问题，更是为了促使全球经济实现可持续发展。随着城市化的加速和全球人口的不断增长，交通运输业所面临的挑战也日益严峻，包括环境污染、能源消耗、交通拥堵等问题。这些问题不仅降低了人们的生活质量，也对生态系统和社会稳定产生了负面影响，将交通运输业引向绿色低碳发展已成为全球共同的责任和挑战。

一、绿色低碳交通对于环境保护至关重要

绿色低碳交通对环境保护至关重要，其实施不仅有助于减缓气候变化，还能改善空气质量、保护生态系统，从而为可持续发展做出贡献。

传统交通方式主要依赖燃油驱动，导致大量的温室气体排放，对全球气候产生不良影响。而绿色低碳交通采用清洁能源、高效技术，以减少碳排放为目标，有助于降低温室气体的释放，为应对气候变化做出积极贡献。其中，电动汽车是绿色低碳交通的代表。电动汽车采用电池等清洁能源，相较于传统燃油汽车，其在使用阶段产生的碳排放量较低。推广电动汽车有助于减少空气中的有害物质，改善城市空气质量，降低空气污染对人类健康和环境的影响。通过共享出行，可以减少汽车拥有和使用的需求，从而减少交通拥堵，降低燃油消耗，减缓城市交通对环境的压力。共享出行服务中推广电动汽车、自行车等清洁

能源交通工具也是促进绿色低碳交通的途径之一。在城市规划中，采用可持续的交通方式，如鼓励步行、骑行、建设快速公交系统等，也是推动绿色低碳交通的关键。通过提供更多的非机动交通方式，可以减少人们对燃油驱动交通工具的需求，降低交通污染和能源消耗。减少尾气排放、降低噪声污染等影响，有助于维护自然生态平衡，降低对生态环境的不利影响。例如，电动交通工具对生态系统的干扰相对较小，有助于减缓对野生动植物的影响。绿色低碳交通是推动可持续发展的重要措施，有助于减缓气候变化、改善空气质量、保护生态系统。通过在交通领域推广清洁能源、采用高效技术、倡导绿色出行方式，可以实现经济发展和环境保护的双赢局面，为建设更加可持续的城市和社会做出积极贡献。

二、推动绿色低碳发展对于应对能源危机至关重要

推动绿色低碳发展对应对能源危机至关重要，是实现可持续能源利用和减缓气候变化的有效途径。

传统能源的过度开采和使用导致了能源危机的严重问题，包括化石燃料的枯竭、能源供应不稳定、环境污染等。绿色低碳发展通过减少对传统能源的依赖，推动清洁能源的利用，有助于解决能源危机带来的各种挑战。可再生能源，如太阳能、风能、水能等，具有取之不尽、用之不竭的特点，可以为社会提供稳定、可持续的能源来源。通过推动清洁能源的应用，可以减缓对有限能源资源的过度开采，降低对环境的不良影响。电动汽车、电动自行车等清洁交通工具采用电能代替传统的燃油驱动，减少对石油等化石能源的需求。通过推广应用电动交通工具，可以减缓交通领域对传统能源的依赖，降低温室气体排放，实现能源危机下的可持续出行。通过推动能源科技创新和应用，提高能源的利用效率，减少能源浪费，是有效解决能源危机的重要手段之一。智能建筑、节能技术等在能源利用效率方面的应用，有助于降低对能源的过度需求。在全球范围内，国际合作和协调也是推动绿色低碳发展的重要途径。共同努力制定并实施清洁能源政策、减排目标，促进技术创新和资源共享，有助于协同解决全球范围内的能源危机问题。通过引入清洁能源、提高能源效率、推广电动交通工具等手段，可以实现能源的可持续利用，减缓气候变化，为人类社会创造更加健康、可持续的未来。这需要全球范围内的共同努力，各国政府、企业和公众共同参与，共同建设一个清洁、绿色的未来能源体系。

三、绿色低碳交通发展有助于缓解交通拥堵问题

绿色低碳交通发展对缓解交通拥堵问题具有显著的积极影响，通过引入创新技术和可持续交通模式，可有效提高交通系统效率。

采用绿色低碳交通方式，如电动汽车、共享出行等，有助于减少道路上行驶的机动车辆数量。电动汽车的推广可以减少对传统燃油车辆的使用需求，从而降低交通拥堵程度。

共享出行服务则通过提供高效的共享交通选择，减少了个体拥有私家车的需求，降低了车辆的总体数量，有助于缓解交通压力。引入智能交通系统，提高交通信号灯的智能化程度，实现更精准的交通流调度，有助于减少交通阻塞。智能交通系统通过实时监测交通流量、优化信号灯控制，使得车辆在道路上更为顺畅的行驶，减少了拥堵点和拥堵时间，提高了道路的通行能力。鼓励非机动交通方式，如步行和骑行，有助于减少短途出行的机动车辆使用。合理规划和建设人行道、自行车道等基础设施，提供友好的步行和骑行环境，可以鼓励人们选择更为环保、健康的出行方式，减轻机动车辆对道路的占用，从而减少交通拥堵的发生。提高公共交通的便捷性和覆盖面，加强对公共交通的投资和管理，能够吸引更多人选择公共交通，减少私家车辆在道路上的行驶，从而改善城市交通拥堵状况。通过综合采用清洁能源交通工具、共享出行服务、智能交通系统、非机动交通方式以及强化公共交通等多种手段，可以有效提高交通系统的整体效率，为城市交通的可持续发展创造更为宜居、便捷的交通环境。

四、绿色低碳交通是实现可持续发展目标的重要一环

绿色低碳交通是实现可持续发展目标的关键组成部分，通过促进清洁能源使用、改善交通效率和降低环境影响，为社会、经济和环境的可持续发展做出积极贡献。

传统交通方式主要依赖石油等化石燃料，导致大量温室气体的排放，加剧了全球气候变化。而绿色低碳交通推动清洁能源的使用，如电动汽车、公共交通系统的电气化，有效减少了碳排放，有助于降低全球气温上升的速度，实现气候变化防控的可持续目标。传统燃油车辆的尾气排放是城市空气污染的主要来源之一，对人体健康和环境造成了不良影响。引入电动汽车、共享出行等清洁交通方式，有助于降低空气中的颗粒物和有害气体浓度，改善城市居民的生活环境。传统交通方式对石油等自然资源的依赖导致资源的枯竭和环境的破坏。采用可再生能源和能效更高的交通方式，如太阳能、风能、电动交通工具，有助于减少有限自然资源的压力，实现资源的可持续利用。推动电动汽车、智能交通系统等新兴产业的发展，创造了就业机会，促进了经济增长。改善交通效率、减少拥堵，提高出行效率，有助于提升城市的生产力和竞争力。通过清洁能源的采用、交通效率的提升、环境影响的降低，可以实现社会、经济和环境的协调发展，为未来创造更为可持续、健康、繁荣的社会。各国政府、企业和公众共同努力，共同推动绿色低碳交通的发展，共同建设更加可持续的未来。

五、在数字经济的支持下，绿色低碳交通的发展更加得心应手

在数字经济的支持下，绿色低碳交通的发展更加得心应手，数字技术的应用为交通行业注入了新的动力，推动了绿色低碳交通的创新与进步。

智能交通系统利用大数据、人工智能等先进技术，实现了对交通流、车辆位置等信息的实时监测和分析。这种智能化的管理有助于优化交通流动，减少道路拥堵，提高道路使用效率，从而推动绿色低碳出行方式的普及。通过智能手机应用、云计算等数字工具，共享出行平台能够更加灵活、高效地匹配出行需求与供给。这种模式下，人们更容易选择多种绿色低碳出行方式，如共享单车、电动滑板车等，从而降低了个体拥有私家车辆的需求，减少了交通拥堵。电动汽车和电动自行车等交通工具的兴起得益于先进的电池技术、充电基础设施和智能管理系统。数字化的充电服务、电动汽车的智能导航等，使得电动交通方式更加便捷、可行，推动了更多人转向低碳出行。通过大数据分析，交通管理者能够深入了解城市交通的模式和"瓶颈"，并根据数据制定更科学、精准的交通政策。这有助于优化交通流，减少能源浪费，提高城市的整体可持续性。通过数字技术的创新，交通行业得以更加智能、高效的运作，为推动可持续、低碳的出行方式创造了良好的环境。在数字经济的引领下，各界共同努力，将进一步推动绿色低碳交通迈向更加可持续的未来。

六、在实现绿色低碳交通发展的过程中，政府、企业和社会各界都发挥着重要的作用

在实现绿色低碳交通发展的过程中，政府、企业和社会各界都发挥着重要的作用，共同合作推动可持续交通的实现。

政府可以通过制定明确的政策和法规，提供激励措施，推动清洁能源技术的研发和应用，以及支持绿色低碳交通基础设施的建设。政府的指导作用可以促使整个社会朝着绿色低碳的方向迈进，确保可持续交通的整体推进。企业可以通过研发和推广绿色交通技术，如电动汽车、智能交通系统等，为市场提供创新的解决方案。企业也应当关注整个供应链的可持续性，包括清洁能源的使用、物流的优化等，积极参与可持续交通体系的构建。公众可以通过选择绿色低碳的出行方式，如乘坐公共交通、使用共享出行工具、选择电动车等，共同降低碳排放。社会组织和非政府组织可以通过宣传教育、倡导环保理念，引导公众更加关注和参与绿色低碳交通的发展。政府可以提供政策支持和规划引导，企业负责技术创新和产品推广，社会各界通过宣传和推动形成广泛的参与合力。这种三方合作模式有助于形成全社会的绿色低碳交通理念，推动可持续交通的实现。政府、企业和社会各界在推动绿色低碳交通方面各司其职，协同合作是实现可持续交通的关键。只有通过政策引导、技术创新和社会参与的共同努力，才能构建起真正意义上的绿色低碳交通体系，为人类社会的可持续发展做出积极贡献。

交通运输业绿色低碳发展的重要性不仅体现在环境保护方面，更是涉及经济、社会和全球可持续发展的方方面面。数字经济的兴起为实现这一目标提供了前所未有的机遇，而全球共同努力，共建绿色低碳的交通运输体系将成为推动社会进步和生态平衡的重要力量。

第三节　研究目的与方法

　　研究目的与方法是科学研究中至关重要的组成部分，它们既是研究设计的基石，也是确保研究能够达到预期目标的关键因素。本研究旨在深入探讨数字经济条件下交通运输业绿色低碳发展的现状、问题、机遇以及可行性，为政府、企业和学术界提供有益的参考和建议。下面将详细阐述研究目的与方法。

一、研究目的

（一）全面了解数字经济背景下的交通运输业现状

　　在数字经济背景下，交通运输业正在经历深刻的变革，数字技术的广泛应用对其现状产生了全面而深远的影响。

　　通过大数据分析、人工智能技术的应用，交通管理者能够更精确地监测交通流量，优化信号灯配时，提高道路使用效率，从而减缓交通拥堵的发生，改善城市交通的运行状况。数字经济推动了电动汽车的发展，使得清洁能源在交通领域的应用更为广泛。智能交通工具的引入，如共享单车、电动滑板车等，改变了人们的出行方式，推动了城市绿色低碳交通的普及。物联网技术的应用使得货物运输更加智能化和可追溯。通过传感器和实时数据监测，企业能够实现对货物运输全过程的实时掌控，提高了运输效率，减少了资源浪费，降低了物流成本。共享出行平台的兴起使得出行服务更加灵活和便捷，人们可以通过共享经济平台随时随地找到合适的交通工具，减少了对私家车的依赖，降低了交通拥堵和空气污染的程度。数字经济背景下，交通运输业正朝着更加智能、绿色、高效的方向发展。数字化技术的广泛应用使得交通系统更为智能化，各种新型交通工具的涌现为人们提供了更多元化的出行选择，而数字技术在物流行业的应用则使得货物运输更为精准和高效。这一系列的变革为实现可持续交通提供了新的机遇，也为政府、企业和社会各界提出了更多挑战。

（二）深入分析交通运输业面临的挑战

　　交通运输业在数字经济时代面临着一系列严峻的挑战，这些挑战涉及环境、技术、社会和经济等多个方面。传统交通工具燃烧化石燃料释放大量的温室气体，加速气候变化。交通拥堵导致车辆长时间怠速，增加了尾气排放，降低了空气质量。绿色低碳交通的推动成为缓解环境问题的紧迫任务。传统交通工具对石油等有限资源的过度依赖，导致能源浪费和资源枯竭。为了可持续发展，需要推动交通运输的能源结构转型，大力发展清洁能源和提高能源利用效率。城市化进程快速推进，人口流动性增加，交通拥堵成为常态，影响了城市运行效率和居民生活质量。数字技术的应用在一定程度上能够提高交通流的管理和调度效率，但也带来了新的挑战，如交通大数据隐私安全和智能交通系统的运维成本等问题。新兴技术如自动驾驶、物联网、人工智能等的应用需要不断更新和升级，而这对于传统交通运输企业和从业人员的技能水平提出了更高要求。社会对于新型交通工具的接受度、法规的完善以及政策的引导都是影响交通运输业发展的因素。此外，还需要解决数字不平等问题，确保数字化带来的便利和机遇能够公平地惠及整个社会。交通运输业在数字经济时代面临着多重复杂的挑战，需要政府、企业和社会共同努力，制定合理政策、推动技术创新，以实现可持续、高效、安全的交通运输体系。

（三）探讨数字经济对交通运输业带来的机遇

数字经济为交通运输业带来了广泛而深远的机遇，涉及技术、创新、效率和可持续性等多个方面。通过大数据、人工智能等技术，交通管理者能够实时监测和分析交通流，优化交通信号灯配时，提高道路使用效率。这种智能化的交通管理使得城市交通更加高效、便捷，减缓了交通拥堵的程度。数字经济推动了电动汽车和电动自行车等清洁能源交通工具的发展，降低了交通行业对有限资源的依赖，减少了尾气排放，为城市空气质量的改善和环境保护做出了贡献。数字经济催生了共享经济的兴起，共享单车、电动滑板车、出租车网络平台等在城市中迅速普及。这种出行方式的灵活性和便捷性不仅降低了个体拥有私家车的需求，还减缓了交通拥堵，促生了更加环保的出行方式。通过传感器和实时数据监测，企业能够实现对货物运输全过程的实时掌控，提高运输效率，降低物流成本，促进了物流行业的数字化和智能化发展。用户可以通过手机应用实现交通票务支付、实时导航、出行信息查询等功能，提高了出行的便捷性。数字经济为交通运输业注入了新的动力，推动了交通行业向智能、绿色、高效的方向发展。这些机遇不仅提升了交通运输的管理水平和服务水平，也为实现可持续发展目标提供了有力支持。政府、企业和社会应充分把握这些机遇，共同推动交通运输业在数字经济时代的创新与发展。

（四）研究交通运输业绿色低碳发展的可行性

研究交通运输业绿色低碳发展的可行性需要考虑多个方面，包括技术、政策、经济和社会等因素。随着数字技术的不断进步，电动汽车、智能交通系统、共享出行等新技术逐渐成熟，为绿色低碳交通提供了切实可行的解决方案。清洁能源技术的发展也为交通运输提供了可持续的动力源，如太阳能、风能等可再生能源的应用正在逐步推动传统交通工具的绿色升级。各国纷纷制定并实施了促进绿色低碳交通的政策，如电动汽车补贴政策、低排放区域设置、碳排放交易等。这些政策鼓励企业投入绿色低碳领域，引导市场向可持续方向发展，为绿色低碳发展提供了政策支持。尽管初期投入可能较大，但长远来看，通过提高交通效率、减少能源消耗和污染排放，绿色低碳发展有望降低运营成本，提升整体经济效益。新兴的绿色低碳产业也为就业创造了新的机会，推动了经济结构的升级和转型。社会对环境问题的日益关注，以及绿色低碳交通所带来的舒适、便捷的出行体验，使得公众对绿色低碳交通的接受度逐渐提高。社会各界的参与和支持是推动绿色低碳发展不可忽视的重要力量。通过不断创新、政策引导、经济激励以及社会参与，交通运输业可望实现可持续发展，为建设更加清洁、高效、可持续的未来交通体系做出贡献。

（五）为政府、企业和学术界提供有益的参考和建议

为政府、企业和学术界提供有益的参考和建议是研究的重要目标之一。政府可以通过制定更为激励的绿色低碳政策，包括加大对清洁能源交通工具的补贴力度、建立更加完善的碳排放交易体系、设立低排放区域等，以引导企业加大绿色低碳投入，推动行业转型。政府还可以通过数字化技术的应用优化交通流，提高交通运输效率，降低碳排放。企业可以加大对绿色低碳技术的研发投入，积极引入数字技术、智能交通系统等先进技术，提高交通工具和系统能效。通过建立绿色供应链，推动整个产业链的可持续发展，降低碳足迹，提高资源利用效率。通过深入研究数字经济对交通运输业的影响，分析绿色低碳技术的发展趋势，为政府和企业提供科学的决策依据。学术界还可以推动技术创新，培养人才，为行业的可持续发展提供智力支持。政府可以倾听企业和学术界的建议，制定更为切实可行的政策，鼓励企业投身绿色低碳领域，提升整个行业水平。企业则可以积极参与政策制定，提供实践经验，为政府决策提供实际支持。学术界可以为政府和企业提供独立的、具有科学依据的建议，推动行业发展迈上更为可持续的道路。政府、企业和学术界应形成合力，共同致力于推动交通运输业绿色低碳发展。通过政策引导、技术创新和研究支持，可以建设更加环保、高效和可持续的交通体系，为未来城市和社会的可持续发展奠定基础。

二、研究方法

（一）文献综述

文献综述是对相关研究文献进行梳理、总结和分析，以揭示特定领域或问题的研究现状和趋势。

近年来，随着数字经济的迅速崛起，交通运输业绿色低碳发展成为全球经济可持续发展的关键议题之一。许多学者和研究机构对数字经济对交通运输业的影响以及绿色低碳发展的可行性进行了深入研究。

在数字经济的影响方面，研究者普遍认为数字技术的不断创新为交通运输业带来了前所未有的机遇和挑战。《数字经济与交通运输》（*Digital Economy and Transportation*）一书指出，智能交通系统、电动汽车和共享出行等数字技术的应用正深刻改变着传统交通模式，提升了运输效率，降低了环境影响。《数字化时代的智能交通》（*Smart Transportation in the Digital Age*）的研究表明，数字化技术的普及也带来了新的挑战，如数据隐私保护、信息安全等问题需要得到有效解决。

在绿色低碳发展的可行性方面，《可持续交通系统与低碳城市发展》（*Sustainable*

Transportation Systems and Low Carbon Urban Development）的研究发现，采用智能交通系统、推广电动交通工具和改善交通基础设施是实现低碳城市交通的有效途径。由多个研究机构合作的《数字经济条件下的绿色交通技术研究》（*Green Transportation Technologies in the Digital Economy*）强调数字经济为推动绿色交通技术创新提供了广阔的空间，包括数字化物流管理、智能交通流优化等。

《数字经济时代的交通运输业绿色低碳政策与法规》（*Green and Low-Carbon Policies and Regulations in the Era of the Digital Economy*）的研究表明，各国纷纷出台了一系列鼓励绿色低碳发展的政策，如税收激励、排放交易制度等，以推动企业加大投入和创新。

通过对相关文献的综述，我们可以清晰地了解数字经济对交通运输业绿色低碳发展的影响以及当前研究的主要方向。这为未来政策制定、企业战略制定以及学术研究提供了有益的参考和启示。

（二）案例分析

选择一些典型的数字经济条件下绿色低碳交通发展案例，分析其成功经验和存在的问题，从中提取经验教训，为本研究的实证分析提供实质性的参考。

（三）实地调研

通过实地调研，我们深入了解了交通运输业的实际情况，包括数字技术应用情况、绿色低碳发展现状和相关利益主体的观点，为研究提供了真实可靠的数据支持。我们调查了各大城市的交通系统，了解了数字技术在交通运输中的应用情况。通过实地观察和与交通管理部门的沟通，我们发现智能交通管理系统在信号灯控制、拥堵监测等方面发挥了重要作用。大数据分析和人工智能技术的引入使得交通运输更加智能、高效。通过实地调研电动汽车充电站、共享出行点和新能源车辆的运行状况，我们了解到绿色交通工具在一些城市已经取得了显著的进展。政府出台的激励政策、补贴和环保标准的实施，推动了可再生能源和电动交通的发展。我们进行了广泛的访谈，收集了相关利益主体的观点。这包括政府官员、企业代表、智能交通解决方案提供商以及普通市民。不同利益主体的观点呈现出多元化，政府更注重系统的整体规划和监管，企业更强调技术创新和市场竞争力，而市民则更关心出行便捷性和环境友好性。通过这次实地调研，我们获得了丰富的数据支持，为研究提供了深入了解交通运输业发展状况的基础。这些真实可靠的数据将有助于更准确地分析数字技术对交通运输业的影响，评估绿色低碳发展的成效，并更好地理解相关利益主体的需求和期望，为未来的研究提供有力的依据。

（四）定性与定量分析

在研究对象的深入剖析中，定性和定量研究方法的结合可以提供更全面、深刻的理解。

通过定性分析，我们深入挖掘问题的本质，理解相关因素之间的关系。这包括对交通运输业中数字技术应用和绿色低碳发展现状进行深入访谈和观察。通过与利益主体的互动，我们可以捕捉到隐藏在表面之下的关键问题和发展趋势。定性研究可以揭示出不同利益主体的态度、看法和期望，以及影响其决策的关键因素。这有助于建立全面的理论框架，揭示数字技术在绿色低碳发展中的作用，并深入了解各种因素的相互关系。

通过定量研究，我们利用统计学方法对大量数据进行处理，得出客观的结果。这可以包括对交通运输业的数字技术应用情况、碳排放数据、绿色交通工具的普及率等进行全面的数据收集。借助定量分析，我们能够量化不同因素之间的影响程度，进行趋势分析，发现模式和规律。这种方法可以提供客观的量化指标，帮助评估政策实施的效果，预测未来发展趋势，并为决策提供科学的数据支持。

通过将定性和定量方法结合，我们能够在深度和广度上全面理解研究对象。定性研究帮助我们深入了解问题的本质，而定量研究通过大量数据的分析提供客观的量化结果。这两者相互协调，使得研究更具说服力和可靠性，有助于为交通运输业绿色低碳发展提供更全面的指导和建议。

（五）专家访谈

深度访谈是获取关键信息和洞察深度见解的重要手段，特别是来自交通运输业和数字经济领域的专家、学者和从业者的观点和经验对研究的深度和权威性至关重要。

在访谈中，专家就绿色低碳发展的关键问题提供了宝贵的意见。他们强调了数字经济在交通领域中的关键作用，认为数字技术的应用是推动绿色低碳发展的重要动力。专家指出，智能交通管理系统、共享出行平台和电动交通工具等数字技术的创新为提高效率、减少碳排放提供了新的机会。他们认为数字技术可以提高交通系统的智能化程度，从而优化运输网络、改善交通流动性，为绿色交通提供更可行的解决方案。一些学者还强调了数字技术在提高交通运输效率的同时，如何在数据隐私和信息安全方面找到平衡点的重要性。他们强调了产业界在应对快速技术变革中的灵活性和创新性，以及在绿色低碳发展中的积极角色。一些从业者提到了市场竞争中的难题，包括成本、技术标准和政策不确定性。这些深度访谈提供了多维度的观点和经验，为研究提供了深度、权威性的资料。通过专家、学者和从业者的视角，研究者能够更全面、深入地理解数字经济对交通运输业绿色低碳发展的影响，洞察其中的机遇和挑战，并为未来的研究和实践提供有力的指导。

（六）模型构建

基于已有理论和实证研究，构建数字经济背景下交通运输业绿色低碳发展的影响模型，以系统地分析各个因素之间的相互关系，为研究提供科学的理论框架。

通过上述多种研究方法的综合运用，本研究旨在全面、深入地探讨数字经济条件下交通运输业绿色低碳发展的现状、问题、机遇以及可行性。通过丰富的数据支持和理论分析，为决策者提供科学的建议，为相关领域的学术研究提供新的视角和思路，促进绿色低碳交通发展的可持续进程。

第二章 数字经济驱动下的交通运输业绿色低碳技术

第一节 数字经济背景下的创新技术

在数字经济的迅速崛起背景下，创新技术逐渐成为推动产业变革、提升效率、改变生活方式的引擎。这些技术的广泛应用正在深刻地改变我们的生产、生活方式，体现在许多领域，如人工智能、物联网、区块链、大数据分析等。本节将着重探讨在数字经济时代涌现的创新技术，以及它们对各个领域的深远影响。

一、人工智能技术

人工智能（AI）作为数字经济时代的核心技术之一，通过模拟人类的思维和决策过程，实现智能化的计算机系统。在这一时代，AI 已经成为推动技术创新和经济发展的关键引擎，对各个行业和领域产生了深远的影响。AI 系统可以高效地处理大规模的数据，快速识别模式并提取有价值的信息，为企业和决策者提供准确的业务洞察。这有助于优化生产流程、提高效率，并推动数字经济的发展。通过机器学习和深度学习等技术，AI 系统能够学习并不断优化任务执行的方式，实现自动化的生产流程。这种智能化的生产方式不仅提高了生产效率，还降低了成本，有助于企业更好地适应数字经济的竞争环境。通过分析用户的行为和偏好，AI 系统能够为用户提供个性化的产品推荐、定制化的服务，从而提升用户满意度，推动数字经济中的消费升级。在医疗领域，AI 可以加速疾病诊断和药物研发；在金融领域，AI 可用于风险管理和智能投资；在教育领域，AI 可以个性化教学，提高教学质量。人工智能作为数字经济时代的核心技术，不仅推动了生产力和效率的提升，还为创新和发展提供了新的动力。随着 AI 技术的不断发展，社会也需要关注与之相关的伦理、隐私和安全等问题，以确保人工智能的应用更好地造福人类社会。

二、物联网（IoT）技术

物联网（IoT）作为数字经济时代的另一项重要技术，通过连接各种物理设备，使它们能够实时共享信息，实现设备之间的智能互联。这一技术的广泛应用正在深刻地改变着我们的生活、工作和商业模式。智能家居系统通过连接家庭设备，如智能灯具、智能家电和安防系统，实现了远程控制和智能化管理。这不仅提高了生活的便利性，还能够节约能源、提高安全性。通过将生产设备、传感器和其他关键元素连接起来，企业可以实现生产流程的实时监控和优化。这有助于提高生产效率、降低成本，并推动数字化转型。智能交通系统通过连接车辆、交通信号和路边设施，实现了交通流的智能调控，进而减缓拥堵并提高道路安全。智能城市解决方案则通过连接城市中的各种设备，如垃圾桶、路灯和公共交通，优化城市服务和资源利用。农业传感器和智能农机设备的连接，使农民能够实时监测土壤状况、气象信息和植物生长情况，从而进行精准施肥、灌溉和作物管理。物联网作为数字经济时代的关键技术，连接了实体世界的各种物理对象，为信息的实时获取和智能决策提供了基础。随着连接设备数量的不断增加，也需要关注网络安全、隐私保护等问题，以确保物联网的可持续发展并为社会带来更多实际的利益。

三、区块链技术

区块链技术是一种去中心化的分布式账本技术，它通过加密和共识机制来确保数据的安全性和不可篡改性。该技术的独特之处在于，它不依赖于单一的中心化机构，而是通过网络中的多个节点共同维护和验证交易信息，从而实现去中心化的信任机制。每个区块都包含了前一区块的加密哈希值，形成了一个链接，使得修改任何一个区块都会导致整个链的变化。这种特性使得区块链上的数据变得高度安全，因为要修改一条记录，需要同时修改整个链上的所有记录，而这几乎是不可能的。在一个分布式网络中，各个节点通过达成共识来验证和添加新的交易到区块链中。这种去中心化的共识机制防止了单一节点或一小组节点对系统的滥用，确保了整个网络的安全性和稳定性。常见的共识算法包括工作量证明（PoW）和权益证明（PoS）等。由于每个交易都被记录在一个不可篡改的区块中，并且对整个网络可见，因此任何人都可以追溯和验证交易的发生。这有助于减少欺诈行为，提高数据的透明度。区块链技术在解决跨境交易、金融服务、身份验证等领域也发挥着重要作用。通过去除中间环节、降低交易成本、提高效率，区块链为数字经济时代提供了更加安全、高效和去中心化的解决方案。尽管区块链技术有着广泛的应用前景，但也面临着诸如可扩展性、能源消耗等挑战。随着技术的不断发展，相信区块链将继续在数字经济中扮演重要角色。

四、大数据分析技术

大数据分析是指通过对海量的数据进行收集、处理和分析，挖掘数据背后的潜在规律和价值信息。这一领域的发展得益于计算能力的提升、存储技术的进步以及数据采集手段的不断创新，使得我们能够更全面、深入地理解数据，并从中获取对业务决策和创新的洞察。通过对大规模数据集的分析，企业能够更好地理解市场趋势、用户行为、产品性能等方面的信息。这种深入的数据洞察有助于企业制订更精准的战略计划、优化运营流程，提高决策的科学性和效果。通过分析用户的历史行为、偏好和反馈，企业可以精准地定制产品推荐、广告投放等服务，提升用户体验，推动数字经济时代的个性化消费。在科学研究中，大数据分析有助于发现新的科学规律、解决复杂问题；在医疗领域，大数据可用于疾病预测、药物研发等方面；在城市规划中，大数据分析可以提供城市流动性、能源利用等方面的信息，帮助城市更加智能化地运行。大数据分析也面临着一些挑战，包括数据隐私保护、数据质量管理以及分析算法的优化等方面。随着技术的不断进步，大数据分析将继续成为数字经济时代的重要支撑，为各行各业带来更多创新和发展机会。

五、5G 技术

5G 技术是第五代移动通信技术的缩写，它以更高的带宽、更低的延迟和更大的连接密度为特点，为数字经济时代提供了强大的通信基础设施。相较于之前的移动通信技术，5G 的带宽更宽，可以支持更多的设备同时连接，实现更快速的数据传输。这使得用户在下载、上传、流媒体播放等方面能够获得更为流畅、高效的体验。低延迟对于应用如远程医疗、自动驾驶、虚拟现实等具有关键意义。在这些场景下，需要快速的数据传输和实时的响应，而 5G 技术的低延迟特性使得这些应用能够更加可靠地运行。5G 网络能够支持更多的设备同时连接，为物联网应用提供了更强大的支持。这对于智能城市、智能家居、工业自动化等领域的发展具有积极的推动作用，使得大量设备可以互联互通，实现智能化的生活和生产。由于其高速、低延迟和大连接密度的特性，5G 技术为创新性的应用如增强现实、虚拟现实、远程协作等提供了更广泛的发展空间，促使数字经济时代的不断进步。尽管 5G 技术带来了许多机会，但也伴随一些挑战，包括网络安全、隐私保护、基础设施建设等问题。5G 技术的逐步普及和发展，将为数字经济时代的进一步创新和发展提供更强大的支持。

六、虚拟现实（VR）和增强现实（AR）技术

虚拟现实（VR）和增强现实（AR）技术为用户提供了沉浸式的体验，将数字信息与现实世界进行融合。这两种技术正在不同领域引发创新，并对数字经济产生深远的影响。虚拟现实技术通过创建计算机生成的虚拟环境，使用户能够完全沉浸在一个模拟的世界中。VR 利用头戴式显示器等设备，为用户提供 360 度的视觉体验，通常还包括对触觉和听觉的模拟。这种技术在游戏、虚拟旅游、培训模拟等领域取得了显著进展，为用户提供了身临其境的感觉，推动了娱乐和教育体验的革新。增强现实技术将数字信息叠加到真实世界

中，通过智能手机、AR眼镜等设备向用户呈现增强的视觉、听觉或其他感知体验。AR技术可以为用户提供更丰富的信息，改善他们对周围环境的理解。在商业应用中，AR可用于实时导航、产品展示、虚拟试衣等方面，提升用户的购物和导航体验。在医疗领域，VR可用于手术模拟和康复训练，提高医疗专业人员的技能水平。在教育领域，这两种技术为学生提供了更具互动性和趣味性的学习体验。在工业领域，AR技术可用于实时维修指导和培训，提高工作效率。虚拟现实和增强现实技术还面临着一些挑战，包括硬件成本、用户隐私、内容创作等问题。随着技术的不断发展和创新，这两种技术将继续在数字经济时代中扮演重要角色，为用户带来更为沉浸式、交互式的体验。

第二节　绿色交通技术的发展趋势

在数字经济和科技创新的推动下，绿色交通技术正在不断演进，以满足日益增长的交通需求，同时减缓对环境的负面影响。以下将深入探讨绿色交通技术的发展趋势，涵盖电动汽车、智能交通系统、共享出行、智能交通基础设施以及可再生能源等方面。

一、电动汽车的普及与进化

电动汽车的普及与进化在当今的汽车行业中发挥着日益重要的作用，涉及技术、政策、市场等多个方面。随着对气候变化和空气质量问题的担忧加剧，电动汽车作为清洁能源的代表，受到了政府、企业和消费者的青睐。一些国家推出了激励措施，如减税、补贴和建设充电基础设施，以促进电动汽车的普及。电池技术的改进、充电技术的提升以及电动驱动系统的创新，使得电动汽车在续航里程、充电速度和性能方面有了显著的提升。这些技术的进步不仅提高了电动汽车的实用性，也吸引了更多消费者的关注。一些国家出台了鼓励电动汽车生产和销售的政策，以推动产业发展。同时，一些城市也实施了限制传统燃油车的政策，促使消费者更多地考虑购买电动汽车。为了满足电动汽车用户的充电需求，各国纷纷投资建设充电站，提高充电网络的覆盖率，增加用户的使用便利性。电动汽车的普及与进化是一个复杂而全面的过程，需要技术、政策、市场等多方面的支持。随着时间的推移，电动汽车有望继续演进，成为未来交通领域的主要趋势之一，为减缓气候变化、改善空气质量和推动可持续发展做出贡献。

二、智能交通系统的发展

智能交通系统（Intelligent Transportation System，ITS）的发展在当今社会受到了广泛关注，涉及了多个方面的技术创新、政策支持和城市规划。智能交通系统借助先进的信息和通信技术，实现了交通数据的实时采集、处理和传输。通过在道路上部署传感器、摄像头和其他监测设备，交通系统可以获取车流、交通流量、车辆位置等实时数据，从而更精准地了解交通状况。智能交通系统通过数据分析和算法优化，提高了交通管理的效率。基于大数据分析和人工智能技术，系统能够预测交通拥堵、优化信号灯控制、提供智能导航等功能，从而降低交通拥堵程度，提高道路通行效率。通过实时监控交通状况，系统可以及时发现交通事故、违规行为等问题，并迅速采取措施，减少事故发生概率。智能交通系统还可以提供驾驶辅助功能，如交通标志识别、车道保持辅助等，增强驾驶者的安全意识。通过与城市规划相结合，系统可以更好地实现交通资源的合理配置，优化城市交通布局，提高整体交通系统的可持续性。为鼓励 ITS 的应用，各国纷纷出台政策，包括财政补贴、税收优惠、技术标准等方面的支持，促进行业发展。随着技术的不断创新和社会需求增多的不断，智能交通系统将继续发展，为城市交通管理、环境保护和交通安全等方面带来更多创新和改善。

三、共享出行的深入融合

共享出行的深入融合是指通过技术和服务创新，将不同形式的共享交通工具整合在一起，以提供更为便利、高效和灵活的出行选择。这种深入融合涉及多个层面，包括技术整合、服务协同和用户体验等方面。通过整合互联网、移动支付、定位导航等先进技术，共享出行平台能够实现多种交通工具的无缝衔接。这意味着用户可以通过一个应用程序或平台访问不同的共享出行服务，如共享单车、共享汽车、电动滑板车等，实现"一站式"的出行。共享出行平台可以通过合作伙伴关系、数据共享和统一的用户接口，使不同类型的共享交通工具能够协同运作。这意味着用户可以在同一个平台上规划、预订和支付多种交通工具，从而更方便地实现多模式出行。通过提供统一的用户界面、统一的支付体系和一体化的服务体验，共享出行平台可以提高用户的便利性和满意度。用户无须在不同的应用之间来回切换，可以更流畅地享受多种交通工具的服务。通过对用户行为和偏好的分析，共享出行平台可以推荐最适合用户需求的交通方式，提高用户体验的个性化程度。共享出行的深入融合还有助于优化城市交通流，减少交通拥堵和环境污染。通过引导用户使用更多的共享交通工具，可以实现出行需求的更有效分配，提高交通资源的利用效率。共享出行的深入融合将促进出行服务的智能化、个性化和可持续发展，为城市居民提供更为便捷、高效和环保的出行选择。

四、智能交通基础设施的升级

智能交通基础设施的升级是指通过引入先进的信息和通信技术，对交通基础设施进行改造和提升，以建立更智能化、高效化、安全性更强的交通系统。这一过程涉及多个方面，包括道路、交叉口、信号灯、监测系统等。传统的定时交通信号灯正在被智能信号灯所替代，后者通过传感器和数据分析，能够根据实时交通流量进行智能调控，优化交叉口的通行效率，减少交通拥堵，提高道路通行能力。高级的监测技术，如摄像头、雷达、激光传感器等，能够实时监测道路上的交通状况，包括车流量、车速、事故等，为交通管理部门提供及时的数据支持，帮助他们制定更科学合理的交通策略。采用先进的控制系统，结合实时监测数据，能够更准确地识别交叉口的流量，实现智能化的信号调度，提高交叉口的运行效率。智能交通基础设施的升级还包括了车辆识别与跟踪技术、智能停车系统、电子收费系统等。这些技术的引入不仅提高了交通管理的效率，也为驾驶者提供了更为便利的出行体验。这不仅有助于提升城市的交通运行效率，减轻交通拥堵，还能够提高道路安全性，推动城市向智能、绿色、可持续的方向发展。这一升级也是数字经济时代城市发展的重要组成部分。

五、新型材料与轻量化设计

新型材料与轻量化设计在制造业和工程领域发挥着日益重要的作用，促进了产品性能的提升、能源效率的改善以及环境可持续性的增强。传统的材料如金属和钢铁通常较重，而新型材料如高强度复合材料、碳纤维、铝合金等具有较高的强度和刚性，同时相对较轻。通过采用这些新型材料，可以在不牺牲结构强度和性能的前提下，实现产品的轻量化，降低整体重量，提高燃油效率。在汽车制造、航空航天、电子设备等领域，轻量化设计可以显著降低产品的能耗，延长电池续航时间，提高运输工具的载荷能力，从而实现更加可持续和环保的发展。新型材料的应用还带来了产品性能的全面提升。例如，碳纤维强度高、重量轻，因此在汽车和飞机制造中的应用可以提高车身刚性、减小结构疲劳，使得产品更为安全可靠。3D打印、增材制造等技术使得复杂结构的轻量化设计更为容易实现，进一步扩大了轻量化设计的应用范围。降低产品重量可以减少能源消耗，减缓自然资源的消耗，有利于建设更加可持续的社会。新型材料与轻量化设计的结合不仅提高了产品性能和效率，也符合现代社会对可持续发展和环保的追求，对于制造业和工程领域的进步产生了深远的影响。

六、可再生能源在交通中的应用

可再生能源在交通中的应用是实现可持续交通发展的关键方面，涉及多个层面的技术创新、政策支持和社会推动。电动汽车、电动自行车、电动公交等交通工具采用电池储能，可以通过清洁能源如太阳能、风能充电。这样的应用既减少了对传统燃油的依赖，也降低了交通行业的碳排放，推动了交通领域的绿色转型。生物燃料可以由生物质、植物油等可再生资源生产，作为传统燃油的替代品，广泛应用于汽车、航空等交通领域。生物燃料的使用可以减缓温室气体排放，促进可持续的燃料生产与使用。很多城市的公交车、有轨电车等公共交通工具已经开始采用电动化技术，同时结合可再生能源充电设施，进一步减少对传统燃油的需求，改善城市空气质量。可再生能源在港口、物流中心等特定交通节点的应用也具有潜力。船舶、货运车辆等可以通过采用可再生能源来减少对传统燃油的依赖，降低环境影响。在政策层面，各国纷纷出台鼓励可再生能源在交通领域应用的政策，包括补贴、减税、建设充电桩、加氢站等措施，以推动交通领域的可持续发展。可再生能源在交通中的应用有助于降低对有限资源的依赖，减缓气候变化，推动交通行业向更加可持续和环保的方向发展。在技术不断创新和社会认知提高的推动下，这一趋势有望不断拓展。

七、自动驾驶技术的逐步成熟

自动驾驶技术的逐步成熟是一项在过去几年中引起广泛关注的领域，这一技术涉及传感器技术、人工智能、数据处理等多个方面的创新。随着科技的迅猛发展，自动驾驶技术正逐步成熟并改变着未来交通的面貌。雷达、激光雷达、摄像头等传感器的不断提升，使车辆能够更准确地感知周围环境，实时获取路况信息，为自动驾驶提供了强大的数据支持。深度学习和神经网络等技术的应用，使车辆能够通过模式识别、图像处理等方式更好地理解复杂的交通环境，实现智能决策和规划行车路径。通过在真实道路和虚拟环境中大量测试，车辆的自主驾驶能力得到验证，同时为不同场景下的应对能力提供了训练基础。各国纷纷出台自动驾驶相关法规和政策，规范了自动驾驶的测试、上路和商用，为技术的安全性和合规性提供了保障。随着多个汽车制造商和科技公司投入大量资源进行研发，自动驾驶技术逐渐从概念转变为可行的商业解决方案。一些汽车制造商已经在市场上推出了配备自动驾驶功能的车型，逐步实现了自动驾驶技术的商业化应用。自动驾驶技术仍然面临着一些挑战，如复杂交通场景、法规制定、安全性等问题。未来，随着技术的不断创新和社会对自动驾驶技术的接受度提高，这一领域有望迎来更多的发展机遇。

八、超级高铁和磁悬浮技术

超级高铁和磁悬浮技术是近年来交通领域中的创新技术，它们在提高列车速度、降低能耗、提升乘坐舒适度等方面展现出显著的优势。超级高铁是一种相对于传统高铁更为先进的铁路交通技术，其最显著的特点是更高的运行速度。传统高铁通常以每小时几百公里的速度行驶，而超级高铁的设计目标通常远超过这个范围，可以达到每小时上千公里。这一超高速度的实现，主要依赖于列车的空气动力学设计、轨道平整度的要求以及对于曲线的优化等多方面的技术创新。通过提高行驶速度，超级高铁可以在相对较短的时间内连接远距离的城市，缩短旅行时间，提升出行效率。超级高铁还在运行效率和能耗方面进行了优化，力求使得高速运行的同时能够保持较低的能源消耗，符合可持续发展的理念。相对于传统的轮轨结构，磁悬浮列车通过磁场产生的悬浮力实现离地悬浮，不仅减少了摩擦阻力，提高了列车的运行效率，还大幅降低了噪声和振动，提升了乘坐舒适度。磁悬浮技术的应用还使得列车能够实现更快的加速和减速，更加灵活地应对不同的运输需求。磁悬浮技术的优势不仅在于运行速度和舒适性，还表现在对于轨道的适应性。由于没有轮轨接触，磁悬浮列车可以在平直轨道、大半径曲线乃至斜坡上运行，为设计更灵活的线路提供了可能。这种灵活性使得磁悬浮技术在城市内交通、机场连接等方面有着广泛的应用前景。超级高铁和磁悬浮技术代表了未来交通领域的先进方向，它们的不断创新和应用将推动城市和区域交通系统更高效、更快速、更环保的发展。

第三节　数字化交通管理与智能交通系统

数字化交通管理与智能交通系统的结合对城市交通体系产生了深远的影响。数字化交通管理借助信息技术，通过收集、处理和分析交通数据，实现对交通流的实时监控与调控。智能交通系统则运用先进的传感、通信和控制技术，通过智能化的设备和系统提高交通效率、优化交通组织，以及提升交通安全。

数字化交通管理是在城市交通领域引入信息技术、数据分析等手段，以实现对交通流动的全面监控和精细调度的管理方式。这一管理模式基于大数据、云计算、物联网等先进技术，旨在提高城市交通系统的运行效率、缓解交通拥堵、减少交通事故，并为智能交通系统的构建奠定基础。

一、数字化交通管理依赖于先进的传感技术

数字化交通管理是一种利用先进的传感技术来监测、分析和优化交通流的方法。这种管理方法有助于提高交通效率、减少交通拥堵、提升安全性，并为城市规划和交通政策提供更精确的数据支持。以下是数字化交通管理中依赖于先进传感技术的几个关键方面：先进的传感技术，如雷达、摄像头、激光扫描器等，可以实时采集交通环境中的数据。这包括行车流量、速度、车辆类型、行人活动等信息。这些数据可以用于实时监测交通状况，帮助交通管理者做出及时的决策。通过在交叉口安装先进的传感器，交通信号系统可以实时感知交叉口的车流情况，并根据实际情况进行智能调整信号灯的时序。这样可以最大限度地减少交叉口的拥堵，并提高交通效率。利用传感技术，可以监测城市内停车场的实时使用情况，包括停车位的占用情况和空闲情况。这有助于驾驶员快速找到空闲的停车位，减少在寻找停车位上的时间和燃料消耗。先进的传感器可以监测交通事故、道路施工、车辆故障等事件。这些数据可以帮助交通管理者更加快速、精确地响应事件，以减少交通影响并提高道路安全性。通过对大量实时采集的交通数据进行分析，可以形成交通模型并预

测未来的交通流量。这有助于制定更科学合理的交通规划，优化道路网络，提高整体交通系统的鲁棒性。数字化交通管理倚赖先进的传感技术，通过实时数据采集、智能控制系统和数据分析等手段，提高城市交通系统的效率、安全性和可持续性。这不仅为城市居民提供了更便捷的出行方式，还为城市管理者提供了更科学的决策依据。

二、数字化交通管理利用大数据分析技术

数字化交通管理的有效实施离不开大数据分析技术，这一技术为交通管理者提供了强大的工具，能够处理和分析庞大的交通数据集，从而优化交通系统、提高效率和增强安全性。以下是关于数字化交通管理利用大数据分析技术的一些要点：大数据分析技术能够快速而准确地处理实时采集的交通数据。通过对车辆流量、速度、停车情况等数据进行实时分析，交通管理者能够及时了解当前交通状况，做出实时决策以缓解拥堵或处理紧急事件。大数据分析可以识别交通网络中的"瓶颈"和拥堵点，帮助交通管理者制定更有效的交通信号控制策略。通过分析历史数据和实时信息，系统可以进行智能调整，优化信号灯时序，以提高整体交通流畅度。大数据分析技术可以利用历史数据和模型预测未来的交通趋势。这有助于交通管理者制定长期规划，预测繁忙时段、特殊事件（如活动或施工）可能的影响，以便采取相应的应对措施。通过大数据分析，交通管理系统可以实时监测停车位的使用情况，并提供精确的停车信息。这可以帮助驾驶员快速找到可用的停车位，减少拥堵和环境污染，提高停车场资源的利用效率。大数据分析可用于识别交通事故的模式和趋势。通过分析事故发生的地点、时间和原因，交通管理者可以制定更有针对性的安全措施，提高道路安全性。大数据分析技术可以追踪和分析交通参与者的行为，了解他们的出行习惯和需求。这有助于提升用户体验，如通过提供实时导航建议或推送交通信息来提高驾驶员和乘客的出行满意度。大数据分析技术在数字化交通管理中的应用，通过深度挖掘和分析海量交通数据，为决策者提供了更全面、准确的信息，从而使交通系统更为智能、高效和可持续。

三、数字化交通管理借助云计算技术

数字化交通管理借助云计算技术的应用，为交通系统提供了更灵活、高效和可扩展的解决方案。以下是数字化交通管理利用云计算技术的关键方面：云计算提供了大规模、高性能的数据存储解决方案。数字化交通管理产生的庞大交通数据可以存储在云端，实现数据的集中管理和快速检索。这有助于交通管理者更方便地访问和分析数据。云计算平台具备强大的实时数据处理能力，能够迅速处理大量的交通数据。这使得交通管理者能够获得及时的、精确的交通信息，从而更好地响应交通状况的变化。云计算允许根据需要动态分配计算资源，这对于处理交通系统的波动性很有帮助。例如，在交通高峰时段需要更多的计算能力，而在低峰时段可以自动释放资源，从而实现资源的最优利用。云计算技术能够

支持复杂的数据分析算法和模型，从而实现更深入的智能交通分析。通过在云端进行大规模的数据挖掘和机器学习，可以识别交通模式、预测拥堵，并提供更精准的交通管理建议。云计算平台支持交通数据的可视化展示和定制化报告生成。交通管理者可以通过云端的仪表板实时监控交通状况，生成报告以支持决策制定。云计算服务商通常提供高水平的安全性和可靠性保障。通过将数字化交通管理系统部署在云端，交通管理者可以享受到云服务提供商提供的强大的安全性措施和灾备机制。云计算为多个系统提供了协同工作和联网的基础。不同城市或地区的交通管理系统可以通过云平台实现信息共享，协同处理交通问题，促进跨地区的交通协调和合作。云计算技术的应用使数字化交通管理系统更具弹性、可扩展性和创新性。通过充分利用云端资源，交通管理者能够更好地应对交通系统的复杂性，提高系统的响应速度和决策效率。

四、数字化交通管理的一个重要组成部分是智能交通信号控制系统

　　智能交通信号控制系统是数字化交通管理的重要组成部分，它通过先进的技术和算法来实现对交叉口交通信号的智能化控制，旨在提高道路通行效率、减少交通拥堵、改善交通流畅度。智能交通信号控制系统通过各种传感器（如摄像头、雷达、地感器）实时采集交叉口的交通数据，包括车辆流量、行驶速度、车辆类型等。这些数据用于系统对交叉口交通状况进行实时监测。通过大数据分析技术和智能算法，系统能够深入挖掘实时和历史数据，识别交叉口的交通模式、高峰时段和拥堵点。基于这些分析结果，智能算法可以动态调整信号灯的时序，以最优化交叉口的交通流，并提高道路通行效率。智能交通信号控制系统具备适应性调整能力，能够根据实际交通状况实时调整信号灯的时长。这意味着系统可以快速应对交通拥堵、事故或其他紧急事件，最大限度地减少交叉口的等待时间和车辆排队长度。多个交叉口之间的协同控制是智能交通信号控制系统的一项关键功能。通过联网和通信技术，多个交叉口之间可以共享信息，实现交叉口之间的协同调度，进一步提高整个道路网络的通行效率。智能交通信号控制系统可以根据交通需求优先调整信号，如给公共交通工具、紧急服务车辆或自行车留出更多的通行时间，以提高这些交通方式的效率和安全性。智能交通信号控制系统支持远程监控和管理，交通管理者可以通过云端或中心控制室实时监测多个交叉口的运行状况，并进行远程调整。这种远程管理方式提高了管理的效率和灵活性。系统通常提供可视化的界面，让交通管理者更直观地了解交叉口的状况，监控信号灯的状态，以及系统的性能。这样的界面有助于更快速、准确地做出决策。智能交通信号控制系统的应用有助于实现交通系统的数字化、智能化管理，提高道路通行效率，减少交通拥堵，改善城市交通流畅度，同时促进了可持续交通发展。

五、智能交通系统是数字化交通管理的进一步演进

智能交通系统不仅包括数字化交通管理的基本要素，还整合了更多先进的信息技术、人工智能、自动驾驶等创新技术，实现了交通系统的全面智能化。通过激光雷达、摄像头、雷达等传感器，实时获取道路上的车辆、行人、道路条件等信息。这些感知设备通过物联网技术连接，形成庞大的感知网络，为智能交通系统提供实时的、高精度的交通数据。通过机器学习和深度学习等技术，智能交通系统可以分析和识别交通数据中的模式，预测交通流的变化趋势，优化交通信号灯的控制策略，甚至识别交通事故、违规行为等异常情况。这使得交通系统能够更加智能地适应不同的交通状况。通过车联网技术，车辆可以与道路设施、交通管理中心实时通信。这使得交通管理者可以远程监控车辆位置、速度、行驶方向等信息，实现对车辆的精准调度，减少拥堵和交通事故的发生。

六、在交通安全方面，智能交通系统还引入了自动驾驶技术

智能交通系统通过引入自动驾驶技术，为交通安全带来了许多潜在的好处。自动驾驶技术具有高度的精准性和反应速度，能够通过实时感知和分析交通状况，减少人为错误导致的交通事故。车辆之间的通信和协同作战还可以防止一些常见的交通事故，如追尾和交叉口碰撞。智能交通系统中的自动驾驶车辆可以实时调整速度和路径，以优化交通流。这有助于减少交通拥堵和提高整体道路效率，缩短通勤时间，降低能源消耗。自动驾驶车辆能够严格遵守交通规则，包括速度限制、交叉口停车等。这有助于创造更有序、安全的交通环境，减少违法行为和交通事故的发生。自动驾驶技术能够减轻驾驶者的负担，使他们能够更专注于其他任务，如工作、休息或娱乐。这有助于减少因驾驶者分心而引发的事故。自动驾驶技术可以通过实时监测和适应性控制，提升车辆和行人的交通安全感。车辆能够更好地应对突发状况，减少事故风险，从而提高道路使用者的信心和安全感。自动驾驶技术需要与智能交通基础设施相结合，通过高精度地图、车辆间通信等手段，实现更精确的定位和路径规划。这有助于提升自动驾驶系统的可靠性和安全性。自动驾驶技术的不断发展和改进也将进一步增强交通安全性能。随着技术的演进，系统的学习能力和适应性将不断提高，从而降低事故风险率。自动驾驶技术在智能交通系统中的引入为提升交通安全性带来了许多潜在的优势，但也需要继续关注技术的可靠性、隐私保护等方面的问题，以确保系统的稳健性和社会接受度。

数字化交通管理与智能交通系统的结合，使城市交通管理变得更为科学、精准和高效。通过数字技术的广泛应用，交通管理者可以更好地洞察和理解城市交通的运行状态，更加灵活地进行交通组织和调度。随着智能交通系统的不断升级，未来城市交通将迎来更加安全、高效和便捷的时代。

第四节 低碳交通工具与可再生能源

低碳交通工具与可再生能源的结合是推动交通行业向更加环保和可持续方向发展的重要举措。随着气候变化和环境问题日益严重，寻找替代传统燃油驱动的交通工具以及采用可再生能源成为全球范围内的重要议题。低碳交通工具，尤其是电动汽车，被认为是减少交通领域碳排放的有效手段之一。电动汽车以电池作为能源储存单元，使用电力来驱动车辆，相比传统燃油车辆，具有零排放的特点。在这个背景下，可再生能源的广泛应用可以使电动汽车的环保效益得到最大限度的发挥。

一、可再生能源的应用对低碳交通工具的推广产生直接积极影响

可再生能源，如太阳能和风能等，是相对清洁的能源形式。通过将这些能源用于电力生产，可以有效减少低碳交通工具的使用阶段产生的碳排放。这对于应对气候变化和改善空气质量具有积极意义。可再生能源与电动交通工具的结合，如电动汽车、电动自行车等，可以形成零排放的交通方式。电动交通工具的推广依赖于清洁能源的可用性，可再生能源的大规模应用为电动交通提供了可持续的能源基础。由于低碳交通工具通常采用电力作为动力源，减少石油的使用有助于缓解资源枯竭和能源安全方面的问题。通过将可再生能源与低碳交通工具相结合，可以实现更高的能源效率，降低整个能源链的碳足迹。可再生能源的应用推动了新兴技术的发展，如能源存储技术和智能电网技术。这些技术的进步有助于解决低碳交通工具在能源供应、储存和管理方面的挑战，促进可再生能源与交通的更深度整合。许多国家和地区通过政策手段鼓励可再生能源的使用，包括提供补贴、税收优惠和产业支持等。这些政策支持为低碳交通工具的推广提供了经济激励，促使更多人愿意选择使用清洁能源驱动的交通工具。可再生能源的广泛应用为低碳交通工具的推广提供了直接的积极影响，不仅有助于降低交通对环境的负面影响，还推动了新兴技术的发展和整个交通系统的可持续转型。

二、可再生能源的运用有助于解决电动汽车的续航焦虑问题

利用可再生能源建设分布式充电基础设施，可以将充电站点更广泛地分布在城市和乡村地区。这样的基础设施布局可以有效缩短电动汽车用户的充电距离，减轻续航焦虑。构建以可再生能源为主的充电站，如太阳能和风能充电站，能够为电动汽车提供更为环保的

充电选择。这种清洁的能源来源不仅有助于减少碳排放，也为用户提供了更为可持续和可靠的充电选项。利用可再生能源与电动汽车结合，推动电力系统的智能化发展和储能技术的应用。通过储能系统，可以在可再生能源不可用时提供电力，提高充电站的稳定性，从而减少因天气等因素导致的充电不便问题。利用可再生能源建设的充电站可以更加灵活地在白天利用太阳能、在风力充足时利用风能，使充电过程更为高效。这有助于用户更好地规划充电时间，降低充电焦虑感。可再生能源和智能网联技术结合，使电动汽车能够通过智能系统获取实时的可再生能源充电信息。这有助于用户更好地了解可再生能源的可用性，选择最佳的充电时机，提高充电效率。政府可通过政策手段，鼓励企业在可再生能源方面的投资和创新，同时推动电动汽车的发展。政策支持可以促进可再生能源与电动汽车的协同发展，为解决续航焦虑问题提供更为全面的支持。可再生能源的广泛应用有望成为解决电动汽车续航焦虑问题的关键因素，通过创新技术和政策支持，可以进一步促进清洁能源与电动汽车的有机结合，提升电动汽车的用户体验和可持续性。

三、可再生能源的发展有助于建设更为智能化的充电基础设施

随着可再生能源的不断发展，智能能源管理系统的应用变得更加广泛。这种系统可以实时监测可再生能源的生产情况，根据天气、时间等因素进行预测和调度，从而优化充电基础设施的运行。智能管理系统可以确保在能源充足的时候提供更多的电力，而在能源紧缺时调整充电计划，提高充电效率。可再生能源与智能充电桩的结合，使充电桩能够更加智能化地响应电网状况。通过与电网互联，充电桩可以根据电力需求、电价波动等因素进行实时调整，提高充电效率，降低能源浪费。这种智能互联性也为用户提供了更灵活的充电选择。智能化充电基础设施可以与能源储存技术结合，以存储多余的可再生能源，并在需要时释放。这有助于解决可再生能源的间歇性问题，确保充电基础设施在任何时候都能提供足够的电力。可再生能源的发展使得充电基础设施能够提供更为个性化和智能化的服务。用户可以通过智能手机应用或云端平台获取实时的充电信息、能源来源和费用情况，有助于用户更好地管理充电行为，提高充电的便捷性和透明度。可再生能源的智能化充电基础设施可以配备先进的安全系统，包括实时监控、远程控制等功能。这有助于确保充电设施的安全性，防范潜在的问题，提高用户的信心和满意度。通过大数据分析，充电基础设施可以更好地了解用户的行为模式，优化充电桩的布局和利用率，提高整个系统的智能性。可再生能源的发展为充电基础设施的智能化提供了丰富的机遇，通过智能管理、互联性和服务创新，将进一步推动清洁能源与电动交通的协同发展，为未来智能城市的可持续发展提供支持。

四、可再生能源的运用也有助于构建分布式能源系统

可再生能源的广泛应用有助于构建分布式能源系统，这种系统将能源生产从传统中心化的发电站转移到更为分散的地方。可再生能源，如太阳能和风能，通常在地理上分布广泛。通过在各个地点安装太阳能电池板、风力涡轮机等设备，可以在更多的地方产生电力。这种分散的能源生产方式有助于构建分布式能源系统，降低对中心发电站的依赖。分布式能源系统能够更好地利用当地的可再生资源，提高能源的可持续性。地方性的太阳能和风能资源可以在更广泛的地区得到有效利用，从而减少对远距离输电线路的需求，提高整个能源系统的稳定性。通过将能源生产点更接近能源使用点，能够减少输电距离，降低电能在输电线路上的损失，提高能源的有效利用率。当某一地区遭受天灾或其他突发事件时，分布式能源系统可以提供更多的备用能源，减缓对中心发电站和集中式电网的冲击，维持能源供应的连续性。居民和企业可以参与能源生产，如安装屋顶太阳能电池板或小型风力发电机。这不仅提高了能源的可再生比例，还促进了社区参与和自治的理念。构建分布式能源系统需要借助先进的技术，如智能电网技术、能源储存技术等。这个方法推动了能源领域的技术创新，提高了系统的智能化水平，使能源生产和分配更为高效和灵活。分布式能源系统有助于降低对传统化石燃料的依赖，推动社会向更为可持续的能源模式过渡。这对于减缓气候变化、改善环境质量具有重要意义。可再生能源的运用促进分布式能源系统的建设，为能源领域带来了更多的创新性和可持续性。这种系统不仅有助于应对能源挑战，还推动了社会朝着更为环保和智能化的方向发展。

五、低碳交通工具与可再生能源的结合也推动了交通行业的技术创新

低碳交通工具与可再生能源的结合推动了交通行业的技术创新，这为实现更环保和可持续的交通系统提供了新的发展方向。随着电池技术的不断改进和成本的降低，电动汽车、电动自行车等低碳交通工具逐渐得到普及。这推动了交通工具的电动化，减少了对传统燃油的依赖。为了进一步支持电动交通工具的普及，建设可再生能源驱动的充电基础设施成为必要措施。智能充电桩、分布式充电站等技术创新应运而生，从而提高了充电效率、便利性和可持续性。结合可再生能源的电动交通工具促进能源管理系统的创新。通过智能能源管理，可以实时监控可再生能源的产生和分配，以优化电力的利用，降低碳足迹。高能密度、快速充放电和长寿命的电池技术的突破有助于提高电动交通工具的性能，延长续航里程，进一步提升用户体验。智能交通系统结合可再生能源，可以通过实时数据分析和智能路线规划提高能源利用效率，优化交通流动性，减少拥堵。可再生能源与电动交通工具的互联性促进了车辆对网络的连接，实现了智能化的车辆管理。这使得车辆可以通过网络

获取实时能源信息，优化能源利用，并与其他车辆、充电桩等进行实时通信。涌现出许多初创公司和创新企业致力于开发与可再生能源和低碳交通工具相关的新技术，包括能源管理软件、智能充电设备等。低碳交通工具与可再生能源的结合在推动交通行业技术创新方面发挥了关键作用，为建设更为环保和智能的交通系统提供了全新的机遇和挑战。这种整合不仅有助于减缓气候变化，还促进了新兴技术和商业模式的发展。

第三章　数字经济时代的交通运输业绿色低碳政策与法规

在数字经济时代，交通运输业的绿色低碳政策与法规变得尤为关键，以应对日益加剧的环境问题和气候变化挑战。数字经济的崛起为政府制定和实施绿色低碳政策提供了更多创新手段和数据支持，以推动交通运输业实现可持续发展。

数字经济时代背景下，绿色低碳成为交通运输业可持续发展的核心理念。随着全球经济数字化的推动，传统交通运输模式所带来的环境压力不断凸显，而数字技术的运用为制定、执行绿色低碳政策提供了新的思路和工具。通过实时监测交通流、排放数据和能源消耗情况，政府能够深入了解交通运输系统的运行状况。这种实时数据的获取和分析能力有助于政府更准确地评估碳排放水平、能源利用效率，从而精准地制定符合实际情况的绿色低碳政策。智能交通系统、电动汽车充电网络等数字化基础设施的建设，为推动交通运输业向绿色低碳方向发展提供了技术支持。政府可以通过引导和规范数字技术的应用，建设更加智能、高效的交通系统，从而降低对环境的不利影响。在政策层面，数字经济时代政府更容易实施创新性政策和法规，以促使交通运输业绿色低碳发展。例如，制定电动汽车推广政策、设定碳排放标准、鼓励可再生能源在交通领域的应用等。数字技术的支持可以更好地监测这些政策的执行情况，及时调整和改进政策手段，确保其有效实施。政府在数字经济时代的绿色低碳政策中，还应重视信息的公开透明。通过数字化手段，政府可以更加及时地向社会公众公开交通运输业的环境数据、政策执行效果等信息，提高社会对政府绿色低碳政策的理解和支持度。公众的积极参与将推动政府更加主动地推进交通运输业的绿色低碳发展。政府可以通过数字化平台，促进交通运输企业与技术创新企业、能源企业等的协同合作。数字技术有助于提高信息的共享和协同效率，推动各方在绿色低碳领域的合作，实现资源优化配置，共同推动整个交通运输业的可持续发展。在法规制定方面，数字经济时代政府需要更加注重制定具体、可操作的法规措施。例如，对传统燃油车辆排放进行更为精准的监管，设立绿色交通基金以支持可再生能源在交通领域的应用，制定有力的处罚机制等。这些法规的制定需要充分考虑数字技术的支持，确保其切实可行和执行效果显著。数字经济时代的交通运输业绿色低碳政策与法规的制定和实施，既需要政府积极推动，也需要充分发挥数字技术的优势。通过科学合理的政策制定、数字技术的广泛应用，政府可以更好地引导和推动交通运输业向绿色低碳方向发展，为实现可持续发展目标贡献力量。

第一节　国际绿色低碳政策比较

在全球范围内，绿色低碳政策成为各国政府应对气候变化和推动可持续发展的关键手段。国际上的绿色低碳政策存在差异，受各国经济状况、资源分布、能源结构等多方面因素的影响。本节将对国际绿色低碳政策进行比较，分析各国在此方面取得的成就和面临的挑战。

一、欧洲国家一直处于全球绿色低碳政策的前沿

欧洲国家一直以来都处于全球绿色低碳政策的前沿，其在环境保护和可持续发展方面的努力成果备受国际关注。欧洲国家是全球减缓气候变化的积极参与者，致力于全面履行《巴黎协定》等国际气候协议。他们提出了雄心勃勃的减排目标，致力于将温室气体排放降至净零，并分别设定了 2030 年和 2050 年具体的减排目标。很多欧洲国家大力支持风能、太阳能、水力能等可再生能源的发展和应用。德国的能源转型（Energiewende）就是一个引领性的项目，旨在实现能源的转型和碳排放的减少。欧洲国家通过碳交易体系（EU ETS）等定价机制鼓励企业减少碳排放。这种市场化的方法激励企业采取更为清洁的生产方式，推动低碳经济的发展。欧洲国家致力于推动交通领域的绿色转型，鼓励电动交通工具的普及，投资建设充电基础设施，同时支持可再生能源在交通领域的应用。一些国家已经宣布在未来几十年内逐步淘汰燃油车。欧洲国家注重建筑和城市规划的绿色化，推动能效建筑和低碳城市的建设。通过采用先进的建筑技术和绿色城市规划，欧洲国家在减少能源消耗和改善城市环境方面取得了显著进展。欧洲国家鼓励循环经济模式的发展，减少资源浪费。通过制定法规和推动创新，欧洲国家促进废弃物回收和再利用，减少对有限资源的过度开采。他们积极参与全球环境保护事务，为发展中国家提供技术支持和资金援助，共同应对全球性的环境挑战。欧洲国家在全球绿色低碳政策的前沿，通过法规制定、技术创新和国际合作等多方面努力，为建设更为可持续、低碳的社会做出了显著贡献。其经验对其他地区在可持续发展方面具有借鉴意义。

二、亚太地区的国家也在积极推动绿色低碳政策

亚太地区的国家也在积极推动绿色低碳政策，致力于应对气候变化、改善环境质量和推动可持续发展。亚太地区的一些国家积极参与国际气候协定，如《巴黎协定》。这些国家制定了具体的减排目标和政策措施，承诺减缓气候变化的影响，降低温室气体排放。许多亚太地区的国家在可再生能源方面取得了显著进展。风能、太阳能、水力能等清洁能源

的利用逐渐增加，推动了能源结构的转型。一些国家设定了可再生能源装机容量的具体目标，加速清洁能源的发展。亚太地区的国家在推动绿色交通方面采取了多项政策。这包括鼓励电动交通工具的发展，制定车辆排放标准，建设充电基础设施，以及推动公共交通和自行车出行。一些亚太地区的国家推行碳市场和碳定价机制，通过市场化手段鼓励企业减少碳排放。这种机制有助于激发低碳技术的创新和推广，促使企业更加环保和可持续发展。

通过提高建筑能效、改善交通系统、推动垃圾分类等措施，城市在降低碳排放、提高生态环境质量方面取得了一些成果。亚太地区的一些国家注重生态保护和恢复工作，致力于保护珍稀物种和生态系统。这不仅有助于维护生态平衡，还对碳吸纳和环境健康产生积极影响。一些亚太地区的国家在绿色低碳领域推动技术合作与创新。这包括发展清洁能源技术、推广低碳交通解决方案、提高工业生产效率等，促进可持续技术的推广。亚太地区的国家在绿色低碳政策方面采取了多样化的措施，通过国际合作和本地实践，为实现可持续发展目标做出了积极的努力。这种努力不仅对国家自身的环境质量和社会可持续性有益，也对全球应对气候变化和推动绿色经济发展产生积极影响。

三、北美地区，尤其是美国和加拿大，也在一定程度上进行了绿色低碳政策的尝试

北美地区，尤其是美国和加拿大，也在一定程度上进行了绿色低碳政策的尝试，虽然在一些方面存在挑战，但也做出了积极的努力。在美国，一些州采取了积极的气候行动，通过建立碳市场、推动可再生能源发展、设定减排目标等方式，努力降低温室气体排放。加拿大的一些省也制定了自己的绿色低碳政策，如碳定价和可再生能源标准。美国各州和加拿大的一些省份采取了措施鼓励太阳能和风能等可再生能源的发展，这包括提供税收激励、设定可再生能源目标和制定配额制度。一些北美地区采取了碳市场的方式，通过碳交易来鼓励企业减少碳排放。这种市场化机制通过经济激励手段促使企业采取更为环保的生产方式，推动低碳经济的发展。一些地区提供了购车补贴和充电基础设施建设，以促进电动汽车和混合动力车的推广。北美地区一些地方在生态保护和环境恢复方面采取了积极措施。这包括推动森林保护、湿地恢复、水资源管理等生态工程，以维护生态平衡。北美地区在绿色低碳领域也涌现了一些技术创新和产业发展。尤其是在美国，一些科技公司和创新企业致力于开发清洁技术，推动绿色产业的发展。北美地区的一些城市采取了可持续城市规划，包括改善公共交通系统、推广自行车出行、提高建筑能效等措施，以减少碳排放并提高城市的环境质量。虽然美国在碳政策上存在一些复杂性和不同意见，但一些州份和城市在气候行动和可持续发展方面表现出积极性。加拿大在联邦层面和一些省份也在采取措施推动绿色低碳政策的实施。这些尝试展示了北美地区一些地方对环保和可持续发展的关注。

值得注意的是，不同国家在绿色低碳政策中的重点和侧重点存在一定的差异。欧洲强

调碳中和目标，通过加强碳市场、推动可再生能源的发展等手段实现。亚太地区侧重点主要集中在能源结构调整、提高能效、推动新能源汽车等方面。北美地区则在一些地方性的政策上进行尝试，但受到地方政府与联邦政府之间合作的挑战。在比较国际绿色低碳政策时，我们还需考虑到不同国家的发展阶段和经济体量。发展中国家可能更注重在保障经济增长的前提下推动可持续发展，而已经工业化的国家更有能力在绿色低碳政策上进行深入的探索和实践。国际绿色低碳政策的比较需要充分考虑到各国的国情和实际情况，避免"一刀切"的标准。政策的具体实施需要充分的社会共识和政策落地。一些国家存在碳排放权益分配、清洁能源技术成本等问题，需要政府在政策实施中克服各方面的困难。国际合作与协调也是一个问题。全球气候问题需要全球共同应对，但一些国家对于国际合作的积极性存在差异，国际协作机制的建设仍然需要加强。国际绿色低碳政策的比较表明，各国正在积极应对气候变化和推动可持续发展，但也存在差异和挑战。随着国际社会对气候问题的共识不断加深，各国将更加密切合作，分享经验，共同推动全球绿色低碳发展。

第二节　国内政府政策与法规环境

国内政府在绿色低碳领域采取了一系列政策与法规，以促进可持续发展、改善环境质量，并推动数字经济与绿色低碳的深度融合。国家实施了《大气十条》《水十条》等系列环保政策，以加强对空气和水污染的治理，推动企业实施清洁生产，提高资源利用效率。我国积极响应《巴黎协定》，提出全球最大的碳市场试点计划，通过建设碳交易体系，推动企业减排。

在能源领域，我国发布了《能源发展战略行动计划（2014—2020 年）》和《可再生能源法》，力求提高可再生能源在能源结构中的比重，鼓励太阳能、风能等清洁能源的发展。政府还通过制定《新能源汽车产业发展规划（2021—2035 年）》，支持新能源汽车的发展，提高新能源汽车在交通运输领域的普及率。

在交通运输领域，政府发布了《节能与新能源汽车推广应用推进计划（2021—2035 年）》，提出加强新能源汽车充电基础设施建设，推动电动汽车的推广。鼓励发展共享交通，支持共享单车、共享汽车等绿色低碳出行方式，优化城市交通结构。

政府还实施了一系列科技创新和数字化发展政策，促进数字经济与绿色低碳的深度融合。通过《新一代人工智能发展规划》和《数字中国建设战略》，推动人工智能、大数据、云计算等先进技术在环境监测、智能交通等领域的应用，提升环境治理和交通运输的智能化水平。

在法规层面，我国颁布了《环境保护法》和《大气污染防治行动计划》，对企业和地方政府进行环保责任追究，明确了空气质量和大气污染治理的目标和措施。我国通过《清洁生产促进法》和《可再生能源法》等法规，规范了企业生产过程中的环境保护行为，推动清洁生产和可再生能源的发展。

国内政府在绿色低碳领域的政策与法规体系逐渐健全，通过全面推动清洁能源、智能交通、数字经济等领域的发展，为可持续发展和环境保护搭建了坚实的法规基础和政策支持体系。

第三节　绿色低碳政策的落实与监管

绿色低碳政策的落实与监管在我国政府层面得到了越来越多的关注和重视，为了确保这些政策能够有效实施，相关监管机构采取了一系列措施，旨在推动各行业、企业和地方政府积极参与，共同推进绿色低碳发展。这包括了中央、省、市、县四级政府的环保部门，以及涉及能源、交通、工业等多个行业的相关管理机构。这样的层级结构有助于更全面、有力地推动各项政策的实施，确保在全国范围内形成协同推进的态势。建立了环境监测体系，实现对大气、水质、土壤等环境指标的实时监测。这为政府及时了解环境状况、掌握政策实施情况提供了科学依据。通过信息公开，让社会公众更好地了解政府的政策举措，实现监管过程的公正公开。通过加大对违反绿色低碳政策的企业和地方政府的惩罚力度，形成强烈的法律约束，提高了政策的执行力。一些地方政府成立了专门的执法队伍，深入开展执法检查，对不符合标准的企业进行查处，进一步推动了政策的深入实施。政府鼓励企业建立绿色低碳管理体系，通过 ISO14001 环境管理体系等认证，激励企业自觉履行环保责任。一些地方还设立了环保信用体系，通过对企业环保行为的评估，建立信用档案，对信用较好的企业给予更多的支持和优惠政策。在国际层面，政府积极参与全球绿色低碳治理，与其他国家分享经验、学习创新成果，促进全球环保事业的共同发展。政府还通过签署国际环保协定、参与联合国气候变化大会等形式，加强了与其他国家的合作，共同应对全球性环境问题。通过建立完善的监管体系、强化执法力度、提高信息透明度等手段，政府有效地推动了绿色低碳政策的贯彻执行，为实现可持续发展和生态文明建设提供了坚实的保障。

第四节 政策对数字经济的影响

政策对数字经济的影响在当今社会变得越发重要，政府通过制定和调整各种政策来引导和规范数字经济的发展，对整个经济体系产生了深远而复杂的影响。

一、政策为数字经济提供了有力的支持和引导

政策在数字经济发展中发挥着关键的作用，为其提供了有力的支持和引导。政府通过制定创新友好型政策，如税收激励、研发资金支持等，鼓励企业在数字经济领域进行创新。这种政策支持可以促使企业增加投资，推动新技术和商业模式的发展。为了推动数字经济的发展，政府通常会加大对数字基础设施的投资，包括网络建设、数据中心、云计算等。这些基础设施的完善可以提高数字经济的运作效率，促进信息和数据的流通。制定适应数字经济的法规和政策是至关重要的。政府需要推出数据隐私、网络安全、知识产权等方面的法规，以保障数字经济的可持续发展，同时为企业提供相对稳定的经营环境。为了适应数字经济的发展，政府需要投资于培养数字化时代所需的各类人才，包括技术人才、数据分析师、人工智能专家等。通过引进国际高端人才，可以加速数字经济的发展。政府应推动自身数字化，以提高治理效率和服务水平。数字化的政务系统可以更好地响应市场需求，提供更便捷的公共服务，促进政府与市民、企业的互动。针对数字经济的全球性特征，政府应积极参与国际合作，促进数字经济的开放与互通。通过与其他国家分享最佳实践、制定共同标准，可以推动全球数字经济的协同发展。政策在数字经济中的作用是全方位的，既包括对企业和创新的激励，也包括基础设施建设、法规环境的优化以及人才培养等多个方面。通过明晰的政策框架，政府能够有效地引导数字经济的发展，推动经济结构的升级和创新能力的提升。

二、政策在数字经济治理中发挥了引导和规范作用

政策在数字经济治理中扮演着引导和规范的重要角色，其作用主要体现在以下几个方面：通过制定产业政策，政府可以引导数字经济朝着高附加值、高技术含量的方向发展。政策可以促使企业加大数字化转型的力度，鼓励新兴产业的发展，推动整个数字经济体系朝着更加创新和可持续的方向发展。制定相关法规和政策可以规范数字经济市场行为，防范和打击不正当竞争、数据滥用、网络犯罪等问题。这有助于维护数字经济市场的公平竞争环境，保障企业和消费者的合法权益。通过建立健全的法规框架，政府可以规范数据的收集、使用和共享，加强对个人隐私的保护。政策也可以引导企业采取有效的网络安全措

施，防范数据泄露和网络攻击，提高整个数字经济生态的安全性。制定知识产权政策有助于保护数字经济中的创新成果，激励企业进行研发投入。通过加强对数字技术、软件、商标等知识产权的保护，政府可以建立创新驱动型的数字经济体系。在数字经济中，金融监管尤为关键。政府需要通过制定相关政策，规范数字支付、金融科技等领域的经营行为，防范金融风险，确保数字经济的健康发展。政府可促进国际合作，制定共同的数字经济标准，推动全球数字经济的协同发展。这有助于提高数字经济的国际竞争力，促进各国在数字领域的互利合作共赢。政策在数字经济治理中的引导和规范作用是为了维护数字经济的稳定和健康发展，确保其在创新和竞争中能够持续取得积极成果，同时保护利益相关方的合法权益。这需要政府通过制度性的手段，全面深入地参与数字经济的管理和引导。

三、政策还通过金融支持和资本市场的引导，促使数字经济企业更好地融资和发展

政策在数字经济中通过金融支持和资本市场的引导，促使数字经济企业更好地融资和发展。通过降低融资成本、提供贷款担保、设立风险基金等方式，政府可以帮助数字经济企业更容易获得融资。这对于初创企业和高科技企业尤为关键，因为它们通常需要大量资金用于产品研发、市场推广和扩大规模。政府可通过设立创业基金、引导风险投资等方式，促进数字经济领域的创新企业获得更多的投资支持。这有助于降低创新企业的融资风险，吸引更多投资者参与数字经济产业的发展。政府可以通过引导资本市场的发展，从而提高数字经济企业的融资效率。这包括推动科技企业在股票市场上市，设立专门的科创板或创业板，以更好地适应数字经济企业的特殊需求。建立便捷的退出机制，鼓励风险投资退出，为更多资本流入数字经济领域创造条件。为数字经济提供创新金融工具，如债券、证券化等，有助于拓宽数字经济企业的融资渠道。政府可以通过设立数字经济专项基金、发行创新金融产品等方式，提高企业融资渠道的多样性和灵活性。政府可以通过激励银行体系更好地服务数字经济企业，包括提供定制化的金融产品和服务，降低融资门槛。这有助于建立更加紧密的金融与数字经济的合作关系，促进数字经济企业更好地融资和发展。通过以上手段，政府能够在金融领域发挥引导作用，为数字经济企业提供更多融资机会，促进其更加健康和可持续地发展。这有助于推动数字经济的创新和增长，提升整个国家数字化产业的国际竞争力。

四、政策对数字经济的影响还表现在人才培养和科研支持方面

政策在数字经济中的影响不仅在于金融支持，还在人才培养和科研支持方面发挥着重要作用。为了满足数字经济发展的需求，政府需要通过教育政策和培训计划，着力培养数

字化时代所需的各类人才。这包括技术专家、数据分析师、人工智能研究人员等。政策可以通过设立奖学金、建设数字技术培训中心、制定相关课程等方式，激励学生和从业人员投身数字经济领域。通过政策引导，政府可以促使高校与企业建立更加紧密的合作关系，确保教育体系更好地满足数字经济的人才需求。这包括合作开设实用性强的专业课程、建立联合研究中心、提供实习机会等，以加强理论知识与实际应用的深度结合。通过政策，政府可以吸引和培育国际高端人才，加速数字经济领域的人才会聚。这可以通过提供长期居留、简化签证流程、提供优厚的研究经费等方式来实现。引进国际人才有助于引入新的思想和技术，推动数字经济的国际化合作。为了推动数字经济的创新，政府需要通过科研政策为相关研究提供支持。这包括设立数字经济研究基金、资助科研项目、推动科研机构与企业的协同研究等。政府的科研支持有助于推动数字经济的前沿技术和产业创新，提升国家在数字化领域的国际竞争力。通过政策引导，政府可以支持建设数字经济相关的科技园区和创新中心，提供良好的研发环境和基础设施。这有助于吸引高水平的科研团队和企业入驻，形成创新型生态系统，推动数字经济的快速发展。通过上述政策手段，政府能够在人才培养和科研支持方面发挥引导作用，为数字经济提供持续的智力支持，促使相关产业在创新和科技领域取得更大突破。这不仅有助于培养本国的数字经济人才，也有助于国家在全球数字经济中占据领先地位。

五、政府通过国际合作和贸易政策，促进数字经济的全球化发展

政府通过国际合作和贸易政策，积极促进数字经济的全球化发展。为促进数字经济全球化，政府可以制定开放、包容的贸易政策，降低数字经济产品和服务的贸易壁垒。这包括减少数字产品的关税和非关税壁垒，推动数字贸易的自由化，为数字经济企业提供更广阔的国际市场。通过参与和推动国际标准化工作，政府可以为数字经济提供一个共同的框架，提高数字产品和服务的互操作性。这有助于降低跨国数字经济交流的成本，推动全球数字经济的协同发展。政府可以通过积极加入国际组织，如世界贸易组织（WTO）等，推动全球数字经济规则的制定和协商。通过参与多边贸易谈判，政府能够为本国数字经济企业争取更有利的国际贸易环境。通过与其他国家签署数字经济合作框架协议，政府可以加强与其他国家的数字经济合作。这包括促进数字技术和创新的共享，鼓励数字贸易的便利化，以及共同应对数字领域的挑战，形成更加开放的数字经济合作体系。政府可以通过制定数字贸易促进政策，来推动数字产品和服务的跨境交流。这包括简化数字贸易手续、提高数字支付的便捷性，以及促进数字经济产业链的全球性合作，推动数字经济的全球价值链深度融合。通过支持本国数字技术企业走出国门，政府可以促使本国数字技术在国际市场上的推广和应用。政府可以提供相关的政策支持，鼓励本国数字经济企业在全球范围

内参与合作和竞争，提高其国际市场份额。通过上述国际合作和贸易政策，政府可以推动数字经济的全球化发展，加强国际合作，促进数字技术和服务的跨境流动，进一步推动全球数字经济的繁荣和创新。这不仅有利于本国数字经济产业的拓展，也有助于构建更加开放、互联互通的数字经济全球生态系统。政策对数字经济的影响体现在多个层面，包括技术创新、治理规范、金融支持、人才培养和国际合作等方面。这些政策的制定和实施，为数字经济提供了有力的支持和指导，推动着数字经济的蓬勃发展。

第四章 数字经济支持下的交通运输业绿色低碳供应链

在数字经济支持下,交通运输业的绿色低碳供应链正逐渐成为可持续发展的关键领域。数字技术的快速发展为交通运输业带来了前所未有的机遇,不仅提高了运输效率,还促使行业向更加环保和低碳的方向转变。以下将深入探讨数字经济如何助力交通运输业构建绿色低碳供应链,以推动整个行业朝着更可持续的方向发展。通过物联网技术、大数据分析和人工智能等科技手段,企业可以实时监测货物的运输状态、温湿度等环境参数,从而提高运输效率,减少能源浪费。智能物流系统的推广使得货物运输更为精准、合理,有助于降低运输过程中的碳排放。通过数字化平台,企业可以实现对整个供应链的实时监控和管理,从原材料采购到最终消费者的交付过程中的每一个环节都可以得到精确掌握。这种全面的可视化有助于降低库存水平,提高资源利用效率,从而减少整个供应链的环境负担。数字化还推动了物流网络的优化和智能化,通过智能调度和路径规划,实现了运输路线的最优化。这不仅减少了运输过程中的拥堵和能源浪费,还提高了运输效率,降低了碳排放。通过数字化技术的运用,可以更好地协调不同运输工具的运营,使多种交通方式有机结合,进一步提升整个供应链的绿色低碳水平。电动车辆的全面推广减少了对传统燃油的依赖,降低了运输环节的碳排放。同时,数字化技术的嵌入使得电动车辆能够更加智能地进行充电、维护和调度,提高了整个交通运输的绿色性能。共享经济模式通过优化资源利用,减少了个体用户对交通工具的需求,推动了共享出行的发展。数字经济支持下的共享出行平台通过智能调度算法,使得车辆分配更加合理,减少了空驶和拥堵,降低了整体碳排放。通过建立数字化的监测系统,企业可以对碳排放、能源消耗等关键指标进行实时监测和分析。这使得企业能够更加全面地了解供应链的环境影响,并制定相应的改进措施,推动绿色低碳发展战略的实施。从智能物流到电动化交通工具,再到共享经济的崛起,数字技术的广泛应用使得整个供应链更加环保、高效,为实现可持续发展目标注入了新的动力。数字经济与交通运输业的深度融合将继续推动绿色低碳供应链的不断创新与升级。

第一节 绿色低碳供应链的概念与原则

一、绿色低碳供应链的概念

绿色低碳供应链是指企业在产品或服务的生命周期中，通过采用环保和低碳的方法，以最小化资源消耗和环境影响为目标，构建起整个供应链体系的一种可持续性管理方式。该概念强调在供应链的各个环节中，从原材料采购、生产制造、物流运输到产品最终的使用和处理，都积极采取绿色、低碳的措施，以减少碳排放、降低能耗，实现经济效益与环境可持续性的双赢。

二、绿色低碳供应链的原则

（一）生命周期管理原则

绿色低碳供应链是一种注重产品或服务从生产到终端使用的全生命周期的可持续供应链管理模式。该模式旨在最大限度地减少环境影响，降低碳排放，提高资源利用效率，并促进企业在经济、社会和环境方面的可持续发展。绿色低碳供应链管理强调对产品或服务全生命周期的综合管理。从原材料采购、生产制造、运输物流，到产品使用、维护和最终处理，都需要考虑和优化，以降低环境负担。在绿色低碳供应链中，企业需要选择环境友好型原材料，考虑资源的可再生性和可循环性。通过采用可持续采购和生产方法，降低对非可再生资源的依赖，减少对生态系统的影响。通过采用能源效益的生产工艺和制造技术，企业可以减少能源消耗，降低生产过程中的碳排放。优化生产流程，提高能源利用效率，是绿色低碳供应链实践的重要环节。在运输和物流阶段，采用低碳、高效的运输方式，减少运输过程中的碳排放是关键。通过优化供应链的布局和运输路径，降低运输过程中的能源消耗，实现物流的绿色化。鼓励设计和生产寿命周期较长的产品，减少废弃物的生成。通过在推动产品设计中考虑维修和升级的可能性，延长产品的使用寿命，降低废弃物对环境的负担。绿色低碳供应链不仅关注生产端，还注重消费端。通过推广绿色认证和标签，提高消费者对环保产品和服务的认可度，激励绿色消费，形成一个全社会的绿色生态圈。实施绿色低碳供应链需要建立监测和报告体系，对整个供应链进行实时跟踪，评估碳排放、资源使用等环境指标。通过透明的报告，企业不仅能够展示其环保成就，也能够更好地与利益相关方分享可持续发展的成果。绿色低碳供应链是企业在全球经济转型的背景下，积极响应环保呼声，从供应链的角度出发，推动企业实现经济效益、社会效益和环境效益的良性循环。

（二）循环经济原则

循环经济原则是一种可持续发展的理念，旨在通过最大限度地减少资源浪费和降低环境影响，促进资源的有效利用和再利用。这一理念的核心思想是将经济系统设计成一个闭环，使资源在生产和消费过程中实现最大化的循环利用。具体有以下几个原则：致力于最大限度地延长资源的使用寿命和提高资源的价值，通过创新设计、技术升级和管理手段，减少资源的过度消耗和浪费。构建可持续的生产系统，强调产品生命周期的完整性，通过采用循环利用、再制造和回收等手段，将废弃物最小化，实现生产过程的封闭和可持续性。通过改变生产和消费模式，减少废弃物的产生，提倡资源的最大限度再利用，降低对传统废弃物处理方式的依赖，如填埋和焚烧。在产品设计阶段考虑整个生命周期的环境影响，采用可再生、可降解的材料，倡导绿色设计和生产方式，以减轻产品对环境的不良影响。鼓励共享和租赁经济模式，减少资源个体所有权带来的浪费，通过共享利用物品和服务，提高资源利用效率。充分利用数字技术和创新手段，提高资源管理的智能化水平，通过信息化和智能化手段，优化资源配置和提高利用效率。促进政府、企业、社会组织和公民等各方参与循环经济的建设和实践，形成社会共识，推动循环经济理念的深入融入社会发展各个层面。倡导信息的透明度和流通，提供准确、可信的环境和产品信息，促使各利益相关方更全面地了解和参与循环经济的过程，推动信息的共享和传递。

这些原则共同构成了一个系统而全面的循环经济框架，为实现可持续发展和资源高效利用提供了理论指导和实践路径。

（三）节能减排原则

节能减排原则是为了应对气候变化和降低对环境的不良影响而提出的一套理念和方法。将节能置于首要位置，通过提高能源利用效率、采用先进的节能技术和管理实践，实现在生产、交通、建筑等领域的能源消耗的降低，从而减缓对有限资源的过度开采。推动绿色技术的研发和应用，包括清洁能源、高效能源利用技术、环保工艺等，以降低对环境的污染和对非可再生资源的依赖，促进经济可持续发展。通过采取减少碳排放的措施，包括加强能源管理、发展低碳能源、提高交通工具的燃油效率等手段，实现温室气体排放的减少，从而减缓气候变化。倡导资源的循环利用和再生利用，通过废弃物回收、循环经济等方式，最大限度地减少资源的浪费，促进经济发展与环境保护的协同。强调在任何经济活动中都要尊重和保护生态系统的完整性，通过生态恢复、保护生物多样性等手段，减缓生态环境的恶化。建立和完善相关政策法规体系，为节能减排提供有力的政策支持和激励机制，鼓励企业和个人参与到节能减排行动中。强调全社会的共同参与和努力，通过教育宣传、社区参与等手段，增强公众的环保意识，形成广泛的社会共识和行动，推动节能减排工作的深入开展。鼓励科技创新，通过研发和应用新技术，提高能源利用效率，减少对有害化石能源的依赖，为实现清洁、高效的能源利用创造条件。这些原则综合体现在各个层面推动节能减排的方向和方法，是实现可持续发展和环境保护目标的指导性准则。

（四）绿色采购原则

绿色采购原则是一种可持续性采购的理念，旨在通过采购环保和社会责任的产品和服务，推动企业和组织在经济活动中对环境和社会产生更积极的影响。这一原则不仅仅是一种商业实践，更是一种倡导可持续发展的行为准则。企业在采购过程中会优先选择符合环保标准的产品，确保其生产和使用对环境的影响最小化。这可能涉及能源效率、资源利用和废弃物管理等方面的考量。绿色采购强调供应链的透明度，确保所采购的产品和服务的整个生命周期都符合环保和社会责任的要求。这包括原材料的获取、生产、运输、使用和处置等各个环节。绿色采购考虑到供应商的社会责任，包括对员工福利的关注、公平劳动条件的维护以及对当地社区的积极贡献。通过选择符合这些标准的供应商，企业可以在社会层面产生积极影响。绿色采购鼓励企业寻求创新的产品和服务，以促进绿色技术的发展。通过采购创新的环保解决方案，企业不仅可以降低自身的环境足迹，还有助于推动整个产业向更可持续的方向发展。

绿色采购原则是企业社会责任的一部分，通过采购决策来推动经济活动的可持续性，为环境和社会创造积极的影响。这种理念的应用不仅有助于企业提升形象，还能够在全球范围内推动可持续发展的实践。

（五）智能物流原则

智能物流是一种基于先进技术的物流管理和运作方式，其原则综合体现在以下几个方面：智能物流注重实时性，通过使用传感器、物联网和其他技术手段，对物流运输过程进行实时监控和跟踪。这有助于提高运输可视化，降低货物遗失或损坏的风险，并优化运输路径。智能物流依赖大数据和分析工具，以优化决策过程。通过收集和分析大量的物流数据，可以更好地预测需求、优化库存管理、提高运输效率，从而降低成本。智能物流强调自动化技术的运用，包括自动化仓储、自动驾驶车辆、机器人和无人机等。机器学习技术可用于优化路线规划、货物分拣和配送等环节，提高效率并减少人为错误。智能物流推崇各个环节之间的协同合作，这包括供应商、制造商、物流公司和零售商之间的紧密协作。通过共享信息和协同规划，整个供应链可以更加灵活、高效地运作。智能物流注重减少对环境的不良影响。通过优化运输路线、降低能耗、推广绿色交通工具等方式，智能物流有助于实现更可持续的物流运作。智能物流致力于提升客户体验，通过提供更准确的送货时间、提供实时跟踪信息和增强售后服务等方式，以满足客户对物流服务不断提升的期望。这些原则共同构成了智能物流的基本框架，通过整合先进技术和优化管理方法，使物流系统更加智能、高效、可持续。

（六）社会责任原则

绿色低碳供应链的理念强调企业在生产和经营过程中对社会和环境的责任，这一理念不仅仅关注企业在特定阶段的责任，更强调企业应该在整个供应链中都积极履行社会责任。

绿色低碳供应链的理念不是将企业的社会责任局限在某一阶段，而是认为企业应该在整个供应链中承担责任。这包括原材料采购、生产、运输、销售和产品使用的各个环节。企业应该关注产品的整个生命周期，从采购原材料、生产、运输到产品使用和最终处理。通过综合性的生命周期管理，企业可以最大限度地降低对环境的影响，并确保社会责任的全面履行。企业应该与供应商、合作伙伴共同努力，确保整个供应链都遵循绿色低碳的原则，实现社会责任的共同目标。企业应该关注其经营活动对社会和环境的直接和间接影响，这包括减少碳足迹、资源的可持续利用、社会公平和劳工权益等方面。通过这种全面的关注，企业能够更好地满足社会对可持续性和社会责任的期望。企业应该确保其供应链活动符合相应的法规，以保障社会和环境的可持续发展。绿色低碳供应链的理念强调企业在供应链各个环节都要承担社会责任，通过综合性的管理和合作，促进可持续发展，实现经济、环境和社会的共赢。

（七）合作共赢原则

通过建立共赢的合作关系，企业能够与供应商、合作伙伴、政府和消费者等形成紧密而有益的合作网络，实现全方位的社会责任和可持续发展。通过与供应商紧密合作，企业可以推动绿色采购，提高供应链的透明度，并鼓励供应商采取环保和对社会负责任的做法。这种紧密的协作有助于整个供应链的可持续性，同时保障产品和服务的质量。共享技术、资源和知识，能够推动新的解决方案，减少环境影响，并提高企业的竞争力。通过合作伙伴关系，企业能够更好地适应不断变化的市场和社会需求。与政府形成紧密的协作关系，可以促使制定更为有利于环境和社会可持续性的法规和政策。企业与政府的合作有助于共同应对环境挑战，推动可再生能源的使用，促进循环经济，并确保企业在法规合规方面发挥积极作用。通过积极与消费者互动，企业可以更好地了解他们的期望和关注点。建立更加透明度的机制，提供可持续和社会负责任的产品，有助于赢得消费者的信任和支持。共赢的合作关系可以建立起积极的品牌形象，提高企业在市场中的地位。通过共赢的合作关系，企业能够更好地共担社会责任。这包括对员工福利的关注、社区参与和公益事业的支持。企业与各方的良好合作关系有助于形成社会责任共同体，共同推动社会的可持续发展。建立共赢的合作关系不仅有助于企业在供应链中实现绿色低碳目标，也为社会责任的全面履行创造了有利的合作网络，推动了可持续发展的共同愿景。

通过采取上述原则，企业不仅可以降低经营风险，提高市场竞争力，还能为环境保护和社会可持续发展做出积极贡献。这一理念在当今全球绿色经济转型的背景下，具有重要的战略意义。

第二节　数字技术在供应链管理中的应用

数字技术在供应链管理中的应用对企业提高效率、降低成本、提升客户满意度等方面产生了深远的影响。随着数字化时代的来临，供应链管理逐渐从传统的手工操作和纸质文档向数字化、智能化转变。

一、物联网（IoT）技术在供应链中的应用推动了实时监控和可视化管理

物联网（IoT）技术在供应链中的应用推动了实时监控和可视化管理，为整个供应链带来了许多创新和效益。IoT 技术通过连接各种设备、传感器和物品，实现了供应链中各个环节的实时监控。这使得企业能够准确地了解货物的位置、状态以及运输过程中的各种指标。实时监控提高了供应链的可视化，帮助企业更好地理解和应对各种挑战，如运输延迟、货损等。物联网传感器被广泛应用于货物包装、运输工具、仓库等环节。这些传感器可以监测温度、湿度、光照、震动等多个环境因素。通过实时传输数据到中央系统，企业可以及时发现并解决潜在问题，确保货物的质量和安全。IoT 技术通过实现供应链的数字化和自动化，提高了运营效率。例如，自动化仓储系统可以通过物联网传感器实时掌握库存状况，从而优化库存管理和订单处理。这降低了人为错误的风险，提高了整个供应链的运作效率。

IoT 技术为供应链引入了智能物流的概念。通过物联网设备的数据共享和分析，企业可以实现更智能的路线规划、运输调度和交通优化。这有助于减少运输成本、提高交货速度，并降低对环境的影响。

IoT 技术使得企业能够实现更精准的订单跟踪和交货时间估计。这种实时信息的提供可以增强客户对供应链的信任，并提升他们的整体体验。客户可以通过手机应用或网页实时追踪他们的订单，获得更好的交互体验。IoT 技术产生的大量数据可以通过高级数据分析技术进行挖掘和分析。这些数据分析结果可以为企业提供深入的见解，支持更明智的决策制定。例如，通过分析历史数据，企业可以预测供应链中可能发生的问题，并采取预防性的措施。物联网技术在供应链中的广泛应用不仅推动了实时监控和可视化管理，还为企业提供了更灵活、高效、智能的供应链管理方式，从而提升了整个供应链的可持续性和竞争力。

二、大数据分析在供应链中的应用为企业提供了更准确的预测和决策支持

大数据分析在供应链中的应用为企业提供了更准确的预测和决策支持，可以从多个方面来进行细致的分析和优化。

需求预测和库存管理是供应链管理中至关重要的环节，而大数据分析的应用为企业在这两个方面提供了前所未有的优势。大数据技术通过处理和分析海量的数据，使企业能够更准确、更全面地预测产品需求量，并优化库存管理策略，从而实现更高效的供应链运作。通过收集、整合和分析历史销售数据、市场趋势、消费者行为等多维度信息，企业能够深入洞察产品需求的变化和趋势。传统的预测方法往往难以处理如此庞大和复杂的数据，而大数据技术的引入使得企业能够更加灵活地适应市场变化。基于对大数据的深入分析，企业可以更准确地预测不同产品在不同市场和时段的需求量，从而避免了产量过剩或库存不足的问题。通过实时监控销售、生产和库存数据，企业可以及时调整库存水平以应对市场需求的波动。大数据分析还能够帮助企业优化库存策略，例如通过智能算法进行自动化的库存控制，确保产品的及时补货和生产。这不仅有助于降低库存持有成本，还可以减少因库存积压或缺货而导致的损失，提高库存的周转率。大数据分析还能够改进供应链中的信息流，加强对供应链各个环节的可视化监控。通过整合来自不同环节的大数据，企业可以实现对供应链的全面监控，识别潜在的问题并快速做出决策。这种实时的信息流可以使企业更加灵活地应对市场的变化，及时调整生产计划和库存策略，确保供应链的高效运转。大数据分析可以识别和评估供应链中的各种风险，包括供应商的不稳定性、自然灾害、政治因素等。通过对这些风险因素的深入分析，企业可以制定相应的风险管理策略，降低潜在的经济损失。例如，在面临供应商问题时，企业可以通过大数据分析找到替代的供应渠道，以确保供应链的稳定性。在实际操作中，大数据分析还可以与先进的技术如人工智能和机器学习相结合，进一步提高预测和库存管理的精准度。通过对大数据进行深度学习，系统可以不断优化模型，适应市场的变化和复杂性，从而不断提高需求预测的准确性和库存管理的效率。大数据分析在需求预测和库存管理中的应用为企业提供了更为精准、全面的数据支持，使其能够更灵活地应对市场的变化。通过优化供应链的各个环节，大数据不仅提高了企业的运营效率，降低了成本，同时增强了企业在市场中的竞争力。因此，将大数据分析引入需求预测和库存管理是现代供应链管理中不可或缺的一环。

供应链可视化是通过大数据分析和可视化技术，将供应链中的数据以图形化的形式呈现，使企业能够更清晰、直观地了解和管理整个供应链的运作情况。这一技术的应用不仅提高了供应链的透明度，还使企业能够更迅速地识别问题、做出决策，并有效地优化供应链的各个环节。传统的供应链管理通常面临数据分散、信息孤立的问题，企业难以全面了解供应链中各个环节的运作情况。而通过供应链可视化，企业可以在一个平台上查看实时

的销售数据、库存水平、生产进度、物流信息等关键指标。这种全面的信息展示使企业管理层能够迅速了解供应链的整体状况，从而更好地制定战略和决策。通过对实时数据的监控，企业可以迅速识别潜在的问题，如供应链中的"瓶颈"、交付延误、库存异常等。这种实时的问题识别有助于企业及时采取措施，避免问题扩大化，提高供应链的稳定性和灵活性。例如，如果发现某个供应商交货延迟，企业可以迅速寻找替代方案，确保供应链的连续性。在传统的供应链管理中，各个部门和团队之间的沟通可能受信息传递不及时、不准确的问题影响。而通过可视化平台，所有相关人员可以在同一界面上查看并理解相同的供应链数据，减少了信息传递的误差和滞后。这种实时共享的方式有助于各个团队更好地协同工作，共同应对供应链中的各种挑战。通过对大数据的深度挖掘，企业可以更全面地了解市场趋势、客户需求和竞争态势。这种深度数据分析有助于企业更准确地制定战略，优化产品组合，提高市场响应速度。供应链可视化平台也通常配备了智能算法，可以提供预测性分析，帮助企业更好地预测未来的市场趋势和需求变化。在实际应用中，供应链可视化不仅是数据的展示，还可以结合先进的技术，如人工智能和物联网。通过与物联网设备的连接，企业可以实时监控生产设备的状态、货物的位置、温湿度等信息，进一步丰富了可视化平台上的数据内容。而人工智能的引入则可以使系统更具智能化，提供更精准的预测和决策支持。供应链可视化通过将大数据以直观的形式呈现，为企业提供了更全面、实时的供应链信息，提高了企业的管理效率和决策水平。这一技术的应用不仅有助于优化供应链的运作，降低成本，提高效率，还能够使企业更具竞争力，更好地适应市场的变化和挑战。因此，供应链可视化是现代企业提升供应链管理水平、实现可持续竞争优势的重要工具。

风险管理是现代企业管理中至关重要的一环，尤其在复杂多变的商业环境中，企业面临着各种潜在的风险和不确定性。风险管理的目标是通过系统的分析、评估和控制，最大限度地减小负面影响，同时在风险和回报之间取得平衡，以确保企业的可持续发展。在这个过程中，大数据分析的应用为风险管理提供了新的维度和效能，使企业能够更加全面、精准地应对各种挑战。传统的风险管理方法往往局限于内部数据和有限的外部信息，难以全面把握多元、跨界的风险因素。大数据的引入使得企业能够从海量的结构化和非结构化数据中提取关键信息，识别新兴风险，预测未来趋势。通过对市场动态、竞争态势、社会舆论等多方面数据的深度分析，企业可以更早地察觉到潜在的风险，有针对性地制定相应的风险管理策略。传统的风险评估往往基于经验和专业判断，容易受主观因素的影响。而大数据分析基于大量的实际数据，能够更加客观、科学地评估各种风险的可能性和影响程度。通过对历史数据、市场数据、供应链数据等的深入挖掘，企业可以建立更为准确的风险模型，为管理层提供更全面、客观的信息，使其能够更明智地做出风险决策。在快速变化的商业环境中，对风险的及时响应至关重要。大数据分析可以实现对实时数据的监控和分析，使企业能够更快速地察觉到潜在的风险信号。例如，在供应链中，通过实时监测供应商的表现、市场需求的波动等信息，企业可以更及时地调整供应链策略，防范潜在的风险。这种实时性的风险控制有助于企业更灵活地应对市场的变化，降低负面影响。通过对供应链中各个环节的数据进行全面、实时的监控，企业可以更准确地识别潜在的风险因素，包括供应商的不稳定性、交付延误、原材料价格波动等。通过这种细致入微的风险识别，企业可以采取相应的风险防范措施，确保供应链的稳定运转。通过对市场、经济、金融数据的深入分析，企业可以更好地理解市场的波动，预测货币汇率的变化，制定更科学的资金管理策略。这有助于企业在金融领域更好地保护自己，避免因汇率波动、利率上升等因素而导致的金融损失。在大数据分析的基础上，企业还可以结合先进的技术如人工智能和机器学习，建立更为智能化的风险管理系统。通过对大数据的深度学习，系统可以不断优化模型，适应市场的变化和复杂性，提高风险预测的准确性和及时性。例如，可以利用机器学习算法对供应链数据进行实时分析，发现异常情况并提出预警，使企业能够更早地采取行动，减缓潜在风险的影响。通过全面、实时、精准地分析各种数据，企业可以更准确地识别、评估和控制风险。这有助于企业更科学地制定风险管理策略，提高自身对市场变化的适应能力，降低不确定性对企业的负面影响。在现代商业竞争中，将大数据分析引入风险管理已经成为企业提升竞争力、实现可持续发展不可或缺的一环。

优化供应链网络是现代企业管理中至关重要的一环，尤其在全球化和竞争激烈的商业环境中，构建高效灵活的供应链网络对于企业的成功至关重要。供应链网络的优化涉及多个层面，包括供应商管理、生产计划、库存管理、物流和配送等，而大数据分析的应用为企业提供了更全面、实时的数据支持，使得优化供应链网络更加精准、高效。大数据分析提供了更准确的需求预测，为供应链网络的优化奠定了基础。通过对历史销售数据、市场趋势、消费者行为等多维度信息的深入分析，企业可以更全面地了解产品需求的波动和趋势。准确的需求预测有助于避免库存过剩或缺货，优化供应链中的库存水平，降低库存持有成本。这种精准的需求预测不仅能够提高供应链的效率，还能够提高客户满意度，使得企业能够更好地适应市场的需求变化。通过对供应商绩效、稳定性、交货准时率等数据的监控和分析，企业可以更全面地了解供应商的表现，从而及时调整供应链网络中的合作伙伴。这有助于企业构建稳定、高效的供应链网络，降低潜在的风险，提高整体的供应链可靠性。通过对生产线的实时监控、生产效率的分析，企业可以更好地调整生产计划，提高生产线的利用率，降低生产成本。大数据分析还可以帮助企业更好地理解产品生命周期、市场趋势，从而制定更加灵活、精准的生产计划，避免过度生产或生产不足的问题。通过对库存水平、流通速度、季节性需求等因素的分析，企业可以更好地优化库存策略，实现合理的库存水平。这有助于降低库存持有成本，提高资金的周转率，同时减少了库存过剩和缺货对企业的不利影响。物流和配送是供应链中至关重要的环节，大数据分析为物流和配送的优化提供了有力支持。通过对物流数据、运输效率、交通状况的实时监控和分析，企业可以更好地规划配送路线，提高物流效率，降低物流成本。大数据分析还可以优化配送中的"最后一英里"，提高配送的及时性和准确性，提升客户体验。在实际应用中，大数据分析还可以与人工智能和物联网等先进技术相结合，进一步提高供应链网络的优化水平。通过与物联网设备的连接，企业可以实时监控生产设备的状态、库存的温湿度、物流车辆的位置等信息，实现对供应链网络的全面、实时监控。而人工智能的引入则可以使系统更加智能化，一方面通过深度学习算法不断优化模型，提高预测的准确性，进一步提升供应链网络的整体效能。另一方面通过更全面、实时、精准地分析各种数据，企业可以更好地了解和应对供应链中的各个环节，提高供应链的效率，降低成本，提升企业在市场竞争中的竞争力。在现代商业环境中，将大数据分析引入供应链网络的优化已经成为企业提升运营水平、实现可持续发展的必要手段。

实时决策支持是企业管理中至关重要的一项能力，尤其在快节奏和高度竞争的商业环境中，企业需要能够迅速、精准地做出决策以适应市场的变化。实时决策支持依赖于先进的信息技术和数据分析工具，为管理层提供实时的、全面的信息，使其能够更快速地做出明智的决策，进而提高企业的灵活性和竞争力。大数据技术可以处理和分析海量的结构化和非结构化数据，从而为企业提供更全面、深入的信息。通过对市场趋势、客户行为、竞争动态等数据的实时监测和分析，企业能够更好地了解外部环境的变化。这使得企业可以在第一时间捕捉到市场机会或潜在的威胁，为实时决策提供了有力支持。企业需要确保各个部门之间的信息传递流畅、实时，以便管理层能够及时获取所需的信息。实时的信息流有助于管理层更全面地了解企业的运营状况，从而更迅速地发现问题并做出决策。通过建立集成的信息系统，企业能够实现不同部门之间的协同工作，提高信息的流通效率，为实时决策提供更强有力的基础支持。实时的决策依赖于准确、可靠的数据。如果数据存在错误或不准确，可能导致决策的失误。企业需要建立健全的数据管理体系，确保数据的质量和准确性。这包括数据的采集、存储、清洗和分析等环节，需要进行严格的管理和监控，以提供高质量的数据支持实时决策。实时决策支持的实现还需要结合先进的技术，如人工智能和机器学习。通过这些技术，系统可以不断学习和优化，提高决策的智能化水平。例如，可以利用机器学习算法对市场数据进行分析，预测市场趋势；或者通过自动化的决策支持系统，根据实时数据生成智能推荐，为管理层提供更具针对性的决策建议。这样的技术应用使实时决策更加智能、精准。在销售和市场营销方面，企业可以通过实时监测销售数据和客户反馈，迅速调整营销策略，提高销售效益。在生产和供应链管理方面，实时决策支持有助于及时调整生产计划、库存策略，以适应市场的需求变化。在金融领域，实时决策支持可以帮助企业更好地管理风险、优化投资组合。实时决策支持不仅提高了企业对外部环境变化的敏感性，更增强了企业内部对信息的敏感性。通过建立实时监控和反馈机制，企业可以迅速发现内部问题，提高运营效率。例如，在生产线上，通过实时监控设备状态和生产进度，可以迅速发现潜在故障并及时进行维修，避免生产线停滞。在实际操作中，企业可以借助各种信息技术和软件工具来实现实时决策支持。例如，实时数据仓库、实时报表系统、数据可视化工具等都是常用的实现实时决策支持的手段。这些工具能够将大量的数据以直观、易懂的方式呈现给管理层，帮助他们更好地理解企业的运营状况，并及时做出决策。通过大数据分析、信息技术的支持，以及先进的人工智能和机器学习算法技术的应用，企业能够实现更快速、更智能、更精准的决策，提高应对市场变化和竞争压力的能力，从而保持企业的竞争优势，实现可持续发展。在未来，随着技术的不断进步和企业对数据的深入理解，实时决策支持将成为企业管理的核心能力之一。

随着市场竞争的加剧和信息时代的到来，消费者对产品和服务的期望也在不断提高，因此，企业需要不断努力，通过提供优质的产品和服务，以及建立积极的客户关系，来提升客户满意度。客户满意度的提升不仅有助于留住现有客户，还能吸引新客户，提升企业的品牌形象，为企业的可持续发展创造更有利的条件。企业需要通过各种方式，包括市场调研、客户反馈、投诉处理等，全面了解客户的需求和期望。只有深入了解客户，企业才能更好地满足客户的期望，提供更符合市场需求的产品和服务。大数据分析技术的应用为企业提供了更全面、深入的客户数据，使其能够更精准地把握客户需求，有针对性地进行产品创新和服务改进，以满足不同客户群体的需求。优质的产品和服务是客户满意度的根本保障。企业需要不断改进产品的设计和制造过程，提高产品的性能和可靠性。在服务方面，建立高效的售前、售中和售后服务体系，及时解决客户的问题和需求，提供个性化的服务体验。通过大数据分析，企业可以更好地了解产品的质量状况和客户对服务的评价，发现问题并及时改进，以不断提升产品和服务的质量水平。企业需要通过各种渠道，包括社交媒体、客户反馈平台、在线聊天等，主动与客户进行沟通，关注客户的意见和建议。通过大数据分析客户的行为和反馈，企业可以更好地了解客户的喜好和需求，有针对性地与客户进行沟通与互动。建立积极的沟通机制，及时回应客户的问题和疑虑，使客户感到被重视，从而提高其满意度。客户关系管理（CRM）系统可以帮助企业全面了解客户的信息，包括购买历史、偏好、投诉记录等。通过大数据分析这些客户数据，企业可以制定更有针对性的营销策略，提供更加个性化的服务。CRM系统还能够帮助企业建立客户档案，更好地管理客户关系，提高客户的忠诚度。企业还可以通过制定并实施客户满意度调查，收集客户的意见和反馈，了解客户对产品和服务的满意程度。通过对调查结果的分析，企业可以发现客户的痛点和期望，及时做出调整和改进，提高客户的满意度。大数据分析技术在这一过程中发挥了重要的作用，帮助企业更快速、全面地分析调查数据，为决策提供支持。客户投诉是客户表达不满的重要途径，企业需要及时响应并解决客户的投诉，以保持良好的客户关系。通过大数据分析客户投诉数据，企业可以发现潜在的问题和改进点，提高产品和服务的质量，减少投诉发生的可能性。提升客户满意度需要全员参与，培养员工的服务意识。员工是企业的重要资产，其素质和服务态度直接影响客户的满意度。企业需要通过培训和激励机制，提高员工的服务水平和服务意识。大数据分析可以通过监测员工的工作绩效和客户反馈，为企业提供更全面的员工管理信息，帮助企业更好地了解员工的优势和不足，从而有针对性地进行培训和改进。通过大数据分析技术，企业可以更全面、深入地了解客户需求，提高产品和服务的质量，建立积极的沟通和互动机制，构建健全的客户关系管理系统，以及通过员工培训等手段全员参与，从而全面提升客户满意度。客户满意度的提升不仅对企业当前的业绩有积极的影响，更有助于企业在竞争激烈的市场中保持竞争优势。

大数据分析在供应链中的应用为企业提供了更深入、全面的了解和洞察，使其能够更灵活、高效地运作，从而提高竞争力和适应市场的能力。

三、人工智能（AI）技术的应用在供应链管理中日益普及

人工智能（AI）技术在供应链管理中的应用日益普及，为企业提供了更智能、高效、可持续的供应链解决方案。从需求预测到库存管理，再到物流和运输，人工智能技术的整合为供应链带来了革命性的变化。需求预测是供应链中的重要环节，而人工智能通过分析大数据和运用先进的算法，能够更准确地预测市场需求。传统的需求预测常常受限于历史数据和简单的统计方法，而人工智能技术能够更好地处理大量的结构化和非结构化数据，识别潜在的趋势和模式。通过深度学习和机器学习算法，人工智能能够实时调整预测模型，更好地适应市场变化，减少误差，提高预测的精准度。库存管理是供应链中另一个关键的领域，人工智能技术的应用也为库存优化带来了显著的效果。通过实时监测销售数据、供应链信息和市场动态，人工智能可以智能地调整库存水平，避免过度库存或库存不足的问题。智能库存管理系统可以自动进行补货决策，考虑到各种因素，如销售趋势、供应链延迟、季节性需求等，使企业能够更灵活地应对市场的波动。智能物流系统能够通过实时监控运输车辆、路况、货物状态等信息，优化路线规划，提高运输效率，降低运输成本。智能物流还能够提供更准确的交货时间预测，使供应链中的各个环节间更好地协同工作，提高整体的物流效能。通过分析供应商的绩效数据、质量数据，人工智能可以帮助企业更好地选择和管理供应商，提高供应链的稳定性。在质量控制方面，人工智能可以通过视觉识别、传感器技术等手段实时监测生产过程中的质量问题，及时进行反馈和调整，降低次品率，提高产品质量。通过将大量数据以图形化的方式展示，人工智能可以帮助企业更清晰地了解供应链中各个环节的运作情况，及时发现潜在问题。协同管理方面，人工智能可以促进各个部门之间的信息共享和协同工作，提高整个供应链的协同效率。在实际应用中，一些大型企业已经开始采用人工智能技术来优化供应链管理。例如，一些电商巨头通过深度学习算法提高了商品推荐的精准度，从而提高了销售效果。一些制造企业通过智能化的生产计划和库存管理系统，实现了生产过程的精细化和高效化。

四、区块链技术为供应链管理提供了更加安全和透明的解决方案

区块链是一种分布式账本技术，通过去中心化、不可篡改的特性，为供应链管理提供了更高效、安全、透明的解决方案。传统供应链中，信息的集中存储容易受到攻击或篡改，导致信息的不可靠性和安全性问题。而区块链将信息分布式存储在多个节点上，每个节点都包含着完整的账本数据，使得数据更加安全可靠。即使某个节点遭到攻击，其他节点的数据仍然完整，确保了供应链信息的完整性和安全性。在传统供应链中，信息的录入和修改可能会受到人为操作或恶意篡改，导致数据的不准确和不可信。而区块链采用了分布式共识机制，当一笔交易被添加到区块链中后，几乎不可能被修改或删除。这确保了供应链中的所有参与方都能够依赖和信任数据的真实性，从而提高了供应链信息的可信度。传统供应链中，信息流通受时间和空间的限制，不同参与方之间的信息无法实时共享，导致了信息的滞后和不透明。而区块链通过建立分布式账本，使得供应链中的所有参与方都能够实时获取和验证信息，实现了信息的实时共享和透明化。这有助于减少信息不对称的问题，提高供应链协同效率。通过区块链的智能合约功能，可以实现自动执行合同和支付，减少了人为因素和操作环节，提高了交易的速度和可靠性。区块链技术还可以实现供应链中资金流向的可追溯，减少欺诈和不当操作，提高金融交易的透明度和可靠性。在实际应用中，一些企业已经开始尝试利用区块链技术来优化供应链管理。例如，食品行业利用区块链技术追溯产品的生产、运输和销售信息，确保产品的质量和安全。物流企业利用区块链技术优化货物运输跟踪和签收流程，提高物流效率。金融机构则通过区块链技术实现供应链金融的自动化和可追溯。区块链技术在供应链管理中的应用为信息安全、透明度和可信度提供了强大的支持。随着技术的不断发展，区块链有望进一步改变传统供应链的运作模式，推动供应链管理向更加高效、安全和智能的方向发展。

五、云计算技术为企业提供了高效、灵活的信息处理和存储方案

云计算技术的广泛应用为企业提供了高效、灵活的信息处理和存储方案，推动了企业的数字化转型和业务创新。云计算以其强大的计算和存储能力、灵活的服务模式以及高度可扩展的特性，为企业提供了更为便捷和经济的 IT 基础设施和服务。云计算技术通过提供弹性计算资源，使企业能够更高效地进行信息处理。传统的 IT 基础设施可能面临资源浪费或资源不足的问题，而云计算允许企业按需获取和释放计算资源，根据业务需求进行弹性扩展或收缩。这种灵活性使企业能够更有效地处理大规模的信息，快速响应市场变化，提高计算效率。云存储服务使得企业无须担心传统存储方案中的硬件管理和维护问题。企

业可以根据自身的实际需求灵活选择存储容量，并通过云存储服务实现数据的备份、恢复和共享。这降低了企业的 IT 管理负担，同时提高了数据的可用性和可靠性。云计算技术为企业提供了多样化的服务模式，包括基础设施即服务（IaaS）、平台即服务（PaaS）和软件即服务（SaaS）。这使得企业能够根据实际需求选择适当的服务模式，不必自行构建和维护庞大的 IT 基础设施。通过采用云服务，企业可以专注于核心业务，提高业务的灵活性和创新能力。企业可以通过云计算平台使用先进的数据分析工具和算法，实现对大规模数据的快速处理和深入分析。这为企业提供了更全面的数据洞察，有助于制定更明智的决策、发现潜在商机以及优化业务流程。云计算技术还通过提供全球性的分布式计算和存储资源，加速了企业的国际化进程。企业可以在全球范围内建立分布式的云计算节点，更好地支持异地办公、跨国合作以及全球业务的拓展。这为企业提供了更广泛的市场和更强大的全球竞争力。在实际应用中，许多企业已经充分利用云计算技术进行数字化转型。云计算不仅为中小型企业提供了与大型企业竞争的机会，也为大型企业提供了更灵活、高效的 IT 基础设施。例如，许多企业使用云计算服务来构建在线应用、进行大规模数据分析、实现虚拟化的 IT 环境等。云计算技术为企业提供了高效、灵活的信息处理和存储方案，促进了企业的数字化转型和创新。随着云计算技术的不断发展和普及，预计其在未来将继续为企业提供更多创新性的解决方案，推动企业在数字时代的持续发展。

六、数字化的供应链管理还包括了电子商务平台、智能仓储系统、电子数据交换（EDI）等多种技术的应用

数字化的供应链管理涵盖了多种技术的应用，其中包括电子商务平台、智能仓储系统、电子数据交换（EDI）等。这些技术的综合应用为企业提供了更高效、透明和灵活的供应链解决方案，促进了整个供应链的数字化转型。通过电子商务平台，企业能够实现在线采购、销售和支付等业务活动，将传统的线下流程转变为数字化的在线操作。这不仅提高了采购和销售的效率，还拓宽了企业的市场范围，使其能够更便捷地与供应商和客户进行合作。电子商务平台也为企业提供了实时的销售数据和客户反馈，帮助企业更好地了解市场需求，做出及时的调整和决策。传统仓储系统通常以手工为主，容易出现库存不准确、拣货效率低下等问题。而智能仓储系统通过采用自动化设备、物联网技术和大数据分析等手段，实现了仓储过程的数字化和智能化。例如，自动化拣选机器人、智能机器人等能够提高拣货速度和准确性；物联网技术可以实时监控库存情况，帮助企业更精准地进行库存管理。这些技术的应用使得仓储系统更加高效、准确，提高了供应链的整体运作效能。在数字化供应链管理中，EDI 技术通过将业务文档（如订单、发票、付款通知等）转化为标准格式，实现了企业之间信息的快速、安全、准确传递。这有助于降低人工干预和数据错误的风险，提高数据交换的效率和可靠性。EDI 技术也有助于实现供应链的实时性，使得供

应链中各个环节的信息更加同步，减少了信息传递的滞后和不一致。数字化供应链管理还涉及其他一系列技术的应用，比如物联网（IoT）、人工智能（AI）、大数据分析等。物联网技术通过连接各种物理设备和传感器，实现对物流、生产和库存等环节的实时监控和管理。人工智能和大数据分析则能够处理和分析海量的数据，为企业提供更深入的洞察，优化决策过程。数字化的供应链管理通过电子商务平台、智能仓储系统、电子数据交换等多种技术的综合应用，实现了供应链信息的数字化、智能化和高效化。这使得企业能够更好地适应市场变化，提高供应链的灵活性和反应速度，从而保持竞争力，满足消费者对产品和服务不断变化的需求。随着技术的不断发展，数字化供应链管理将继续演进，为企业创造更多的商机和增长空间。

通过实现供应链的数字化、智能化，企业可以更好地应对市场变化、提高生产效率、降低成本，为客户提供更快、更精准的服务，推动整个供应链向更加高效、可持续的方向发展。

第三节　清洁能源与物流

清洁能源在物流领域的应用是推动可持续发展的一个重要方面。物流是生产和贸易活动中不可或缺的环节，而清洁能源的采用可以显著减少运输过程中的碳排放，降低对环境的影响，实现绿色低碳物流。

一、电动交通工具是清洁能源在物流中的重要应用

电动交通工具是清洁能源在物流中的重要应用，它通过采用电力驱动而非传统的燃油动力，为物流行业带来了环保、高效、低成本的新选择。随着社会对环境保护和可持续发展的日益关注，电动交通工具正成为推动物流行业向清洁能源转型的重要引擎。电动交通工具以电池驱动为主，避免了传统燃油车辆排放的有害废气，有效减少了空气污染。这对城市物流而言尤为重要，因为城市是空气质量最为关切的地区之一。通过电动交通工具的广泛应用，可以减缓空气污染的速度，改善城市居民的生活质量。与传统燃油车辆相比，电动交通工具的能量利用效率更高，转化效率更为可观。这意味着在同等能源消耗的情况下，电动交通工具可以更远距离地运输货物，提高了物流运输的效益。虽然初投资可能较高，但长期来看，电动交通工具的维护和能源成本相对较低。这使得物流企业在长期运营中能够获得更为显著的经济效益，提高了企业的竞争力。政府对于环境保护和碳排放的控制日益加强，通过采用电动交通工具，物流企业能够更好地履行社会责任，获得政府支持和认可。电动交通工具作为清洁能源在物流中的重要应用，为物流行业带来了全新的发展机遇。通过减少环境污染、提高能源效率和降低运营成本，电动交通工具有望成为未来物

流行业可持续发展的关键推动力。

二、清洁能源在物流中的另一应用是太阳能和风能等可再生能源的利用

太阳能和风能等可再生能源在物流中的应用，为行业带来了更为广泛的清洁能源选择。太阳能和风能等可再生能源作为清洁、可持续的能源形式，逐渐在物流领域找到广泛应用。这些可再生能源的利用不仅有助于减轻对传统能源的依赖，还有助于降低对环境的不利影响，推动物流行业朝着更加可持续的方向发展。太阳能电池板可以安装在货车、仓库屋顶等位置，通过吸收阳光转化为电能，为物流设施提供电力支持。这种清洁能源的采用不仅减少了对传统电力的需求，还在很大程度上降低了碳排放，为企业在履行社会责任的同时提供了经济效益。风力发电装置可以集成到物流基础设施中，如停车场灯杆、仓库建筑等，捕捉风能转化为电能。这种方式不仅有助于节约能源成本，还为物流企业提供了一种绿色、可再生的能源来源，从而在可持续经营方面取得了积极的成绩。通过建设智能化的能源系统，将太阳能和风能等多种可再生能源进行有效整合，可以实现全天候、全方位的清洁能源供应。这种多元化的能源利用方式有助于提高能源的稳定性和可靠性，确保物流活动的持续高效运行。太阳能和风能等可再生能源在物流中的应用，不仅为企业提供了可持续发展的能源选择，也为推动物流行业向低碳、环保方向迈进提供了重要支持。通过不断推动清洁能源技术的创新和应用，物流行业有望在可持续发展的道路上迈出更为坚实的步伐。

三、智能能源管理系统的引入也是清洁能源在物流领域的一项重要举措

智能能源管理系统的引入在当今物流领域被认为是一项不可或缺的重要举措，其意义深远而全面。随着社会对环保和可持续发展的关切日益增强，传统物流业对能源的高度依赖以及与之伴随的环境污染问题日益凸显，采用清洁能源并通过智能管理手段来优化能源利用，已成为物流行业的迫切需求。智能能源管理系统通过实时监控和大数据分析，为物流企业提供了对能源使用情况全面而翔实的洞察。传感器和数据采集设备的应用使得能源的消耗、分布、效率等方面的信息都能够得到实时记录和分析，为企业制定合理的能源管理策略提供了坚实的数据基础。通过对历史和实时数据的深度分析，系统能够为企业提供更加智能的决策支持，包括在运输、仓储等环节的最佳能源使用方式。这种优化不仅降低了对传统能源的依赖，还提高了整体运营效率，实现了经济效益和环保效益的双赢。通过将智能能源管理系统与物流调度系统紧密结合，企业可以实现更为精确和高效的车辆调度和路径规划。系统能够充分考虑各种因素，如车辆类型、货物质量、交通情况等，以降低能源消耗，减少环境污染，同时保障货物及时交付，为企业在激烈的市场竞争中赢得先机。

引入智能能源管理系统有助于推动清洁能源的广泛应用。例如，系统可以根据可再生能源的实时可用性和成本智能调整能源使用策略，鼓励物流企业从传统的能源形式逐步过渡到更为环保的能源形式，如电动车辆、太阳能等。这对于减少温室气体排放、改善空气质量具有积极的环保效应。通过对能源流程的实时监控和控制，系统可以帮助企业减少能源浪费，提高能源利用效率，从而降低能源成本。这不仅对企业的经济运营有着积极的影响，也是提高企业可持续竞争力的关键一环。通过遵守环保法规、采用清洁能源，企业能够树立良好的社会形象，吸引更多的消费者和合作伙伴，进而推动整个物流行业向着更为可持续的方向发展。通过实时监控、大数据分析、智能调度等手段，这一系统为企业提供了全方位的能源管理解决方案，不仅提高了经济效益，也为环境保护做出了积极的贡献。在全球追求可持续发展的浪潮中，智能能源管理系统无疑将成为物流业迈向清洁、高效、可持续未来的重要推动力。

四、清洁能源与物流的结合不仅有助于降低运输过程的环境影响，还可以提高物流的效率和可持续性

清洁能源与物流的结合，不仅有助于降低运输过程的环境影响，也为提高物流的效率和可持续性提供了广阔的发展空间。这一结合不仅符合环保理念，更是在满足不断增长的物流需求的同时，推动整个行业迈向更为可持续和创新的未来。传统的物流运输通常依赖于化石燃料，这导致了大量的二氧化碳排放、空气污染和资源浪费。通过采用清洁能源，如电动车辆、太阳能、风能等，可以显著减少温室气体的排放，改善空气质量，降低对有限自然资源的依赖，从而实现更为环保的运输。电动车辆、智能调度系统等先进技术的引入使得物流运输更加灵活和高效。电动车辆具有快速充电和低成本维护的特点，减少了运营中的停机时间，提高了车队的利用率。智能调度系统则可以通过实时监测交通状况、货物状态等信息，优化车辆调度和路径规划，从而减少运输时间和成本。能源是物流业中的关键成本之一，清洁能源的采用有助于降低运营成本。由于清洁能源具有较为稳定的价格和可再生的特性，降低了企业对不稳定能源市场的依赖，提高了运营的可持续性。智能物流系统、物联网技术等先进技术的应用使得物流过程更加透明、可控。通过实时监测货物的位置、温度、湿度等信息，企业可以更好地保障货物的安全和质量，提高了供应链的可靠性。清洁能源与物流的结合还为企业树立了环保形象，提升了企业社会责任感。在现代社会，消费者对企业的社会责任和环保意识越来越高，采用清洁能源不仅有助于企业在市场中树立良好的形象，还能够吸引更多愿意与企业合作的伙伴，形成良性的企业生态系统。清洁能源与物流的结合不仅是环保理念的体现，更是物流业可持续发展的必然趋势。通过减少环境影响、提高效率、推动技术创新和降低成本，清洁能源为物流业注入了新的活力，使其更好地适应当今社会对可持续发展的迫切需求。在未来，清洁能源将继续在物流领域发挥重要作用，推动整个行业向着更为环保、高效、可持续的方向迈进。

第五章　数字经济推动的新能源交通工具发展

数字经济的崛起为新能源交通工具的发展提供了新的机遇和推动力，数字技术的不断创新和应用，使得新能源交通工具更加智能、高效，从而加速了其在交通运输领域的普及和发展。通过嵌入先进的感知技术、人工智能和云计算等数字技术，电动汽车、电动自行车等交通工具实现了智能化的驾驶和管理。智能交通系统可以提供实时的交通信息、路况预测，通过导航算法规划最优路径，使驾驶更为便捷和高效。物联网技术的应用使得这些交通工具能够与其他车辆、交通设施、城市管理系统等进行实时通信。这种互联性使得交通系统更为智能，有助于优化交通流，减少拥堵，提高整体交通效率。通过数字平台，用户可以实时查询充电桩的位置、使用状态和电价信息。智能充电管理系统能够根据需求预测和能源供应情况，实现充电桩的智能调度，提高充电效率。数字经济推动了共享出行的兴起，为新能源交通工具提供了更广阔的市场。共享经济平台通过数字化技术，使得用户可以方便地找到最近的新能源交通工具，实现即时租赁和还车。这种模式不仅提高了交通工具的利用率，也降低了个体用户的交通成本，推动了新能源交通工具的更广泛应用。通过车辆与充电桩之间的数字通信，用户可以实时了解车辆电量、充电进度等信息，实现智能充电调度。智能能源管理系统可以根据能源市场变化和用户需求，优化能源的利用，提高整个能源系统的效益。通过数字技术的不断创新，电动汽车、电动自行车等交通工具变得更加智能、便捷，同时数字经济推动了新能源交通工具的互联互通、共享出行模式的普及，进一步加速了可持续交通的发展。这种数字化的创新助力着推动交通行业向更加智能、高效和环保的方向发展。

第一节　电动汽车与数字经济的融合

电动汽车与数字经济的融合呈现出一系列的创新和变革，推动了整个交通领域向更智能、高效、可持续的方向发展。

一、数字化技术为电动汽车提供了智能化的驾驶和管理

数字化技术的迅猛发展为电动汽车提供了智能化的驾驶和管理，使得这一领域取得了

巨大的进步。数字化技术不仅改善了电动汽车的性能和用户体验，还推动了整个交通系统的创新。传感器、雷达、激光雷达、摄像头等先进传感设备的广泛应用，使得电动汽车能够实现高度自动化和智能驾驶功能。这些传感器能够实时感知周围环境，识别道路标志、车辆和行人，从而实现自动导航、避障和自适应巡航等智能驾驶功能，提高了行车的安全性和便利性。数字化技术为电动汽车提供了先进的车联网功能。通过车载通信系统，电动汽车可以实现与云端的实时数据交换，获取交通信息、气象信息等，为智能驾驶提供更为准确的数据支持。车联网还使得车辆之间能够实现实时通信，提高交通系统的协同性，减少交通拥堵，优化道路使用效率。通过智能能源管理系统，电动汽车能够实时监测电池状态、能源消耗情况等信息，优化电池的充放电过程，提高能源利用效率。智能充电桩的广泛应用，使得用户可以通过手机 APP 等方式实现远程监控、预约充电，提高了充电的便捷性和灵活性。用户可以通过智能手机 APP 或车载屏幕实时监测车辆的状态、能源消耗、行驶历史等信息。远程诊断功能使得车辆故障可以迅速被发现和解决，提高了车辆的可靠性和维护效率。用户还可以通过车载系统实现智能导航、语音控制等功能，提升了驾驶的舒适性和便利性。通过与城市交通管理系统的互联互通，电动汽车可以更好地融入城市交通网络，实现智能交通灯控制、停车位导航等功能，提高了城市交通系统的整体效率和可持续性。智能驾驶、车联网、能源管理等技术的不断创新，推动了相关产业链的升级和扩展，形成了一个新的数字化生态系统。数字化技术为电动汽车提供了智能化的驾驶和管理，不仅使电动汽车具备了更高水平的安全性和便利性，也为城市交通系统的升级和智能化提供了有力支持。随着数字化技术的不断创新，电动汽车将在未来继续发挥更为重要的作用，为可持续交通和智能城市的建设贡献更多的力量。

二、电动汽车与数字经济的结合推动了车辆的互联互通

电动汽车与数字经济的深度结合为车辆的互联互通带来了前所未有的发展机遇，这一结合不仅给用户在驾驶体验上带来了颠覆性的变革，也推动了整个交通系统向更加智能、高效和可持续的方向发展。以下是对电动汽车与数字经济结合推动车辆互联互通的重要影响的详细探讨：通过引入人工智能、机器学习和大数据分析等技术，电动汽车得以实现自动驾驶、智能巡航等先进功能。传感器、摄像头、激光雷达等感知设备实时获取路况和车辆周围信息，与车辆内部智能系统相结合，实现对驾驶环境的全面感知和理解。这种智能驾驶技术不仅提高了行车安全性，还为驾驶者提供了更为轻松、便捷的驾驶体验。车联网技术的广泛应用使得车辆之间和车辆与基础设施之间能够实现高效的信息交互。通过 5G 技术的支持，电动汽车能够实现更快的数据传输速度和更低的延迟，促使车辆在实时交通信息、车辆状态等方面实现更为迅速的互联互通。这种互联性不仅改善了交通系统的整体效率，还为车辆提供了更丰富的信息资源，如实时路况、充电桩位置等，提升了驾驶的便捷性和效率。智能交通灯、智能停车系统等基础设施与电动汽车的互联，使得车辆能够更

好地适应城市交通的变化，实现更为智能的导航和停车服务。智能交通基础设施通过与电动汽车互联，实现了交通流的优化，减少了拥堵，提高了道路通行效率，为城市交通的可持续发展奠定了基础。数字经济的兴起催生了数字支付、电子收费等新型交易模式，也为电动汽车的充电服务提供了更为便捷和智能的解决方案。用户可以通过手机 APP 实现远程预约、支付和充电桩的导航，大大提高了电动汽车充电的便捷性和用户体验。数字支付的普及还促使充电服务商推陈出新，提供更为个性化和多元化的服务模式，满足用户不同的充电需求。通过大数据分析和人工智能技术，能源管理系统能够实时监测电池状态、车辆位置等信息，根据实际情况智能调整能源使用策略，提高电动汽车的能源利用效率。这种智能化的能源管理系统不仅延长了电池寿命，也为用户提供了更为稳定和可靠的驾驶体验。在数字经济的推动下，电动汽车还与共享经济紧密结合，推动了新型出行服务模式的创新。通过数字平台，用户可以方便地共享电动汽车，实现更为灵活和绿色的出行方式。共享经济模式为城市提供了更加高效的交通解决方案，减少了私人汽车的使用频率，有利于城市空气质量的改善和交通拥堵的减轻。电动汽车与数字经济的深度结合推动了车辆的互联互通，促进了交通系统的创新和可持续发展。智能驾驶、车辆互联、数字支付、能源管理等方面的创新为电动汽车带来了更为先进和便捷的功能，同时为城市交通系统注入了新的活力。未来，随着数字经济的不断发展，电动汽车与数字技术的融合将持续推动出行方式的革新，为城市交通的智能化和可持续性发展带来更多可能性。

三、数字经济推动了电动汽车的智能充电和能源管理

数字经济的迅猛发展为电动汽车的智能充电和能源管理提供了丰富的技术支持，推动了这一领域的快速创新和进步。数字技术的应用不仅使电动汽车充电更加智能便捷，还提高了能源管理的效率和精度，进一步推动了电动汽车行业的可持续发展。以下是对数字经济在电动汽车智能充电和能源管理方面的重要作用的详细探讨：通过数字化技术，充电设施实现了更高程度的智能化，用户可以通过手机 APP 实现远程充电桩查找、预约、支付等操作。这种智能充电系统不仅提高了用户的充电体验，还缩短了充电过程的等待时间，提高了充电设施的利用率。数字支付的普及使得用户可以方便地进行在线支付，进一步提高了充电服务的便捷性。通过云计算和物联网技术，充电设施能够实现远程监控、故障诊断等功能，提高了设施的稳定性和可靠性。智能充电桩能够实时监测电池充电状态，根据车辆的充电需求和电网负荷实现智能调整充电功率，提高了电能的利用效率，降低了充电过程对电网的冲击。先进的能源管理系统通过大数据分析和人工智能技术，能够实时监测电池状态、车辆位置等信息，为电动汽车提供精准的能源管理策略。这包括充电时段的智能选择、车辆行驶时的能量回收等功能，从而提高了电动汽车的能源利用效率，延长了电池的寿命。通过与电网的互联，电动汽车能够成为能源的积极参与者。智能能源管理系统可以根据电网负荷、能源价格等因素，智能调整电动汽车的充电和放电行为，实现对电网

的积极支持。这种能源交互不仅提高了电网的稳定性，还为用户提供了更为灵活的能源管理选择，降低了能源成本。基于大数据分析和人工智能技术，充电网络能够更好地预测用户的充电需求，合理规划充电桩的布局和数量。这有助于避免过度投资和资源浪费，提高了充电基础设施的可持续性。在数字技术的推动下，电动汽车的充电服务也日益融入智能城市的发展。与城市的智能交通系统、智能停车系统等相互连接，电动汽车充电服务能够更好地与城市交通规划和能源管理相协调，实现更为高效的城市能源利用和交通组织。共享充电桩、充电服务平台等新型业务模式不断涌现，为用户提供了更为灵活和多样化的充电选择。这种商业模式创新不仅推动了充电服务行业的发展，也为电动汽车的普及提供了更为便捷和经济实惠的充电解决方案。智能充电、智能能源管理系统的应用不仅提高了用户体验，还推动了电动汽车充电基础设施和能源管理的创新。未来，随着数字技术的不断进步，电动汽车在智能充电和能源管理方面的发展将更加深入，为交通系统的智能化和可持续发展提供更为可行的解决方案。

四、数字技术推动了电动汽车的共享经济模式的兴起

数字技术的飞速发展推动了电动汽车共享经济模式的兴起，为交通出行提供了更加灵活、经济、环保的选择。这一模式不仅改变了人们对出行的传统观念，也推动了整个交通产业向更为可持续和创新的方向迈进。以下是对数字技术在电动汽车共享经济模式兴起方面的详细探讨：共享经济平台通过手机 APP 等数字化工具，实现了电动汽车的在线预订、租赁和支付。用户可以通过应用程序随时随地查找附近的电动汽车、了解车辆状态、选择租赁时长等，大大提高了出行的便捷性。智能车辆解锁、还车和支付等过程的数字化管理，使得用户能够更加方便地享受电动汽车共享服务。通过全球定位系统（GPS）、车载传感器等技术，共享平台可以实时追踪电动汽车的位置、行驶状态、电池电量等信息。这不仅有助于用户准确找到车辆，还能够帮助平台实现对车辆的智能调度、维护和管理，提高了共享汽车服务的整体运营效率。通过大数据分析和人工智能技术，共享平台可以更好地理解用户的出行需求、习惯和喜好，从而推出更符合用户期待的服务。用户可以根据个人需求选择不同车型、充电方式，甚至可以通过个性化的推荐系统获取最适合自己的行车方案，使得共享汽车服务更加贴近用户的个性化需求。通过整合多种交通方式的信息，共享平台可以提供全方位的出行服务，包括公共交通、共享自行车、步行等。用户可以通过一个应用程序规划整个出行路线，并在需要时灵活选择电动汽车共享服务，实现多种交通方式的智能切换，提高出行的便捷性和效率。通过大数据分析，共享平台可以实时监测车辆的使用情况、用户行为等信息，优化车辆调度，提高车辆的利用率。智能维护系统可以提前发现车辆故障并及时维修，确保车辆在良好状态下提供服务，进一步降低了运营成本，提高了共享汽车的可持续性。数字技术的推动还促使了电动汽车共享模式的创新。例如，基于区块链技术的智能合约可以实现无须中介的交易和结算，提高了共享服务的透明度和安全

性。智能合约技术还有助于构建信任机制，加强平台和用户之间的信任关系，推动共享经济的良性发展。电动汽车共享服务可以与城市交通管理系统、智能停车系统等进行互联互通，实现更为智能和高效的城市出行。通过数字技术的支持，城市可以更好地规划电动汽车充电设施的布局，提高城市电动汽车共享服务的覆盖率和便捷性。通过智能手机的普及和用户数字素养的提升，更多的人可以轻松使用电动汽车共享服务。数字技术的推广也提高了用户对于共享汽车服务的信任度，进一步促进了共享经济模式在电动汽车领域的发展。从用户体验、运营管理到城市智能化，数字技术为电动汽车共享经济提供了全方位的支持，为推动可持续出行和智能城市的建设打下了坚实基础。未来，随着数字技术的不断创新，电动汽车共享经济模式有望在全球范围内进一步扩大，成为推动城市交通可持续发展的重要引擎。

五、数字经济还为电动汽车提供了数据驱动的创新空间

数字经济的迅速崛起为电动汽车提供了丰富的数据驱动创新空间，使得整个电动汽车产业在智能化、可持续性和用户体验等方面取得了显著进展。通过数字技术的广泛应用，电动汽车能够实现更为智能的驾驶、高效的能源管理和个性化的服务。以下是对数字经济在电动汽车领域提供数据驱动创新的详细探讨：通过数据驱动的方式，电动汽车配备了先进的驾驶辅助系统，如自动驾驶、车道保持辅助、自适应巡航控制等。传感器、摄像头、激光雷达等感知设备实时获取道路和车辆周围的数据，通过深度学习和人工智能技术进行实时分析和处理，从而实现车辆智能化的自主驾驶。这不仅提高了驾驶的安全性，还为驾驶者提供了更为舒适和便捷的驾驶体验。智能能源管理系统实时监测电池状态、车辆行驶情况、路线信息等数据，通过大数据分析和模型预测，优化充电和放电策略，实现最佳的能源利用效率。这种数据驱动的能源管理使得电动汽车能够更好地适应不同驾驶场景，延长电池寿命，提高能源利用效率，从而推动电动汽车的可持续发展。通过用户行为分析、偏好识别等技术，数字平台能够了解用户的出行习惯、偏好和需求。基于这些数据，电动汽车服务可以为用户提供个性化的导航、充电推荐、车内环境调节等服务。这种个性化服务不仅提高了用户的满意度，也促使电动汽车成为更贴近用户需求的交通工具。通过车辆之间和车辆与基础设施的实时数据交流，电动汽车可以获取更全面、准确的交通信息。智能安全系统通过分析这些数据，能够提前识别潜在的交通危险和事故风险，实现更为主动的安全防护。这种数据驱动的安全系统有效地提高了电动汽车的整体安全水平，为驾驶者和行人提供了更可靠的交通环境。通过车辆互联，电动汽车能够实时监测车辆状态、健康状况等信息。这些数据可以用于预测性维护，提前发现汽车潜在故障并进行及时维修，减少了车辆的停机时间和维护成本。通过数字化的服务平台，用户可以方便地进行在线预约维修、了解维护进度等，提高了用户体验。通过数据分析，充电服务平台可以实时监测充电桩的使用情况、电网负荷等信息，优化充电桩的布局和管理，提高了充电服务的可用性

和效率。智能充电推荐系统通过分析用户的行车计划、用电习惯等信息，为用户提供最优的充电方案，使得充电更加便捷和智能。通过大数据分析，电动汽车的充电行为可以被纳入能源市场的参与者，实现电动汽车与电网的智能互动。这种数据驱动的能源交互使得电动汽车可以根据电网负荷、能源价格等因素智能调整充电行为，实现对电网的积极支持，提高了电能的利用效率。通过合理、安全地分享相关数据，电动汽车制造商、服务提供商和城市交通管理部门等可以共同获取数据资源，共同推动电动汽车产业的发展。数据共享有助于构建更为完善的电动汽车生态系统，促进产业链的协同创新，为用户提供更全面、便捷的服务。从智能化驾驶到互联互通，再到共享经济的崛起，数字技术的不断创新使得电动汽车成为推动交通行业可持续发展的重要力量。这一融合加速了电动汽车的普及和发展，为构建更加智能、高效和环保的交通体系奠定了基础。

第二节　氢能源交通工具的前景

氢能源交通工具的前景在当今可持续交通领域引起了广泛关注，其独特的优势和应用潜力使其成为推动清洁能源交通的有力选择。

一、氢能源交通工具的前景体现在其零排放特性上

氢能源交通工具因其零排放的特性而展现出广阔的前景，随着全球对清洁、可持续交通的迫切需求和对碳足迹的关注增加，氢能源作为一种环保的能源选择，在交通领域的应用引起了极大关注。氢燃料电池车辆使用氢气和氧气在电化学反应中产生电能，从而驱动电动机运行。在这个过程中，唯一的排放物是水蒸气，不产生有害气体和温室气体。相比传统的内燃机车辆，氢能源交通工具的零排放特性使其成为减少空气污染和应对气候变化的重要选择。传统燃油车辆排放的尾气中包含大量有害物质，如一氧化碳、氮氧化物和颗粒物，对空气和人体健康造成危害。相比之下，氢能源车辆的零排放保证了城市道路上的空气清新，有助于减轻交通导致的空气污染问题，提高城市居民的生活质量。在全球范围内，各国纷纷制定并实施了减少温室气体排放的目标，以应对气候变化和全球变暖的挑战。氢能源作为一种清洁能源，其应用能够有力支持国家实现减排目标，为建设低碳经济和可持续社会做出贡献。传统的燃油车辆主要依赖化石燃料，而氢能源可以通过多种途径生产，包括水电解、天然气重整、生物质气化等，因此具备更加灵活的能源供应链。这种多样化的能源生产方式有助于降低对有限化石燃料的依赖，提高能源的安全性和可持续性。为了实现氢能源的广泛应用，不断涌现出各种先进的技术和工程解决方案，涉及氢气生产、储存、运输和使用等方面。这种技术创新推动了整个氢能源产业链的不断进步，也有望在未来为其他领域的技术发展带来积极影响。随着氢能源技术的成熟和市场需求的增加，涉及

氢气生产、燃料电池制造、氢气储存与运输等的产业将迎来增长机遇。这有望推动更多投资者和创业者参与到氢能源产业中，形成一个完整的产业生态系统。氢能源交通工具的零排放特性不仅符合社会对清洁、可持续能源的期望，也为城市环境改善、应对气候变化、推动能源转型和产业发展等方面提供了显著的前景。通过持续推动技术创新、政策支持和市场培育，氢能源交通工具有望在未来成为交通领域的重要选择，为构建更加清洁、绿色的交通体系做出积极贡献。

二、氢能源交通工具具备高能量密度和快速充电特性

氢能源交通工具具备高能量密度和快速充电特性，这使得它们成为未来可持续交通的有力候选。氢燃料电池在储存能量方面具有出色的性能，因为氢气的能量密度高于传统电池技术。这意味着氢能源交通工具可以在相对小的体积内存储大量能量，提供更远的行驶里程，同时保持较轻的整车重量。快速充电特性使氢能源交通工具具备更短的加油时间，与传统电池电动车辆相比更具竞争力。用户只需在氢燃料站进行加氢，相对电池充电，这个过程更为迅速，使得氢能源交通工具在日常使用中更为便利。这也有助于解决电动车充电站建设和充电时间长的问题，提高用户体验。氢燃料电池的续航能力通常较长，这使得氢能源交通工具在长途驾驶和重型运输方面表现出色。由于氢气的储存和释放过程相对高效，这些交通工具能够更灵活地适应各种运输需求，包括货运和乘客运输。通过持续推动氢能技术的发展和相应基础设施的建设，可以期待在未来看到更多氢能源交通工具的广泛应用，推动交通行业向更环保、高效的方向发展。

三、氢能源交通工具的前景还体现在多能源互补和可存储性上

氢能源交通工具的前景在于其多能源互补和可存储性，这两个方面的特点进一步增强了其在未来交通领域的可持续性和灵活性。氢燃料电池车辆可以与其他能源技术相结合，形成多能源系统，提高整体能效。例如，与电池电动技术结合，构建混合动力系统，通过电池储能来应对瞬时高能需求，进一步提升车辆性能。这种多能源的结合使得氢能源交通工具更具适应性，能够在不同的驾驶条件和用途下发挥更大的优势。由于可再生能源，如太阳能和风能的波动性，存储能源变得至关重要。氢气作为一种可储存的能源载体，可以通过电解水制氢，在充足的可再生电力供应时生成氢气，并在需要时释放出来。这种可储存性使得氢能源交通工具成为能源系统中的一个重要组成部分，有助于平衡能源供需，提高整个能源系统的稳定性。通过促进氢能技术的发展，并将其与其他可再生能源技术相结合，可以期待看到氢能源交通工具在推动能源领域创新和可持续发展方面发挥更为重要的作用。

四、氢能源交通工具的前景还受到政府政策支持和全球对清洁能源的不断推动

氢能源交通工具的前景在很大程度上受到政府政策的支持和全球对清洁能源的不断推动的影响，这一势头有望进一步推动氢能技术的发展和市场普及。各国政府通过制定激励性政策、提供补贴和优惠措施，以及建设相应的基础设施，鼓励和推动氢能源交通的推广和普及。这些政策不仅有助于降低氢能源交通工具的成本，还能够为相关产业提供发展动力，创造就业机会，并在全球范围内建立氢经济的生态系统。全球对清洁能源的不断推动使得氢能源交通工具在应对气候变化和减少碳排放方面成为备受关注的解决方案。随着社会对环境问题的关注不断增加，清洁能源成为各国共同追求的目标。氢能源作为一种零排放能源，能够有效减缓交通领域的碳足迹，得到了国际社会的广泛认可。这种全球趋势对于氢能源交通工具的市场需求提供了强劲的支持。政府的支持和全球对清洁能源的推动将为氢能源交通工具提供有利的市场环境。通过建立全球合作机制、推动技术创新、提供财政支持等方式，各国政府有望共同推动氢能源交通工具的发展，为未来交通领域的可持续性和环保性作出积极贡献。

五、氢能源交通工具的前景还受到产业链不断完善和技术创新的推动

氢能源交通工具的前景受到产业链不断完善和技术创新的推动，这两个方面的发展为氢能源交通提供了强大的支持，助力其在未来交通领域取得更广泛的应用。随着氢能源交通交通市场的扩大，相关产业链逐渐形成和完善，包括氢气生产、氢燃料电池制造、储氢和氢能源基础设施建设等各个环节。产业链的完善不仅有助于提高氢能源交通工具的生产效率，还能够降低相关成本，从而促进市场规模的扩大。在氢能源技术领域，持续的研发和创新不断提升氢能源交通工具的性能和可靠性。这包括提高氢气的生产效率、降低燃料电池的成本、延长氢能源交通工具的续航里程等方面。技术创新还包括对储氢和氢能源基础设施的改进，以提高氢能源的整体可用性和便利性。产业链的完善和技术创新的推动为氢能源交通工具提供了强大的动力，使其在未来能够更好地适应市场需求并不断提升竞争力。随着技术的进步和产业链的逐步成熟，可以期待氢能源交通工具在未来成为交通领域清洁能源的重要选择之一。

氢能源交通工具的前景充满希望，其零排放、高能量密度和短充电时间等特性使其成为未来清洁能源交通的重要选择。在全球追求可持续发展的趋势下，氢能源交通工具将逐渐走向商业化，并在交通领域发挥越来越重要的作用。

第三节 新能源交通工具的可行性与成本效益

新能源交通工具的可行性和成本效益是推动其在交通领域广泛应用的关键因素。这些交通工具主要包括电动汽车、混合动力车辆、氢燃料电池车等，它们的可行性和成本效益直接关系到清洁能源交通的可持续发展。

一、新能源交通工具的可行性得益于其环保特性

新能源交通工具的可行性得益于其卓越的环保特性，这一方面是因为它们在使用过程中能够显著减少对环境的不良影响，同时推动了社会对可持续交通的日益认可。电动车辆和氢能源交通工具等新能源车型在行驶过程中产生的尾气主要是零排放或者只有水蒸气的，大大减少了有害气体和颗粒物的排放。相比传统内燃机车辆产生的尾气中的一氧化碳、氮氧化物和颗粒物，新能源交通工具的环保特性对改善城市空气质量具有显著效果。传统交通工具主要依赖石油等有限资源，而新能源交通工具利用的是可再生能源，如太阳能、风能、水能等，这有助于降低对非可再生资源的依赖，推动能源结构向更加可持续的方向发展。电动车辆和氢能源交通工具通常噪声水平较低，相较于传统内燃机车辆，它们能够减少城市交通噪声，提升城市居民的生活质量。新能源交通工具的环保特性不仅有助于改善空气质量、减少资源依赖，还有利于降低噪声污染，从而推动了可持续交通的发展。这一环保特性为新能源交通工具的可行性提供了坚实的基础，使其成为推动交通行业迈向更加环保和可持续未来的重要力量。

二、新能源交通工具在日常使用中的成本效益逐渐显现

新能源交通工具在日常使用中的成本效益逐渐显现，这主要得益于技术进步、市场规模扩大以及政策支持等多方面因素的作用。随着新能源技术的不断进步，电动车辆和氢能源交通工具的制造成本逐渐下降。技术的成熟和产业规模的扩大使得生产效率提高，同时原材料和制造工艺的优化降低了车辆制造的成本。这有助于新能源交通工具更具竞争力地进入市场，减少了购车成本，提高了消费者的购车动力。电动车辆和氢能源交通工具通常具有较高的能源利用效率，相对传统内燃机车辆，其每公里行驶成本较低。电动车辆的充电成本一般较为稳定，而氢能源交通工具也在不断提高氢气生产和供应链的效率，降低氢燃料的成本。这使得用户在日常使用中能够感受到较低的能源支出，从而提高了新能源交通工具的成本效益。各国政府对新能源交通的政策支持也是成本效益显现的重要因素。例如，许多国家实施了购车补贴、免税政策以及建设充电桩和氢燃料站等基础设施，这些政

策措施有效降低了购车和使用新能源交通工具的门槛，提高了其成本效益。新能源交通工具在日常使用中的成本效益逐渐显现，技术进步、市场规模扩大和政策支持的综合作用有望进一步推动新能源交通工具的普及，使其成为经济实惠且环保的出行选择。

三、新能源交通工具的技术创新和推广逐渐改善了其使用便利性

新能源交通工具的技术创新和推广在改善使用便利性方面取得了显著的进展。技术创新和政府支持促使充电基础设施的迅速发展。充电站的建设和升级，以及更快速、高效的充电技术，大大提高了电动汽车的充电速度和便利性。一些创新技术，如无线充电和快速充电站，使用户更容易在日常生活中维持电动车的电量。电池是电动交通工具的核心组件，技术创新推动了电池能量密度的提高，延长了续航里程。这意味着用户不仅可以更远地行驶，而且在单次充电后能够更长时间地使用车辆，减少了充电的频率，提高了使用便利性。新能源交通工具借助智能互联技术，提供了更智能化的驾驶体验。这包括实时导航、充电站信息、远程监控和诊断等功能，使用户更容易规划行程、找到充电站，并实时监测车辆状态。制造商不断进行车辆设计和轻量化方面的创新，以提高新能源交通工具的性能和效率。轻量化可以降低能耗并提高续航里程，同时提高操控性和驾驶舒适性，使用户更容易适应新能源车辆。许多国家纷纷出台政策以推动新能源交通工具的普及，如减免购车税、提供充电基础设施建设资金、推动绿色能源发展等。这些政策支持降低了新能源车辆的购买成本，增加了用户购车的积极性。新能源交通工具的推广还受益于共享出行模式的兴起。共享电动车辆和充电基础设施的模式使用户更容易获得并使用这些交通工具，而无须担心充电和维护问题。新能源交通工具的技术创新和推广在改善使用便利性方面取得了显著进展，使得更多人能够享受到环保、经济和便利的出行方式。

第四节　新能源交通工具的市场推广策略

新能源交通工具的市场推广是促使清洁交通技术融入日常生活的关键步骤。通过采用全面而协同的市场推广策略，可以有效地提高新能源交通工具的市场份额，推动其可持续发展，减少温室气体排放，实现绿色出行。

一、建立牢固的品牌形象是市场推广的核心

新能源交通工具在取得一系列技术和基础设施方面的进展的同时，仍然面临一些挑战和限制，这些因素可能影响其可行性。

（一）续航里程和电池成本

尽管电池技术不断进步，但新能源交通工具的续航里程仍然是一个关键问题。一些用户可能担心电动车辆的续航能力，尤其是在长途行驶时。同时，电池的制造和更换成本仍然较高，这可能影响新能源车辆的价格，使其相对传统燃油车辆显得更为昂贵。

（二）充电基础设施不足

尽管充电基础设施在不断发展，但在某些地区仍然存在不足。用户可能面临充电站过于拥挤或无法找到充电桩的情况，尤其是在农村地区或新兴市场。这限制了电动车在某些地区的可行性。

（三）充电时间和快充技术

即使有了快速充电技术，相比于传统加油，电动车辆仍然需要较长的充电时间。这对那些希望迅速完成充电的用户来说可能是一个不便之处，特别是在长途旅行时。

（四）资源依赖和环境影响

电池制造和回收过程对于稀有金属等资源的需求增加，可能导致环境问题。电池的使用寿命和回收处理也是一个挑战，需要寻找更可持续和环保的解决方案。

（五）车型选择和成本

目前新能源车型的选择相对传统燃油车辆还较为有限，尤其是在一些汽车市场。此外，虽然一些政府提供购车补贴，但新能源车辆的购车成本仍然相对较高，可能成为一些潜在用户考虑的制约因素。

（六）技术标准和互操作性

不同国家和地区采用的充电标准不一致，可能导致充电设备的互操作性问题。这使得一些用户在国际旅行时可能面临充电困扰，因为车辆可能无法适应当地的充电设备。

尽管存在这些挑战，但随着技术的不断发展和政府、企业的进一步投入，相信这些问题将逐渐得到解决，从而提高新能源交通工具的可行性和用户的接受度。

二、定价策略和激励政策是引导市场的关键手段

定价策略和激励政策作为市场引导的两大关键手段，在企业的市场运作中扮演着至关重要的角色。定价直接涉及产品或服务的价格设定，影响消费者购买决策、市场份额和盈利水平。激励政策则关注着如何激发内外部相关方的积极性，从而推动销售、市场份额的扩大和整体绩效的提升。以下将深入探讨定价策略和激励政策在市场引导中的作用、相互关系以及在不同业务环境下的应用。

（一）定价策略的作用和影响

定价策略是企业在市场中制定和调整产品或服务价格的战略规划。其作用不仅限于决定产品价格水平，还涉及市场定位、品牌形象、竞争战略等多个层面。通过科学合理的定价，企业能够确保在满足市场需求的同时，实现良好的毛利润。不同的定价策略会直接影响企业的盈利水平，如高溢价定价可能带来更高的利润，而低价竞争可能在获取市场份额的同时降低利润率。通过设定不同的价格水平，企业能够实现在市场中的明确定位，塑造不同层次的品牌形象。高端产品可能选择高溢价策略，强调品质和独特性，而中低端产品可能采用价格竞争策略，追求更大的市场份额。价格是消费者决定是否购买产品的一个关键因素。不同的消费者对价格的敏感度不同，定价策略需要综合考虑市场需求、竞争格局和目标消费者的心理预期，以制定最具吸引力的价格。

（二）激励政策的重要性和实施方式

激励政策是通过为内外部相关方设定奖励机制，激发其积极性和工作动力，从而达到推动销售、提高绩效的目标。激励政策包括销售奖励、客户激励、渠道激励、员工激励等多个方面。通过为销售团队设立奖金、提成或其他奖励，企业可以激励销售团队更积极地推动产品或服务的销售。这种奖励机制可以使销售人员感受到努力工作的回报，从而提高其投入和工作效率。通过为客户提供激励，如优惠券、积分系统、会员专属优惠等，企业可以增强客户的忠诚度，促使其更频繁地购买产品或服务，并在竞争激烈的市场中保持竞争力。通过为分销商、经销商或合作伙伴设立激励政策，企业可以推动产品更快速地到达市场，加强与渠道合作伙伴的合作关系。通过设立激励政策，如绩效奖金、培训机会、晋升机会等，企业可以提高员工的工作动力和投入，促进团队协作，从而提升整体绩效水平。通过设立奖励机制，鼓励员工、合作伙伴参与创新活动，企业可以保持竞争力，不断推出符合市场需求的创新产品和服务。

（三）定价策略与激励政策的相互关系

高溢价的产品定价可能采用销售奖励作为激励政策，以鼓励销售团队更积极地推动高利润产品的销售。销售奖励的高佣金或奖金机制可以成为销售人员争取高价销售的动力，从而实现企业盈利的最大化。

渠道激励政策可以通过与定价策略相结合，实现更有效的市场引导。通过为分销商或合作伙伴设立激励政策，企业可以鼓励他们更积极地推动产品的销售。定价策略需与渠道激励政策相协调，确保渠道伙伴在销售过程中能够获取足够的利润空间，激发他们更积极地参与销售活动。

客户激励政策可以与差异化定价策略相结合，通过为不同层次的客户提供不同形式的奖励，实现市场细分。例如，针对高端客户可以提供更独特的客户激励措施，如私人定制服务或高级会员权益，以提高其对品牌的忠诚度。而对于中低端客户，则可以采取更大范围的促销和积分奖励，以吸引更多客户。

激励政策的制定也需与品牌形象保持一致，品牌形象的高端定位可能需要更高水平的销售奖励，以保持品牌的高贵形象。相反，对于注重价格敏感性的品牌，激励政策可以侧重于价格竞争和促销活动，以更好地满足市场需求。

创新定价策略可能需要更加灵活的员工激励政策，员工激励可以鼓励团队提出创新的定价模型，以更好地适应市场变化。创新的价格模型可能包括按需定价、订阅模式等，而员工激励政策则可以为那些提出并成功实施创新定价策略的团队成员提供额外的奖励。

在实际市场运作中，定价策略和激励政策需要协同运作，相互支持，以实现更有效的市场引导。企业在制定定价策略时需要考虑到激励政策的实施，确保销售、渠道合作伙伴、客户和员工都能够在其定价策略下获得合理的激励。激励政策的制定也应当与定价策略相协调，确保销售和渠道激励与产品的价格定位一致。这有助于确保激励政策能够真正推动企业的市场目标，而不是与定价策略相冲突。企业需要不断优化和调整定价策略与激励政策的协同运作，以适应市场环境的变化。这可能包括根据市场反馈调整产品价格、灵活调整销售奖励机制，或根据竞争格局改进客户激励政策。定价策略和激励政策是企业在市场中引导的两大重要手段，它们相互关联、相互促进，共同塑造了企业在竞争中的市场地位。在制定定价策略和激励政策时，企业应当全面考虑市场需求、竞争环境和内外部利益关系，以实现更有效的市场引导和整体绩效提升。

三、在用户体验方面，市场推广需要关注新能源交通工具的性能、设计，以及舒适度等因素

市场推广新能源交通工具需要重点关注用户体验，这涉及多个方面，包括性能、设计以及舒适度等因素。通过提升用户体验，可以提高用户对新能源交通工具的满意度，促使更多消费者选择这些环保、高效的交通工具。

（一）性能的提升

在市场推广中，新能源交通工具的性能是至关重要的一个方面。性能的提升不仅包括电池续航能力的增强，还包括动力性能、加速度、制动效果等。用户更愿意选择那些在性能方面表现出色、能够满足日常出行需求的新能源交通工具。因此，市场推广需要强调技术创新，提升电动车辆的整体性能水平，以打破用户对于传统燃油车辆性能的固有认知。

（二）设计的创新

设计在用户体验中发挥着至关重要的作用。市场推广新能源交通工具需要注重其外观设计、内部空间布局以及人机工程学设计。时尚、独特的外观和舒适的内部空间能够吸引更多的潜在用户。人机工程学的设计可以提高驾驶的便利性，使得用户在驾驶新能源交通

工具时感到更为舒适和自在。

（三）智能化技术的应用

在市场推广中，智能化技术的应用是一个不可忽视的因素。通过智能驾驶辅助系统、智能导航、远程控制等技术的引入，提升新能源交通工具的智能化水平，进一步提高用户的便利性和体验。这包括通过手机应用实时监控电池状态、查找最近的充电站、预约维护等功能，为用户提供更加个性化的服务体验。

（四）舒适度和安全性

市场推广需要强调新能源交通工具的舒适性和安全性。舒适度不仅包括车内空调、座椅材料，还包括减少噪声和振动的设计。安全性是用户选择交通工具时首要考虑的因素之一。新能源交通工具需要通过先进的安全技术，如碰撞预防系统、自动紧急制动系统等，提高整车的 passively 和 actively 安全性，从而获得用户的信任。

（五）充电便利性

市场推广需要强调充电基础设施的建设，确保用户在各种场景下都能方便快捷地进行充电。这可能涉及充电站的分布策略、充电设备的智能化，以及充电过程的用户友好性。通过提供更加便捷的充电服务，可以有效地提升用户体验。

（六）价格合理性和经济性

在市场推广中，新能源交通工具的价格合理性和经济性对用户的决策至关重要。政府补贴、优惠政策以及整车价格的下降都是市场推广的策略之一。用户需要看到新能源交通工具相对于传统燃油车的经济性，包括燃油成本、维护成本等方面的优势，才会更愿意购买和使用。

通过在这些方面的努力，市场推广可以更加全面地满足用户对于新能源交通工具的需求，提高其在市场中的竞争力，促使更多消费者转向可持续和环保的出行方式。

四、为了解决充电基础设施的问题，市场推广战略应重点关注充电基础设施的建设

市场推广新能源交通工具需要重点关注解决充电基础设施的问题，这一方面涉及充电站的建设、布局、智能化管理等多个方面。通过有针对性的市场推广战略，可以促使更多的用户愿意选择新能源交通工具，并充分享受便捷、可靠的充电服务。

（一）充电站布局和覆盖

在市场推广新能源交通工具时，首要考虑的是充电站的布局和覆盖。战略应该聚焦于在城市和交通要道等关键区域建设充电站，确保用户在日常出行和长途旅行中都能够便捷

地找到充电设施。密集建设充电站还能够提高用户的信心，解决充电焦虑问题。

（二）充电设施的标准化和多样化

通过制定一致的充电接口标准，使不同厂商的新能源交通工具都能够使用同一种充电设施，提高互操作性。考虑到不同用户的需求，充电设施的多样化也是关键，包括快充、慢充、直流充电等多种方式，以满足用户的不同出行场景。

（三）智能化管理和运营

市场推广战略应该注重充电站的远程监控、数据分析、预测维护等智能化功能。通过这些技术手段，能够更好地了解充电设施的使用情况，提前发现并解决问题，确保充电服务的稳定性和可靠性。

（四）合作伙伴关系建设

在市场推广战略中，与政府、企业和能源服务提供商等建立合作伙伴的关系至关重要。与政府合作可以获取更多的支持，推动充电基础设施的建设；与企业合作可以共享资源、降低成本，提高充电站的经济性；与能源服务提供商合作可以实现更可持续、绿色的能源供应。

（五）用户教育和信息传递

通过广泛的宣传和教育活动，向用户普及新能源交通工具的优势以及充电基础设施的建设情况。透明的信息传递有助于减轻用户的充电焦虑，提高他们对于新能源交通工具的接受度。

（六）政策倡导和激励措施

在市场推广中，倡导政府出台支持新能源交通工具和充电基础设施建设的政策是至关重要的。政策的激励措施，如补贴、减税等，可以在一定程度上推动企业加大充电站建设投入，促使市场更快速地接受新能源交通工具。

（七）用户体验的提升

通过引入便捷的支付方式、实时充电站信息的提供、会员制度等手段，提高用户在使用充电设施时的便利性和满意度，从而推动更多用户选择新能源交通工具。

综合考虑以上因素，市场推广战略可以更全面地解决充电基础设施的问题，从而促使新能源交通工具更好地融入用户的日常出行生活，加速其市场普及。

五、教育宣传也是推广市场的有效手段

教育宣传在推广市场中是一种极其有效的手段，尤其对于新能源交通工具这样的创新

产品。通过教育宣传，企业可以提高消费者对产品的认知，强调产品的优势，解答疑虑，促进市场接受度的提升。

（一）产品优势的阐释

教育宣传是向潜在消费者传达新能源交通工具的产品优势的有力工具，宣传可以深入解释新能源交通工具的环保性、节能性、低碳排放等方面的优势，以增强消费者对于产品独特性的认知。通过生动的案例、图文并茂的说明，消费者更容易理解和接受新技术和新理念。

（二）解答疑虑和误解

教育宣传能够有针对性地解答潜在用户可能存在的疑虑和误解。例如，针对电动汽车的续航疑虑，宣传可以详细解释电池技术的进步、充电基础设施的建设等，以消除用户的担忧。通过清晰、透明的信息传递，教育宣传，有助于建立消费者对于产品的信任感。

（三）环保理念的普及

教育宣传可以普及环保理念，强调使用新能源交通工具对于减缓气候变化、改善空气质量的重要性。通过提供有关碳足迹、气候变化对人类生活的影响等信息，宣传有助于激发用户的环保意识，从而引导他们更加倾向于选择环保型交通工具。

（四）行业知识的普及

对于新兴行业，如新能源交通工具领域，教育宣传可以帮助普及行业知识。这包括对电动汽车技术、充电技术、能源政策等方面的详细介绍。通过提高公众对新技术、新概念的了解，宣传有助于打破信息壁垒，推动市场对新能源交通工具的认知度的提升。

（五）用户体验的展示

教育宣传可以通过展示用户的真实体验来加深消费者对产品的印象。这包括用户的使用故事、使用新能源交通工具的日常便利性、省钱经历等。通过真实的案例和用户分享，宣传能够更加生动地展示产品的实际效果，从而打动更多的潜在用户。

（六）政策支持的传递

若有政府支持或相关政策，教育宣传可以传递这些信息，强调政府对于新能源交通工具的支持和鼓励。政策的透明传递有助于建立用户对于产品的信心，同时提供了额外的激励，促使用户更积极地考虑购买新能源交通工具。

（七）参与社会责任

教育宣传还可以强调企业的社会责任，通过支持环保项目、推动可持续交通等方面的倡议，树立企业的良好形象。消费者越来越关注企业的社会责任感，通过宣传企业积极参与社会事务，可以提高品牌的认可度和好感度。

通过教育宣传，企业可以在市场推广中更好地传递产品信息，增强用户对于新能源交通工具的理解和接受度，从而有效推动市场的发展。这种方法不仅有助于提高销售量，还有助于建立品牌形象，使产品更好地融入消费者的生活。

六、产业链合作是市场推广中的重要组成部分

产业链合作在市场推广中扮演着至关重要的角色，特别是在新能源交通工具领域。通过与不同环节的合作伙伴共同协作，企业可以实现资源共享、优势互补，促进产品的研发、生产、销售等各个环节的顺畅推进。

（一）技术创新与研发合作

产业链合作的重要一环是与技术创新和研发领域的合作伙伴协作，这包括与电池技术提供商、智能系统开发商等专业公司的合作。通过共享先进技术和研发资源，企业可以推动新能源交通工具的技术创新，提升产品的竞争力，满足不断变化的市场需求。

（二）供应链整合与生产合作

与供应链上下游的合作伙伴建立紧密的关系对于提高生产效率和降低成本至关重要，企业可以与电池供应商、零部件制造商等建立战略合作，确保原材料供应的稳定性，提高生产线的灵活性，并在制造过程中实现资源的优化利用。这有助于确保产品的质量和可靠性。

（三）销售渠道合作与分销伙伴关系

市场推广的成功离不开强大的销售渠道。与经销商、零售商等建立合作关系，共同推动产品在市场中的销售。通过合作，企业可以更好地满足不同地区、不同市场的需求，拓展销售网络，提高产品在市场中的曝光度。

（四）充电基础设施合作

充电基础设施是新能源交通工具推广的关键环节。产业链合作可以包括与充电设施运营商、能源公司的战略合作。这有助于推动充电基础设施的建设和智能化管理，提高充电效率和便利性，为用户提供更好的充电体验。

（五）金融服务与合作

金融服务是推广市场的重要支持环节。与金融机构合作，推出针对新能源交通工具的融资方案、贷款服务等，有助于降低用户购车门槛，促进销售。此外，金融服务还可包括为合作伙伴提供融资支持，推动产业链上下游的共同发展。

（六）政府与公共机构合作

产业链合作的一个重要方向是与政府和公共机构建立战略合作伙伴关系。通过与政府合作，企业可以获取政策支持、减少政策风险，并参与到相关政策的制定过程中。公共机构的支持也有助于推动充电基础设施的建设，提高新能源交通工具的社会接受度。

（七）品牌营销与合作伙伴关系

与其他知名品牌建立合作伙伴关系，进行联合品牌推广是市场推广的一种有效手段。与电影、体育、文化等领域的合作可以提高品牌的曝光度，吸引更多目标受众的关注，从而提升产品的市场认知度。

七、为了提高新能源交通工具的可及性，推动其市场推广，租赁和共享服务是一项有效的策略

租赁和共享服务作为一项有效的市场推广策略，可以显著提高新能源交通工具的可及性，满足不同用户的需求，降低购车门槛，从而促进产品在市场中的普及。

（一）降低使用成本

租赁和共享服务可以降低用户的使用成本，因为用户无须支付整车的购置费用。这对那些可能对新能源交通工具产生兴趣但不愿意一次性支付较高购车费用的消费者来说，是一种吸引力十足的选择。通过以租代购或共享的方式，用户能够以更为经济的方式享受到新能源交通工具的便利。

（二）灵活的使用模式

租赁和共享服务提供了更为灵活的使用模式，用户可以根据实际需求选择不同的租期或共享计划。这对于那些仅在特定时期需要交通工具的用户，如旅行、短期出差等，提供了更为方便和经济的解决方案。这种灵活性有助于满足用户多样化的出行需求。

（三）推动充电基础设施建设

租赁和共享服务的推广也可以促使更多的充电基础设施建设。为了满足租赁和共享用户的充电需求，服务提供商通常会在城市中建设更多的充电站。这有助于解决充电焦虑问题，提高新能源交通工具的可用性，从而推动市场普及。

（四）用户体验的提升

租赁和共享服务通常注重用户体验，提供方便、快捷的服务。通过使用智能手机中的应用程序进行预订、还车等操作，提升了用户的便捷感。服务提供商也通常对车辆的维护和清洁进行管理，确保用户能够获得良好的驾驶体验，从而提高用户对新能源交通工具的

好感度。

（五）社会共享理念的推动

租赁和共享服务背后蕴含着社会共享的理念，即通过合理共享资源，实现资源的最优化利用。这符合当代社会对可持续发展和资源共享的重视。通过推动这种理念，租赁和共享服务不仅带动了新能源交通工具的市场推广，还为社会注入了可持续发展的理念。

（六）市场协同效应

租赁和共享服务有助于形成市场协同效应，吸引更多用户尝试新能源交通工具。当越来越多的用户选择租赁或共享新能源交通工具时，市场份额将会扩大，充电基础设施建设将会加速，制造商和服务提供商也将受益于更大的市场规模，形成正向的市场循环。

（七）政策支持的倾斜

一些地区的政府可能会通过制定鼓励租赁和共享服务的政策来支持新能源交通工具的推广。这些政策可能包括租赁服务的减税、共享服务的专项资金支持等，从而为企业提供更多的市场刺激和经济支持。

通过租赁和共享服务，新能源交通工具的可及性得到显著提高，用户更容易接触和体验这一新型出行方式，从而推动市场的逐步普及。这种市场推广策略不仅满足了用户的多样化需求，还为整个新能源交通工具产业链的协同发展注入了活力。

八、金融支持是市场推广中的关键环节

金融支持在市场推广中扮演着关键的角色，特别是对于新能源交通工具这类需要较高投资的产品。金融支持能够帮助企业降低用户购车门槛，提高产品的市场渗透率，并促进产业链上下游的协同发展。

（一）降低用户购车门槛

金融支持通过提供融资方案、贷款服务等方式，有效降低了用户购车的经济门槛。新能源交通工具一般存在较高的购置成本，金融支持可以提供分期付款、低息贷款等形式，使得更多用户能够负担得起新能源交通工具，从而拓展潜在用户群体。

（二）促进销售增长

金融支持能够刺激市场需求，促使更多的消费者选择购买新能源交通工具。用户在享受金融支持的同时，也能够更灵活地选择购车时的支付方式，提高用户的购车意愿。这有助于推动销售量的增长，加速新能源交通工具在市场中的普及。

（三）拓展销售渠道

与金融机构合作，可以通过汽车经销商、银行、金融公司等多样化的销售渠道为用户提供金融支持服务。这种多元化的销售渠道有助于企业更好地覆盖不同地区、不同消费水平的市场，提高产品的市场渗透率。

（四）提高用户忠诚度

通过金融支持，企业可以建立更紧密的与用户的关系。提供良好的金融服务体验，如灵活的还款方式、定制化的贷款方案等，能够增强用户对企业的信任感。这有助于提高用户的忠诚度，增加用户对于品牌的认可，促使其在未来选择同一品牌的新能源交通工具。

（五）加速产业链上下游协同发展

金融支持不仅关注消费者层面，也涉及与产业链上下游的合作伙伴。金融机构与汽车制造商、充电基础设施建设商等合作，形成完整的产业链协同发展。这有助于加速整个产业链的发展，推动新能源交通工具产业的成熟和壮大。

（六）应对市场波动

金融支持还可以帮助企业更好地应对市场波动。在市场推广初期，由于新能源交通工具市场的不确定性，金融支持可以提供更灵活的资金支持，帮助企业平稳渡过起步阶段，减轻财务风险。

（七）政策激励的补充

一些政府可能通过制定激励政策来支持金融机构提供金融支持服务。这可以包括对金融机构的税收优惠、贷款利率补贴等激励措施，从而加强金融机构参与支持新能源交通工具市场推广的积极性。

在市场推广中，金融支持不仅是提高产品可及性的手段，也是推动产业链协同发展、提高用户忠诚度的重要环节。通过制定合理的金融支持政策，企业能够更好地应对市场挑战，促使新能源交通工具更好地融入用户的出行选择。

九、政府引导和支持是市场推广的重要保障

政府引导和支持在市场推广中扮演着至关重要的角色，尤其对新兴行业，如新能源交通工具而言。政府的积极介入可以通过政策制定、资金支持、法规引导等方式，为市场推广提供有力的保障。

（一）制定支持政策

政府可以制定一系列支持新能源交通工具的政策，包括补贴、减税、购车优惠、充电

基础设施建设等。这些政策能够降低用户购车和使用新能源交通工具的成本，激发用户的购车兴趣，推动市场的快速发展。

（二）资金支持和补贴

提供资金支持是政府在市场推广中的一项关键举措。政府可以设立专项资金，用于支持新能源交通工具的研发、生产、销售等环节。直接向用户提供购车补贴，降低购车成本，是刺激市场需求、促进新能源交通工具推广的有效手段。

（三）建设充电基础设施

充电基础设施的建设是新能源交通工具市场推广的关键因素，政府可以通过设立专项基金、提供补贴或给予其他激励，推动充电基础设施的建设。这有助于解决用户的充电焦虑问题，提高新能源交通工具的使用便利性。

（四）法规和标准制定

政府在市场推广中可以通过制定相关法规和标准，规范新能源交通工具的生产、销售、使用等方面。明确的法规有助于提高产品的质量和安全性，增强用户对新能源交通工具的信任感，推动市场的规范发展。

（五）建立绿色交通体系

为了构建绿色交通体系，政府可以通过引导支持新能源交通工具的使用，提高城市的交通效率和空气质量。建立新能源交通工具的优先通行政策、设置绿色出行示范区等，能够吸引更多用户选择环保出行方式，推动市场的发展。

（六）科技研发支持

通过科技研发支持，政府可以促进新能源交通工具技术的创新和进步。资助科研机构、企业进行相关技术研究，推动新技术、新材料的应用，提高产品的性能水平，增强产品市场竞争力。

（七）宣传教育和推广活动

政府在市场推广中还可以通过宣传教育和推广活动，提高公众对新能源交通工具的认知度和接受度。政府可以通过媒体宣传、展览会、教育培训等方式，向公众传递新能源交通工具的优势，引导消费者的购车决策。

（八）国际合作与经验分享

政府可以积极参与国际合作，借鉴和分享其他国家在新能源交通工具推广方面的成功经验。通过国际合作，政府可以获取最新的技术、管理和政策经验，更好地推动本国新能源交通工具市场的发展。

（九）监管和督导

为确保市场的有序运行，政府需要加强监管和督导，确保企业和服务提供商遵守相关法规，维护市场的公平竞争环境。同时，政府还可以与企业建立紧密的合作关系，共同推动市场的良性发展。

政府引导和支持是市场推广的重要保障，通过多方面的政策和措施，政府能够为新能源交通工具在市场中的推广提供稳定、可持续的发展环境，推动整个产业的健康发展。

这些市场推广策略的综合应用，有助于促使新能源交通工具更好地融入市场，提高其市场份额，推动清洁能源交通的可持续发展，为构建绿色、低碳的交通体系做出贡献。

第六章 数字经济与交通运输业绿色低碳社会与经济影响

数字经济与交通运输业的绿色低碳发展密切关联，对社会和经济产生深远的影响。数字经济的崛起为交通运输业注入了新的动力，促使其朝着更为环保、高效的方向迈进，从而推动社会和经济的可持续发展。智能交通系统、电动汽车、共享出行等数字技术的应用，使得交通运输更加智能、便捷。智能交通系统通过数据采集和分析，优化交通流，减缓拥堵，提高道路利用效率。电动汽车的推广减少了传统燃油车辆的污染，共享出行模式则减少了个体拥有交通工具的需求，降低了整体车辆的使用强度。通过智能调度、路况预测等技术手段，交通运输可以更加高效地运营，减少空驶和闲置时间，降低燃油消耗和排放。数字化还使得物流供应链更加透明，提高了货物运输的效率，减少了能源浪费。电动汽车作为绿色交通的代表，其推广使得交通运输业逐渐减少对传统燃油的依赖。数字化技术的应用也促进了可再生能源在交通领域的应用，如智能充电桩与可再生能源的结合，使得电动汽车的充电更为环保和可持续。数字经济推动了新型出行服务的崛起，如共享单车、电动滑板车等。这种微型出行工具的兴起改变了城市居民的出行方式，减少了短途出行对传统交通工具的需求，降低了交通拥堵和环境压力。在经济层面，数字经济与交通运输业的绿色低碳发展相辅相成。新兴的数字技术带动了相关产业的发展，创造了就业机会，促进了技术创新。绿色低碳交通业的崛起也激发了绿色产业链的发展，促使企业转型升级，提高了整体产业的竞争力。数字经济与交通运输业的绿色低碳发展相互促进，为社会和经济带来了积极的影响。通过数字技术的创新，交通运输业得以更加智能、高效，为构建绿色低碳社会和经济提供了可行的路径。这一发展趋势将有助于减缓气候变化、改善环境质量，推动社会迈向更加可持续的未来。

第一节 绿色低碳交通对环境的影响

绿色低碳交通是一种致力于减少对环境的负面影响的交通模式，其目的在于提高交通系统的可持续性，减少对大气、水体和生态系统的污染，降低温室气体排放，以应对气候变化。

一、绿色低碳交通对大气环境有显著的改善作用

绿色低碳交通是应对日益严峻的环境问题和气候变化挑战的有效途径之一，其推广和普及对大气环境的改善具有显著而深远的影响。在这方面，绿色低碳交通主要通过减少尾气排放、降低温室气体排放、改善空气质量、促进可持续城市规划以及推动科技创新等多方面发挥积极作用。绿色低碳交通通过采用清洁能源和先进技术，显著减少了尾气排放。传统燃油车辆在燃烧化石燃料时产生大量有害气体，包括二氧化碳、一氧化碳、氮氧化物和颗粒物等。这些排放物不仅对空气质量造成污染，还是造成温室效应的主要原因之一。相比之下，绿色低碳交通采用电动车辆、混合动力车辆等清洁能源，其尾气排放明显降低，有效减缓了空气污染的程度，为城市居民提供了更清新的空气环境。传统交通工具主要使用石油为能源，其燃烧过程释放的二氧化碳是主要的温室气体之一。采用清洁能源的绿色低碳交通，如电动车辆，可以显著减少二氧化碳的排放。这对于全球气候变暖和减缓温室效应具有重要意义，有助于降低气候变化的风险，保护生态系统的平衡。城市交通是造成空气污染的主要原因之一，传统燃油车辆的尾气排放物中包含有害气体和颗粒物，对空气质量产生不利影响。采用电动车辆等绿色低碳交通工具出行，可显著降低颗粒物和有害气体的排放，减轻城市空气污染的程度，有助于改善人们的生活环境和健康状况。通过建设更多的自行车道、步行道，改善公共交通系统，优化城市交通结构，可以减少对私人汽车的依赖，从而减轻交通拥堵、改善城市交通流动性。这种可持续城市规划不仅有益于环境，也提高了城市居民的生活品质。电动车辆、智能交通系统等新技术的应用不仅提高了交通效率，还推动了相关产业的发展。这种创新促使了整个交通行业的进步，为可持续发展提供了技术支持。通过减少尾气排放、降低温室气体排放、改善空气质量、推动可持续城市规划以及促进科技创新等多方面的作用，绿色低碳交通为构建清洁、健康、可持续的城市和社会做出了重要贡献。政府、企业和社会各界应共同努力，进一步推动绿色低碳交通的发展，为人类的可持续未来营造更为清洁和宜居的环境。

二、绿色低碳交通对水环境也具有积极影响

绿色低碳交通的推广不仅对大气环境有显著的改善作用，也对水环境产生积极的影响。在传统交通方式中，尾气排放和交通活动可能导致水体污染、油污流入水道以及城市雨水排放等问题。然而，采用绿色低碳交通方式，如电动车辆和共享出行模式，可以减少这些负面影响，从而促使水环境的保护和改善。传统燃油车辆的尾气中含有一系列有害物质，如氮氧化物和颗粒物，这些物质可能通过空气和雨水进入水体。电动车辆和其他清洁能源交通工具的采用降低了这些有害物质的排放量，减缓了对水环境的污染程度。传统交通可能导致城市道路上的油污、废弃物以及雨水中的有机物被冲刷进入排水系统，最终进入水

体。通过鼓励共享出行模式和提倡非机动交通工具的使用，可以减少道路上的车辆数量，减缓雨水对城市道路上积聚的污染物的冲刷，有助于减少水体的污染。绿色低碳交通的发展也与城市绿色基础设施的建设相辅相成，对水环境产生积极影响。例如，建设自行车道、步行道和绿化带有助于改善城市的水体自净能力，促进雨水渗透，减少雨水径流对水环境的冲击。这样的城市规划和绿色低碳交通政策有助于维护水体的自然生态平衡。由于电动车辆的充电需求，充电桩的布局往往需要考虑到水体的保护。合理规划充电站的位置，避免在水体附近建设，减少对水质的潜在影响，有助于保护水源的安全和纯净。共享出行模式的普及也有助于减少对城市中停车位的需求，从而减少城市硬质覆盖物，促进雨水渗透，减缓城市雨洪对水体的冲刷。这种模式的推广有助于建设更为绿色的城市环境，提高城市的水资源利用效率。绿色低碳交通的推广对水环境的积极影响主要表现在减少尾气排放对水体的直接污染、降低交通活动对水环境的干扰、促进城市绿色基础设施建设等方面。这些举措不仅有助于维护水体的水质和生态系统，也有助于构建更为可持续的城市环境。在未来，政府、企业和社会应共同致力于推动绿色低碳交通的发展，以更好地保护和改善水环境。

三、绿色低碳交通对生态系统的保护起到了积极的作用

绿色低碳交通的推广和普及对生态系统的保护具有深远的积极作用，通过减少尾气排放、缓解交通对自然环境的侵蚀、促进可持续城市规划以及推动生态友好型技术的应用，绿色低碳交通有助于维护和改善生态系统的健康状态。以下将详细探讨这些方面的作用。绿色低碳交通通过减少尾气排放，降低了对大气环境的污染量，有助于维护生态系统的空气质量。传统燃油车辆的尾气排放中含有一系列有害物质，包括氮氧化物、颗粒物和一氧化碳等，这些物质对植物生长和动物生态系统造成危害。采用绿色低碳交通方式，如电动车辆，能够显著减少这些有害物质的排放，有利于减轻空气对生态系统的负面影响，保护植被和生态多样性。绿色低碳交通减缓了交通对自然环境的侵蚀，对生态系统的土壤和水体起到了保护作用。传统交通可能导致道路建设、土地利用变化以及沥青和化学物质的排放，这些因素都会对生态系统的土壤和水体造成损害。绿色低碳交通的推广鼓励可持续城市规划，减少对自然环境的干扰，有助于保护土壤的生态功能和水体的水质。绿色低碳交通通过促进可持续城市规划，改善城市绿化和自然景观，有利于维护和增强生态系统的生态景观。城市规划中的自行车道、步行道、绿化带等绿色基础设施有助于提高城市的生态可持续性，形成良好的生态连接，维护城市中的生态系统平衡。这些改善措施不仅提供了良好的生态服务，还促进了城市居民的生活质量，推动绿色低碳交通也鼓励了新技术的应用，有助于生态系统的监测和保护。智能交通系统、电动车辆充电基础设施等新兴技术的引入，提高了交通运输的智能化水平，有助于监测生态系统的变化和提前发现可能的生态问题。这为及时采取保护措施提供了科技支持。共享出行模式的推广也有助于减少城市中

的停车需求，减轻硬质覆盖物对生态系统的压力。传统交通模式下，大量停车场和道路占据了大量土地，对生态系统的土地利用造成了破坏。共享出行模式鼓励人们共享交通工具，减少了停车需求，有利于减缓城市土地的硬化，维护生态系统的原有结构。电动车辆的推广对生态系统的噪声干扰具有一定的缓解作用，这一变革不仅改善了城市居民的生活质量，还对生态环境产生了积极的影响。随着城市化的不断发展和人口的急剧增加，传统内燃机车辆的使用大幅增加，带来了严重的噪声问题。城市的交通噪声成为影响人们健康和生活品质的一个重要因素。在这种情况下，电动车辆的推广被视为一种潜在的解决方案，因为电动车辆相比传统内燃机车辆具有更低的噪声水平。传统的内燃机车辆通常产生较高的发动机噪声，尤其是在拥挤的城市交通中。而电动车辆采用电动驱动系统，其工作过程中产生的噪声明显减少。这种低噪声水平有助于改善城市环境，为居民提供更加安静、宜居的生活空间。城市交通噪声不仅对人类健康产生负面影响，也对周围的自然环境造成了损害。野生动物通常对噪声敏感，而传统车辆的噪声可能导致野生动物的惊扰和迁徙。电动车辆的低噪声特性能够减轻这种干扰，有助于保护城市周围的自然生态系统。传统车辆在拥挤的城市交通中常常驶入低速，发动机的频繁启停和车辆之间的交织导致了更多的噪声污染。电动车辆由于其高效的动力系统和对交通信号的响应更加迅速，有望减少交通拥堵，进而减缓交通噪声的产生。这不仅有助于改善城市居民的生活质量，减轻交通噪声对人体健康的潜在危害，也有助于保护周围的自然环境。政府、企业和社会应共同努力，通过推广电动车辆和改善城市交通规划，共同促进这一绿色、低噪声的出行方式的普及，从而建设更加宜居、可持续的城市生态系统。

四、绿色低碳交通有助于减缓气候变化

绿色低碳交通作为一种可持续发展的交通方式，对于减缓气候变化具有重要而积极的作用。在当今社会，交通领域的碳排放一直是导致气候变化的主要因素之一。通过推广绿色低碳交通，可以有效减少温室气体的排放，为全球应对气候变化提供了关键性的解决途径。传统交通方式，如燃油驱动的汽车和飞机，是主要的碳排放来源之一。而引入电动汽车、混合动力车辆，以及发电效率更高的交通工具，可以有效减少对化石燃料的依赖，从而降低大气中温室气体的浓度。这对于防止全球气温升高、减缓冰川融化和海平面上升等气候变化影响具有积极的意义。传统交通工具的燃烧过程中释放的尾气中含有大量的有害物质，如颗粒物、一氧化碳和氮氧化物等，对人体健康和环境造成极大的威胁。而推广绿色低碳交通，特别是电动汽车的普及，可以显著减少空气污染物的排放，改善城市空气质量，减轻交通对环境的不利影响。电动汽车、电车等交通工具的推广需要大量清洁能源供应，这促使社会加速向可再生能源转型。太阳能、风能等清洁能源的应用将取代传统的燃煤、燃油发电，从而降低整个交通系统的碳足迹，实现低碳经济的可持续发展。鼓励步行、骑行、共享交通等绿色出行方式，不仅可以缓解城市交通拥堵问题，还有助于提升城市居

民的生活质量。通过建设更多的自行车道、行人区域和公共交通系统，城市可以实现更为紧凑和可持续的发展，减少对土地资源的过度开发，从而更好地应对气候变化带来的挑战。绿色低碳交通是一个综合性、长远性的解决方案，可以在减缓气候变化的过程中发挥关键作用。通过减少碳排放、改善空气质量、促进可再生能源利用以及推动城市规划的转型，绿色低碳交通为我们创造更加可持续的未来奠定了基础。政府、企业和个人都应该共同努力，共同推动绿色低碳交通的发展，为地球的可持续未来作出积极的贡献。

五、绿色低碳交通通过鼓励可持续出行模式

绿色低碳交通是一种积极响应全球气候变化、减少环境污染、促进可持续发展的交通模式。在推动绿色低碳交通发展的过程中，鼓励可持续出行模式是至关重要的一环。与传统交通方式相比，可持续出行模式不仅以其环保、经济、社会效益高为特点，而且在实现低碳目标、改善空气质量、缓解交通拥堵等方面都具有显著的优势。这意味着不仅要在城市核心区域或特定路段推动可持续出行，更是要在整个城市范围内、不同交通场景下全面推广。通过建立统一的、涵盖全城的可持续出行政策，引导市民在生活的方方面面都选择绿色低碳的交通方式。这可能包括步行、骑行、公共交通、共享出行等多种形式，形成一个全面的、相互补充的可持续出行网络。这包括但不限于提供鼓励政策，如给予步行者和骑行者更多的交通优先权、设立鼓励用车者转向可持续交通方式的激励措施。通过设立奖励机制，鼓励企业推动员工采取绿色低碳的通勤方式，建立健全的企业绿色出行文化。建设高效便捷的可持续交通基础设施也是不可或缺的一环，这包括修建自行车道、行人步道、改善公共交通线路和站点等。通过提高可持续出行的便捷性和舒适度，引导更多市民主动选择绿色低碳的交通方式。城市规划中应充分考虑可持续出行的要求，设计人性化、环保型的城市交通体系，为居民提供更多选择。在推动绿色低碳交通的过程中，教育宣传也是至关重要的一环。通过广泛宣传可持续出行的理念，提高市民对环保交通的认知水平，培养绿色低碳的生活方式。这可以通过举办绿色出行主题的宣传活动、开展学校和社区的环保教育等途径实现。鼓励可持续出行模式不分阶段的推广，需要政府、企业、社区和个体共同努力，形成合力。只有通过全社会的共同努力，才能逐步改变人们的出行习惯，推动城市交通朝着更绿色、低碳的方向发展，为可持续发展目标贡献积极力量。

绿色低碳交通对环境的影响主要表现在改善空气质量、减轻水环境污染、保护生态系统、减缓气候变化和降低交通拥堵等方面。随着技术的不断进步和社会观念的转变，推动绿色低碳交通的发展将对环境可持续性产生更为积极的影响。

第二节 社会可持续性与数字经济驱动的交通运输业

社会可持续性与数字经济驱动的交通运输业之间存在着深刻的关联，数字经济的兴起为交通运输业带来了新的机遇和挑战，同时为社会可持续性的实现提供了重要的平台。

一、数字经济推动的交通运输业创新对社会可持续性产生了积极的影响

数字经济的迅猛发展对交通运输业的创新产生了深远的影响，进而在社会可持续性方面带来了积极的变革。数字化技术的广泛应用不仅提升了交通运输业的效率和智能化水平，也推动了环境友好型交通方式的兴起，为社会可持续性的实现提供了全新的机遇。以下是数字经济推动的交通运输业创新对社会可持续性的积极影响的详细阐述。

（一）智能交通管理与优化

智能交通管理与优化是一项以先进技术为支撑，通过智能化手段提高交通系统运行效率、优化资源配置、提升交通服务水平的综合性工程。在现代城市化进程中，交通问题成为制约城市可持续发展的一个重要因素，通过引入智能交通管理与优化的理念和技术手段，对交通系统进行全面升级，是实现城市交通高效、便捷、安全的关键途径。通过部署先进的传感器、监控设备以及智能交通管理系统，可以实时获取交通流量、车辆位置、道路状况等大量数据。这些数据不仅为交通管理部门提供了实时的交通状况，还为交通优化算法提供了必要的输入。通过深度学习、机器学习等技术，可以对历史数据进行分析，挖掘潜在的规律，为交通管理提供更科学、合理的决策支持。传统的交通信号控制主要基于定时控制或简单的感应控制，无法灵活应对交通流量的变化。而通过智能化的交通信号控制系统，可以根据实时交通状况进行动态调整，实现交叉口的智能化协调。例如，通过与车辆通信，根据车辆密度和流速实时调整信号灯的时间，以减少交叉口的拥堵，提高交通效率。通过车载导航设备、手机 APP 等，驾驶员可以获取实时的交通信息和最优的路线推荐。在智能导航系统中，不仅可以考虑交通状况，还可以综合考虑环境保护、能源消耗等因素，提供更智能、绿色的出行方案。这不仅能够缓解交通拥堵，还能够减少交通排放，对城市可持续发展具有积极的促进作用。通过使用车辆识别技术、无线通信技术等手段，可以实现对停车场内车辆的实时监控和管理。驾驶员可以通过手机 APP 等方式获取停车位信息，实现快速、精准的停车。这不仅提高了停车的效率，还减少了在寻找停车位过程中的交通阻塞，对城市交通流畅性的提升具有积极的影响。智能交通管理与优化是一项多领域、多层次的综合性工程，涉及交通信息的采集、处理、分析，交通信号的智能控制，智能导航

系统的应用，以及智能停车系统的建设等多个方面。通过引入先进的技术手段，可以实现交通系统的智能化，提高交通运行效率，优化资源配置，为城市交通的可持续发展提供有力支持。在未来，随着技术的不断发展和应用的深入推进，智能交通管理与优化将更好地满足人们对交通便捷、安全、高效的需求，为城市交通的可持续发展打下坚实基础。

（二）共享经济的崛起

共享经济的崛起是近年来全球经济领域内的一项显著趋势，这一概念涉及通过在线平台将闲置资源进行共享的商业模式，从而实现资源的最大化利用和社会效益的提升。共享经济在多个行业中取得了显著的成功，如共享出行、共享住宿、共享办公等。以下将深入探讨共享经济的崛起，包括其定义、发展历程、优势、挑战以及对经济和社会的影响。共享经济的定义是一个广泛的概念，指的是通过在线平台将个人和企业的闲置资源，如车辆、住房、技能等进行高效共享的商业模式。这种模式通过提高资源利用率，降低交易成本，实现了资源的最大化配置，同时推动了新型的商业合作关系的形成。随着互联网的快速发展，智能手机的普及以及在线支付体系的健全，人们更容易实现信息的共享和交易的便捷。这为共享经济提供了技术基础，同时，社会对于资源高效利用、环境保护等方面的需求也推动了共享经济的发展。共享出行平台如，Uber、滴滴，通过打破传统出行模式，提供了更便捷、灵活的交通选择，改变了人们出行的方式。共享住宿平台，如 Airbnb，让个人可以将自己的房屋空闲时间分享给需要的人，实现了住房资源的最大化利用。共享办公空间，如 WeWork，则通过提供共享工作空间，满足了创业者和企业的办公需求。

共享经济的崛起带来了多方面的优势，通过共享，个人和企业可以更充分地利用自己的闲置资源，减少浪费，实现资源的有效配置。通过在线平台，交易双方可以更方便地找到合适的伙伴，进行交易，而无须中间商的过多干预。共享经济也促进了社会的互信和合作，因为交易双方都依赖于共享平台提供的评价和信用体系。然而，共享经济也面临一些挑战。监管和法律环境的不完善是共享经济发展的一个"瓶颈"。因为传统法律框架难以适应这种新型商业模式，导致了一些争议和法律纠纷。隐私和安全问题是共享经济亟待解决的问题。在信息共享的过程中，个人的隐私往往会受到侵犯，而安全问题也可能引发一些社会恐慌。共享经济的不断发展也带来了一些社会问题，如传统产业的转型困难，部分从业者的收入不稳定等。尽管面临一系列挑战，但共享经济已经在全球范围内崭露头角，对经济和社会产生了深远的影响。在经济层面，共享经济为个体创业提供了新的机会，推动了就业的灵活性。它也为传统行业提供了一种创新的商业模式，推动了经济的结构性变革。在社会层面，共享经济加强了人与人之间的联系，促进了社会共享和合作的理念。共享经济还有助于解决城市问题，如交通拥堵、资源浪费等，对可持续城市发展起到积极作用。

共享经济的崛起是一场经济革命，改变了传统商业模式，塑造了新的商业生态。尽管面临一些挑战，但共享经济的发展势头不可逆转。随着技术的不断进步和社会对高效资源利用的追求，共享经济将在未来继续发挥重要作用，成为推动经济社会发展的引擎。

（三）电动化和智能交通工具的普及

电动化和智能交通工具的普及是当代交通领域中一项具有革命性意义的发展趋势，电动化代表了对传统燃油驱动交通工具的替代，而智能交通工具则通过融合先进的信息技术，实现了交通系统的智能化和高效化。这两者的普及将对环境、经济和社会等多个方面产生深远的影响。以下将深入探讨电动化和智能交通工具普及的意义、挑战以及未来发展方向。传统燃油驱动交通工具产生的尾气排放、能源消耗等问题引发了人们对环境的担忧，而电动化交通工具以电能为驱动力，减少了对化石能源的依赖，同时在使用过程中产生的排放较少。电动汽车、电动自行车等逐渐成为人们出行的新选择。电动化的普及不仅有助于改善空气质量，减缓气候变化，还有望实现对有限化石能源的减轻压力，促进能源结构的优化。随着城市化进程的加速，城市交通问题日益凸显，交通拥堵、空气污染等成为困扰城市发展的重要问题。电动汽车等无排放交通工具的普及有助于缓解这些问题。电动化交通工具的噪声较小，有助于改善城市居民的生活环境。通过政府的鼓励政策和基础设施建设，电动化交通工具的推广将成为改善城市交通状况的有效手段。然而，电动化交通工具的普及也面临一系列挑战。电池技术的限制，目前电动车辆主要采用锂电池，虽然在性能和能量密度上有显著提高，但电池的使用寿命、充电速度、成本等方面仍然存在挑战。电池技术的不断创新和提升，将是电动化交通工具发展的重要方向。充电设施的不足也是制约电动化交通工具发展的问题。相比传统加油站，充电桩的建设和维护成本更高，因此需要政府和企业的合作来解决这一问题。消费者的认知和接受度也是电动化交通工具普及的障碍，相关的宣传教育工作也需要加强。智能交通工具通过整合先进的信息技术，使得交通系统更加智能、高效。其中，自动驾驶技术是智能交通的重要组成部分。通过激光雷达、摄像头、传感器等设备，交通工具可以获取实时路况信息，通过算法实现自主导航和智能行驶。自动驾驶技术的成熟将彻底改变交通工具的使用方式，提高交通效率，减少交通事故，提升交通安全性。通过大数据分析，智能交通系统可以实现交通流的优化调度，减少拥堵，提高道路利用率。智能交通信号灯、交叉口协调系统等技术的引入，使得交通信号的控制更加智能化和灵活。这有望有效缓解城市交通压力，提高交通效率。然而，智能交通工具的普及同样伴随一系列挑战。技术可靠性和安全性问题，自动驾驶技术的成熟需要经历大量实际道路测试，确保系统在各种复杂环境下都能够稳定运行，同时需要保障交通工具的安全性，避免发生事故。智能交通系统的建设需要大量的投资，包括设备采购、基础设施建设、数据管理等方面的费用，需要政府和企业共同解决。智能交通的推广也需要社会的普及和接受，这涉及公众对新技术的认知和信任问题。

（四）数据驱动的城市规划和交通设计

数据驱动的城市规划和交通设计是利用大数据和先进的信息技术来指导城市规划和交通设计的一种新型方法，通过收集、分析和利用大量的城市数据，包括人口统计、交通流量、空气质量等多维度信息，城市规划者和交通设计者可以更准确地理解城市运行的现状，预测未来趋势，制定更科学、合理的规划和设计方案。传统的城市规划和交通设计主要依赖于经验和专家意见，而数据驱动方法通过收集大量实时和历史数据，使规划者能够更全面地了解城市的运行状况。例如，通过 GPS 数据、移动应用程序的使用情况等，可以实时监测交通流量和人流分布，为规划者提供更详细的城市活动信息。这样的数据基础使得规划者能够更好地理解城市居民的出行习惯、社会活动，为城市规划和交通设计提供更准确的参考。通过对历史数据的分析，规划者可以识别出城市发展的规律和趋势，为未来的规划提供更具远见的支持。例如，通过人口统计数据和用地利用数据的分析，规划者可以预测哪些地区可能会经历人口增长、哪些交通节点可能会变得拥挤。这样的预测性分析有助于规划者更好地调整城市规划和交通设计，以适应城市未来的需求。城市是复杂而动态的系统，传统规划和设计难以适应城市快速变化的需求。而数据驱动的方法可以提供实时的、动态的城市信息，使规划者和设计者能够更灵活地应对城市变化。例如，在特定事件（如大型活动、紧急事件等）发生时，通过实时数据分析，可以迅速调整交通流量、优化城市服务，提高城市运行的适应性。通过对城市各类资源的数据分析，规划者可以更好地配置城市空间、交通网络、公共服务等资源，以实现最优化的城市运行状态。这种精细化的资源配置可以提高城市服务的效率，减少资源浪费，更好地满足居民的需求。然而，数据驱动的城市规划和交通设计也面临一些挑战。数据隐私和安全的问题，大量的城市数据涉及居民的隐私信息，如何在数据分析中确保居民的个人隐私安全成为一个重要的考虑因素。数据质量和标准的不一致性也是一个挑战城市数据涉及多个部门，不同部门的数据来源和标准可能不同，需要进行数据整合和清洗，确保数据的准确性和一致性。数据驱动的城市规划和交通设计是促使城市发展更为智能、高效的重要手段。通过充分利用大数据和先进的信息技术，规划者和设计者可以更全面、精准地了解城市的运行状况，更好地应对城市变化，提高城市运行效率，为居民提供更好的城市生活体验。在克服相关挑战的同时，数据驱动的城市规划和交通设计将在未来发挥越来越重要的作用。

（五）网络化的物流和配送系统

网络化的物流和配送系统是通过信息技术实现供应链各环节互联互通的一种创新型物流管理方式，这种系统以网络为基础，通过数据共享、实时监控和智能化决策，提高了物流和配送的效率、可靠性和可追溯性。下文将对网络化的物流和配送系统进行综合论述，包括其定义、优势、挑战以及未来发展方向。随着互联网、物联网、大数据和人工智能等技术的发展，物流和配送系统不再是传统的线性流程，而是通过网络实现各个节点的实时信息共享。这样的网络化系统可以涵盖供应链的各个环节，包括供应商、生产商、仓储、运输和最终配送，实现全过程的数字化管理，提高了供应链的可见性。通过实时监控和数据分析，参与者可以清晰了解货物的流动情况、库存水平和订单状态，使得供应链各环节的信息更加透明，提高了配送效率。网络化系统通过智能路径规划、实时调度等手段，优化了物流和配送的流程，降低了空载率和运输成本。通过大数据分析，可以更好地预测需求，提前做好备货和配送准备，降低了库存成本。网络化的物流和配送系统提高了配送的可靠性。实时监控和智能调度可以及时应对异常情况，确保货物的准时送达，提高了客户满意度。然而，网络化的物流和配送系统也面临一些挑战。数据安全和隐私问题，物流和配送涉及大量敏感信息，包括货物位置、订单信息等，因此数据的安全性和隐私保护成为系统设计中的重要考虑因素。系统集成的问题，不同企业和环节可能使用不同的信息系统，要实现它们的互联互通需要克服系统集成的技术和标准难题。系统的建设和维护成本也是一个挑战，特别是对中小型企业而言，需要更多的资源和技术支持。未来，网络化的物流和配送系统有望朝着更智能、更高效的方向发展。进一步应用人工智能技术，通过机器学习、深度学习等技术，系统可以更好地学习和优化物流和配送的决策过程，实现更智能的路径规划、调度和预测。随着物联网技术的广泛应用，物联网设备的普及，可以实现对货物、车辆、仓储设施等的实时监测，提高了整个供应链的可见性和可控性。区块链技术的应用也有望提高数据的安全性和可信度，解决数据隐私性和安全性问题。通过实现供应链各环节的信息互联互通，提高了可见性、效率和可靠性。在面对挑战的同时，系统的不断智能化和技术的创新将为未来物流和配送领域带来更多的机遇和发展空间。

（六）绿色出行服务的推广

绿色出行服务的推广是在应对日益严重的环境问题和交通拥堵的同时，推动可持续、环保的出行方式的一项战略举措。这种服务的推广旨在鼓励人们采用低碳、环保的交通方式，包括公共交通、共享出行、非机动出行等，以减少对环境的负面影响，提高交通系统的效率。随着全球环境问题的日益凸显，减少交通对环境的不良影响成为当务之急。推广绿色出行服务是响应全球可持续发展目标的重要举措之一。通过鼓励使用公共交通、共享交通工具、非机动车出行等低碳出行方式，可以减少汽车尾气排放、减轻交通拥堵，对改善空气质量、降低碳排放具有积极作用。传统交通模式以个体驾驶为主，容易导致交通拥堵、资源浪费。而绿色出行服务推广的方式，如共享单车、共享汽车、电动公交等，能够更好地优化交通流，减缓道路拥挤。共享出行服务通过智能调度和路径优化，提高了交通系统的整体运行效率，为城市交通的智能化和高效化提供了可能。共享出行服务模式的兴起为新经济提供了发展契机，创造了新的就业机会，推动了交通产业链的升级。通过减少个体车辆的使用，推广绿色出行服务有助于减少燃油消耗，使节能减排产生一定的经济效益。然而，绿色出行服务推广仍然面临一些挑战。公众接受度的问题，由于人们对新型服务的认知和接受程度各异，推广绿色出行服务需要通过教育宣传、政策引导等手段，提高公众对可持续出行方式的认知和接受度。基础设施建设和服务质量的问题，绿色出行服务的推广需要配套的交通基础设施和服务保障，如完善的公共交通网络、充电桩建设等，以确保绿色出行方式的便捷性和可行性。未来，绿色出行服务推广需要在多个方面努力，继续加强对绿色出行理念的宣传和教育，引导公众逐步形成绿色低碳的出行习惯。推动政策制定和法规体系的完善，通过激励和引导，营造更加有利于绿色出行服务发展的政策环境。加大投入，推动相关基础设施建设，提高服务质量，增强人们对绿色出行服务的信任和依赖。通过全社会的共同努力，绿色出行服务有望在未来成为城市交通发展的主流趋势，为城市的可持续发展做出更大的贡献。数字经济推动的交通运输业创新对社会可持续性的积极影响体现在提升效率、减少污染、降低能源消耗、推动绿色出行等多个方面。这些创新为社会提供了更为可持续的交通解决方案，有助于实现经济、社会和环境的协调发展。

二、数字化的交通管理系统有助于提高交通运输的安全性

数字化的交通管理系统在提高交通运输安全性方面发挥了至关重要的作用，随着科技的不断发展，数字化技术被广泛应用于交通领域，通过智能化、信息化的手段，有效地改善了交通管理的效率和安全性。以下详细阐述数字化交通管理系统对提高交通运输安全性的积极影响。

（一）实时监控与数据分析

实时监控与数据分析是当今信息时代中的两个关键概念，它们在各个领域的应用日益广泛，为决策制定和业务优化提供了重要支持。通过传感器、监测设备等技术手段，可以实时获取大量的数据。实时监控的优势在于能够及时捕捉到系统变化、故障、异常等情况，为迅速做出反应提供了基础。在生产制造、交通运输、环境监测等领域，实时监控都发挥着关键作用。例如，工厂生产线的实时监控可以帮助管理者随时了解生产进度和质量状况，及时调整生产计划。数据分析是通过对收集到的大量数据进行挖掘、处理和分析，以提取有用信息、发现规律、支持决策。数据分析的方法包括统计学、机器学习、人工智能等。在当今大数据时代，数据分析成为企业和组织决策制定的关键环节。通过对历史数据和实时数据的分析，可以发现潜在的业务机会、提高运营效率，还可以预测未来趋势。例如，在市场营销领域，数据分析可以帮助企业更好地了解客户需求，制定精准的市场推广策略。实时监控与数据分析的结合，形成了一种强大的信息处理和利用体系。通过实时监控获取的数据，经过数据分析的处理，能够更全面地理解系统或过程的运行状况，并从中提取出对业务决策有价值的信息。例如，在智能城市管理中，通过实时监控城市交通流量、气象条件等数据，结合数据分析，可以实现交通信号的实时优化，缓解道路拥堵情况。这种结合还在预测性维护、医疗诊断、金融风控等领域发挥着重要作用。通过对设备的实时监控，结合历史数据的分析，可以提前发现设备可能的故障，实施维护，缩短停机时间。在医疗领域，结合患者的实时生理参数与历史病历数据进行分析，有助于更准确地进行病情诊断和制定个性化的治疗方案。然而，实时监控与数据分析也面临一些挑战。数据安全和隐私问题，大量的实时数据和个人隐私信息的收集可能引发数据泄露、滥用等问题，因此必须

采取有效措施进行保护。数据质量的问题，如果实时监控的数据质量不高，或者数据分析模型不准确，就会影响到决策的准确性，确保数据的质量和可信度是非常关键的。通过及时获取、处理和分析数据，组织和企业可以更加灵活、智能地应对各种挑战，提高效率、优化决策，推动创新。在未来，随着技术的不断进步和应用场景的不断拓展，实时监控与数据分析将继续发挥更为重要的作用。

（二）智能交通信号控制系统

智能交通信号控制系统是利用先进的信息技术和智能算法，对交通信号灯进行智能化管理的系统。该系统通过实时获取交通流信息、分析道路状况，并根据算法进行智能信号灯控制，以提高交叉口的通行效率、缓解拥堵、提高交通安全。通过在交叉口设置各类传感器、摄像头等设备，实时获取车流量、行人流量、车速等交通信息。这些数据通过网络传输至中心控制系统，进行实时处理和分析。数据采集的全面性和准确性是确保系统运行效果的重要基础。通过数据分析，系统可以识别交叉口的实际状况，包括高峰时段、拥堵情况等，并根据这些信息智能地调整信号灯的时序。例如，在高峰时段，系统可以通过缩短某些方向的红灯时间，延长绿灯时间，以提高道路通行能力。传统的定时信号控制系统通常根据事先设置的定时方案运行，而智能交通信号控制系统则根据实际交通情况实时调整信号灯的控制策略。这种实时性和动态性使得系统能够更灵活地适应交通流的变化，提高道路通行效率。多个交叉口的智能信号控制系统可以联网协同工作，共同优化交通流，形成一个更为智能、高效的城市交通管理网络。这种联网协同有助于缓解整个城市的交通拥堵问题，提高整体的交通运行效率。然而，智能交通信号控制系统的推广仍然面临一些挑战。系统建设和运维成本较高。虽然该系统能够提高交通效率，但系统的建设需要投入大量的资金和技术支持，而长期运维也需要保障系统的稳定运行。数据隐私性和安全性问题，由于涉及大量交通数据，如何保障这些数据的安全性和隐私性是一个亟待解决的问题。在未来，智能交通信号控制系统将继续发展。随着5G技术的普及和人工智能技术的不断进步，系统的实时性、智能性和联网性将得到进一步提升。通过不断创新和完善，智能交通信号控制系统有望在城市交通管理中发挥越来越重要的作用，为城市交通的高效运行和可持续发展做出更大的贡献。

（三）交通违法监测与执法

交通违法监测与执法是一种利用先进技术手段对道路上的交通违法行为进行监测，并通过执法手段对违法行为进行处理的综合交通管理系统。这一系统通过高科技设备，如摄像头、智能感知设备等，实时监测道路交通情况，依法对违法行为进行记录和处理。交通违法监测利用摄像头、雷达、车牌识别等高科技设备对交通道路上的车辆和驾驶行为进行实时监测。这些监测设备能够全天候工作，高效获取大量的交通数据，包括车辆速度、违法停车、闯红灯等情况。监测系统通过先进的图像识别和数据分析技术，能够迅速准确地识别出违法行为，形成记录。交通违法执法是通过监测系统获取的数据，对违法行为进行执法处理。执法手段包括罚款、扣分、违法记录登记等，旨在对交通违法行为进行惩戒，维护交通秩序，提高交通安全。交通警察或相关执法部门可以根据监测系统提供的证据，迅速对违法行为进行查处，保障道路交通的有序运行。交通违法监测与执法系统具有全天候的工作能力。这种系统能够实时监测交通违法行为，不受时间和环境限制。无论是白天还是夜晚，无论是晴天还是雨天，监测系统都能够对交通违法行为进行及时识别和记录，提高了执法的效率。交通违法监测与执法系统也提升了执法的公正性和客观性。相比人工执法，监测系统能够客观、公正地记录交通违法行为，减少了主观因素的介入。这有助于提高执法的公信力，确保交通管理的公平性。然而，交通违法监测与执法系统也面临一些争议和挑战。一方面，一些人担心这种系统可能侵犯个人隐私，因为监测设备可能会记录车辆和驾驶员的行车轨迹。另一方面，一些人担心系统的错误识别问题，即监测系统可能在某些情况下无法准确辨识违法行为，从而导致错误处罚。在未来，交通违法监测与执法系统有望进一步发展。随着技术的不断进步，监测系统的准确性和智能化水平将得到提高，同时需要更加注重隐私保护和法治原则，以确保系统的合法性和公正性。通过不断改进和完善，交通违法监测与执法系统将成为维护交通秩序、提高道路安全的有效工具。

（四）智能车辆与车联网技术

智能车辆与车联网技术是现代汽车行业的两个重要方向，它们基于先进的信息技术，通过车辆之间以及车辆与基础设施之间的互联互通，实现了车辆智能化、网络化的发展。智能车辆是指配备了先进感知、计算、通信和控制系统的汽车。这些系统可以实时获取和处理车辆周围的信息，包括道路状况、交通情况、气象条件等。智能车辆通过感知、决策和执行的过程，能够实现自动驾驶、智能巡航、自动泊车等功能。其中，自动驾驶技术是智能车辆的核心之一，它基于传感器数据和算法，使车辆能够在一定条件下实现无人驾驶。车联网技术是指通过通信技术将车辆与其他车辆、基础设施、云端服务进行连接，形成一个网络化的汽车生态系统。车联网技术使得车辆能够实现实时数据交换，包括车辆之间的通信（V2V）、车辆与基础设施的通信（V2I）、车辆与云端的通信（V2C），从而实现更智能、高效的交通系统。车联网技术的应用范围涵盖了导航服务、远程诊断、车辆追踪、交通管理等多个领域。智能车辆借助车联网技术，能够更好地适应交通环境、提高驾驶安全性、提供更便捷的交通服务。例如，智能车辆可以通过车联网获取实时交通信息，避免拥堵路段，优化行驶路径。车辆之间的协同通信还有助于提高交通安全，通过实时交换信息，防止事故发生。通过大数据分析，城市交通管理者可以更好地了解交通流量、拥堵状况，进而调整交通信号、优化路网规划。这样的智能交通管理可以提高交通效率，减少能源浪费，改善城市交通环境。智能车辆与车联网技术的发展仍然面临一些挑战。安全性和隐私问题，车辆之间的通信涉及大量敏感信息，如何确保通信安全性和用户隐私是一个亟待解决的问题。标准化和互操作性问题，目前，智能车辆和车联网技术的标准化程度不一，不同厂商之间的互操作性仍然存在一些障碍，需要行业间的协同推动。在未来，随着技术的不断进步和标准的逐步完善，智能车辆与车联网技术将继续深入发展。新一代汽车将更加智能、互联，为人们提供更便捷、安全、高效的出行体验，同时为城市交通管理和智慧城市建设带来更多创新和发展机遇。

（五）电子警察系统与车牌识别技术

电子警察系统与车牌识别技术作为现代交通管理领域的两大关键技术，不仅在提高交通安全水平、优化交通管理效率方面发挥着重要作用，也引发了一系列社会、法律和技术等方面的讨论。以下将深入探讨这两项技术的原理、应用领域、影响因素以及未来发展趋势。通过在交叉口、路口等交通要点配置摄像头，该系统能够实时监测道路交通状况，并记录交通违法行为，如闯红灯、超速等。而车牌识别技术则是一种利用图像处理和模式识别技术，对车辆的车牌号进行自动识别的技术。通过将这两项技术结合，交通管理部门可以更加高效地监测和处理违法行为，提升道路安全水平。一旦系统检测到有交通违法行为，如有车辆闯红灯，系统将立即通过摄像头记录违法车辆的画面，并通过车牌识别技术获取车辆的牌照号码。这一过程涉及先进的图像处理和模式识别算法，以确保准确地捕捉和记录违法行为的细节。车牌识别技术的工作流程包括图像采集、图像预处理、车牌区域定位、字符分割与识别等多个步骤。摄像头捕捉到的车辆图像需要进行预处理，以提高图像质量和减少噪声。系统通过算法定位车牌区域，对车牌进行字符分割和识别。这一系列操作需要先进的计算机视觉和深度学习技术的支持，以确保对各种车牌样式的准确辨识。

这两项技术的应用领域广泛，主要包括但不限于：通过监测交叉口、路段等区域的交通状况，可以及时发现并记录交通违法行为，如闯红灯、违规行驶、超速等，从而加强对交通秩序的管控。通过在关键区域部署电子警察系统，可以实现对城市的安全监测，防范治安事件的发生。车牌识别技术可以帮助追踪嫌疑车辆，提高城市治安的防范和处置能力。通过识别车辆的车牌号码，可以实现无感支付、电子计费等便捷服务，提高停车场的管理效率。通过实时监测违法行为，为交通管理部门提供证据，有助于加大执法力度，提高执法效果。

电子警察系统和车牌识别技术涉及大量个人车辆信息，如何在技术应用中保护用户隐私成为一个亟待解决的问题。技术的稳定性和准确性也是当前亟须解决的挑战之一。在隐私问题方面，一些人担心车辆行踪被监测、个人隐私受到侵犯。为了解决这一问题，有必要建立严格的隐私保护法规，规范这些技术的使用和数据存储。技术开发者和运营商也应当采取加密、匿名化等手段，最大限度地降低隐私泄露的风险。在技术稳定性和准确性方面，电子警察系统和车牌识别技术需要不断进行优化和升级。这包括对算法的不断改进，提高对复杂环境、不同天气条件下的适应性，以确保准确识别交通违法行为和车牌信息。建立健全的维护机制，及时修复和更新系统硬件设备，保障系统长时间、稳定运行。

未来，电子警察系统与车牌识别技术将在多个方面迎来更为深层次的发展，为城市交通管理、公共安全和社会治理提供更为先进、智能的解决方案。随着技术的不断演进，电子警察系统与车牌识别技术将在智慧交通管理领域发挥越来越关键的作用。未来，交通管理系统将更加智能化、自适应，能够实时感知交通流、识别车辆、分析路况，并根据数据智能调整交通信号。这种全面升级将带来更高效的城市交通系统，减少拥堵、提高通行效率，为居民创造更为便捷的出行体验。未来，电子警察系统与车牌识别技术将与其他新兴技术相融合，形成多元化的交通治理手段。例如，与人工智能、大数据分析相结合，可以更准确地预测交通拥堵点、优化路网规划。与自动驾驶技术结合，可以实现更为智能的交通管理，提高交通流的安全性和效率。这样的多元化手段将使城市能够更全面地应对交通挑战，实现更为科学、可持续的交通治理。车牌识别技术将在未来的智能城市中扮演重要角色，特别是在解决城市停车难的问题方面。未来的智能停车系统将利用车牌识别技术实现无感支付、实时停车位监控、智能导航引导等功能。车主通过手机 APP 或车载系统，可以实时获取附近停车位信息，避免盲目寻找停车位，提高停车效率。这将有效缓解城市停车难题，提高城市交通资源利用效率。未来，电子警察系统与车牌识别技术将成为城市规划和决策的重要数据源。通过对交通数据、停车数据等信息的深度分析，城市规划者可以更准确地了解城市交通状况、人流分布等情况。这将为城市规划提供更科学的依据，帮助城市决策者制定更具前瞻性和可持续性的城市发展策略，提升城市整体运行效率。在技术发展的进程中，国际合作将变得更为紧密。不同国家和地区可能面临着不同的交通管理问题，但通过分享经验和共同合作，可以促进技术创新和最佳实践的传播。制定国际标准将对技术的推广和应用产生积极影响，确保各种设备和系统的互通性和兼容性，促进技术的全球性发展。随着技术的深度应用，也将面临一系列挑战，如数据隐私保护、安全性问题、技术规范不统一等。未来，需要加强相关法规和政策的制定，确保数据的安全存储和传输。技术开发者需要不断提高系统的抗攻击性，确保系统运行的稳定性和安全性。未来电子警察系统与车牌识别技术的深层次发展将使城市交通管理变得更加智能化、高效化，为构建更加宜居、便捷的智慧城市奠定坚实基础。通过技术的不断创新与整合，我们有望迎来一个更为智能、绿色、可持续的城市交通新时代。

（六）交通事故预测与防控

交通事故预测与防控是一项综合性的工作，其目标在于通过科技手段和系统化管理，提前识别潜在的交通安全风险，采取相应的措施进行防范和控制，从而降低交通事故的发生率和减轻事故的影响。与传统的交通安全管理不同，交通事故预测与防控强调全过程、全链条的覆盖，不仅仅关注已经发生的事故，更注重对潜在风险的及时发现和干预。交通事故预测与防控借助先进的技术手段，如人工智能、大数据分析、物联网等，对道路、车辆、驾驶员等多方面数据进行全面监测和分析。通过深度学习算法，系统能够识别出潜在的交通安全隐患，包括但不限于交叉口拥堵、路段事故多发、车辆超速行驶等情况。交通事故预测与防控在阶段性的预测基础上，提出相应的应对措施。这可能涉及实时交通管控、提醒系统、紧急事件处理等方面，以降低事故发生的可能性。通过智能交通信号灯、路况信息推送、自动驾驶技术等手段，系统能够在事前进行干预，引导车辆和行人避免潜在的危险区域，从而达到事故的有效预防。交通事故预测与防控注重全社会的参与，倡导公民文明出行、遵守交通规则的理念。通过教育宣传、驾驶员培训、交通安全知识的普及，提高驾驶员和行人的安全意识，减少交通违法行为，从而进一步保障交通安全。交通事故预测与防控是一项全方位、多层次的工作，需要政府、科研机构、企业以及个体的共同努力。通过科技手段的不断创新和社会管理的智能化，有望从根本上改善交通安全状况，提高道路出行的安全性和便捷性。

（七）软硬件协同的交通管理体系

软硬件协同的交通管理体系是一种集成先进技术和创新管理理念的综合性交通管理系统，其目标在于通过软件和硬件的紧密协同，实现对交通流动、道路状况和驾驶行为的高效监测、分析和调控。这种交通管理体系旨在提高道路使用效率、缓解交通拥堵、增强交通安全，并为城市交通系统的可持续发展奠定坚实的基础。软硬件协同的交通管理体系依赖先进的硬件设备，如智能交通信号灯、高清摄像头、传感器网络等。这些硬件设备被部署在城市的关键交叉口、主要道路和交通枢纽，能够实时采集大量交通数据，包括车辆流量、行驶速度、道路状况等信息。这些数据通过硬件设备传输至中央控制中心。软硬件协同的交通管理体系依赖先进的软件系统，如大数据分析平台、人工智能算法等。这些软件系统对从硬件设备中获取的数据进行实时处理和分析，通过深度学习算法能够识别交通拥堵、事故发生等异常情况，并生成实时的交通状况图。基于这些信息，软件系统能够预测未来交通情况，为交通管理者提供决策支持。软硬件协同的交通管理体系是通过硬件设备和软件系统之间的紧密协同，实现了交通管理的全过程、全方位覆盖。例如，在交通拥堵发生时，系统可以通过智能交通信号灯调整绿灯时间，优化交叉口车流量，减缓拥堵的扩散。驾驶员和行人可以通过智能导航系统获得实时的路况信息，选择最佳的行驶路径，减少拥堵引起的延误。软硬件协同的交通管理体系以先进技术为支撑，通过软硬件的协同作业，实现了对城市交通系统的智能监控和高效调度。这种综合性的管理体系为城市交通的安全、高效和可持续发展提供了有力支持。在数字化时代，交通管理系统的不断升级和创新，使得整个交通运输系统更具智能性、安全性和可持续性。数字技术的广泛应用为交通管理提供了强有力的支持，通过实时监控、数据分析、智能控制等手段，促使交通运输更加安全、高效、便捷，为社会提供了更加可靠和可持续的出行环境。

三、数字经济推动了电动汽车和其他低碳交通工具的发展，对减少碳排放、改善空气质量具有重要意义

数字经济的蓬勃发展在推动电动汽车和其他低碳交通工具的发展方面发挥着至关重要的作用，这一趋势不仅对减少碳排放、改善空气质量产生深远影响，而且在实现可持续发

展目标、应对气候变化方面具有重要的战略性意义。

（一）电动汽车的普及

电动汽车的普及是一项全球性的趋势，正在逐渐改变汽车产业格局，推动环保可持续发展。电动汽车以其零排放、低噪声、高能效等优势，成为未来交通出行的主流选择。由于传统燃油车的排放问题导致空气污染和温室气体排放，社会对环保意识的提升促使了电动汽车的发展。电动汽车作为一种清洁能源交通工具，能够显著减少空气污染，降低对化石燃料的依赖，符合社会对可持续发展的期望。随着电池技术、充电技术和电动驱动技术的不断创新和提升，电动汽车的续航里程不断增加，充电速度逐渐加快，整车性能得到了显著提升。这些技术创新使得电动汽车具备更强的竞争力，吸引了消费者的关注和购买欲望。各国纷纷出台鼓励电动汽车发展的政策，包括购车补贴、免税优惠、充电基础设施建设等。这些政策的出台不仅降低了电动汽车的购车成本，也提高了其在市场上的竞争力，为电动汽车的普及创造了良好的环境。越来越多的汽车制造商投入到电动汽车的研发和生产中，推出了更多种类和价格区间的电动车型，满足了不同消费群体的需求。广泛的市场宣传和推广活动也加速了电动汽车在消费者心目中的认知和接受度。电动汽车的普及是一个多方面共同作用的结果，涉及技术、政策、市场等多个层面。随着技术的不断进步、政策的不断完善以及市场的逐渐接受，电动汽车有望在未来成为主流交通工具，为实现清洁、低碳、可持续的交通出行做出积极贡献。

（二）共享出行平台的兴起

共享出行平台的兴起标志着交通出行方式的一场革命，它不仅改变了人们对交通的认知，也为城市出行提供了更为灵活、经济、环保的选择。通过智能手机应用，用户可以方便地实现车辆的定位、预订、支付等功能。这种便捷的技术支持使共享出行平台得以快速扩张，为用户提供更加便利的出行体验。通过合理利用车辆资源，共享出行平台降低了出行成本，提高了出行效率。用户无须购车，仅需按需支付出行费用，使用户的出行更加经济实惠。同时，共享经济也促使了车辆资源的更有效利用，减少了城市交通拥堵和空气污染。共享出行平台提供了多样化的交通选择，包括共享汽车、共享单车、滑板车等多种出行工具。这种多元化的服务使用户能够根据实际需求选择最适合的出行方式，增加了出行的灵活性。这也促使了城市交通多元化发展，使得不同交通方式更好地融合在一起。共享出行平台更注重用户体验，通过不断提升服务质量和安全标准，赢得了用户的信任。车辆的维护保养、驾驶员的素质管理、用户安全保障等方面的措施，都为共享出行平台树立了良好的口碑，推动了其在市场中的快速发展。共享出行平台的兴起是一场社会出行方式的变革，它通过技术、经济和社会因素的协同作用，重新定义了人们的出行方式，为城市交通带来了新的可能性。未来，共享出行平台有望在全球范围内进一步发展壮大，为构建更加智能、便捷、可持续的城市出行系统做出更大贡献。

（三）智能交通系统的建设

智能交通系统（Intelligent Transportation System, ITS）是一种利用先进的信息和通信技术，以及感知、计算和控制等技术手段，对城市交通进行全方位、多层次、高效率的管理和服务的系统。ITS 的建设旨在提高交通系统的安全性、效率、环保性和便捷性，以满足城市化和交通快速发展的需求。下面将从 ITS 的概念、目标、关键技术和实际应用等方面展开，论述智能交通系统的建设。智能交通系统的概念包括了交通管理、信息技术、通信技术和车辆技术等多个领域。ITS 的目标是通过集成技术手段，实现对交通系统的全面监控、实时调度和智能管理，以提高交通系统的整体运行效率。ITS 的建设需要跨足硬件设备、软件系统、数据平台等多个层面，构建一个完整的智能交通生态系统。交通拥堵一直是城市交通系统面临的严峻挑战之一，通过 ITS，可以实现对交通流的实时监控和调度，优化交通信号灯控制，减缓拥堵现象的发生。ITS 可以通过智能交通信号灯、智能交叉口管理系统等手段，提高交叉口的安全性，降低事故发生率。通过 ITS，可以实现车辆的智能调度，减少空转和拥堵，从而降低交通排放对环境的影响。ITS 的建设离不开一系列关键技术的支持，通过摄像头、传感器等设备，实现对交通环境的全面感知。通过互联网、移动通信等技术，实现交通信息的实时传输。通过大数据、人工智能等技术，实现对交通数据的深度挖掘和分析。通过智能交通信号灯、智能交叉口管理系统等技术，实现对交通流的精准控制。在实际应用方面，已经有许多城市在积极推进 ITS 的建设。例如，一些城市通过建设智能交通信号灯系统，实现了对交叉口的智能控制，有效缓解了交通拥堵问题。又如，一些城市通过建设智能停车系统，实现了对停车位的实时监控和管理，提高了停车效率。还有一些城市通过建设智能公交系统，实现了对公交车辆的实时调度和管理，提高了公交运营效率。智能交通系统的建设是一个综合性、系统性的工程，需要政府、企业、学术界等多方共同合作。通过引入先进的信息和通信技术，以及感知、计算和控制等技术手段，实现对交通系统的全面监控和智能管理，从而提高交通系统的安全性、效率、环保性和便捷性。ITS 的建设不仅有助于解决城市交通面临的各种问题，还能够促进城市交通的可持续发展。希望未来更多的城市能够加快 ITS 的建设步伐，为人们提供更安全、更高效、更便捷的交通服务。

（四）车联网技术的应用

车联网技术是近年来快速发展的一项重要技术，它通过将车辆与互联网相连接，实现车辆之间、车辆与基础设施之间的信息交流，为驾驶者提供更智能、更便捷、更安全的出行体验。车联网技术的应用涵盖了多个领域，从驾驶辅助到智能交通管理，从车辆安全到娱乐系统，都展现了其强大的潜力和影响力。在驾驶辅助方面，车联网技术通过激光雷达、摄像头、超声波传感器等设备，实现对车辆周围环境的全面感知。这使得驾驶者能够获得实时的路况信息、交通标志识别、车辆行为预测等数据，从而提高驾驶的安全性。车辆之间的通信也使车队协同和自动驾驶技术得以发展，为未来智能交通系统奠定了基础。在智能交通管理方面，车联网技术可以实现车辆与交通基础设施之间的实时通信。这使交通信号灯控制、交叉口协同、拥堵管理等方面的智能化变得可行。通过集成车辆信息和道路信息，交通系统可以更加智能地进行信号控制，从而优化交通流，减少拥堵。车辆的位置信息也可以用于实现智能停车管理，提高城市停车资源利用率。在车辆安全方面，车联网技术通过实时监测车辆状态、驾驶行为等数据，可以及时预警驾驶者或其他车辆。例如，通过车辆间的通信，当一辆车检测到紧急制动时，可以向后方车辆发送警告信息，帮助其他车辆及时做出反应，减少事故发生的可能性。车联网技术还可以实现远程车辆定位、远程控制等功能，帮助车主提高车辆的安全性和防盗性。在娱乐和信息服务方面，车联网技术使得车内成为一个智能化的生态系统。驾驶者和乘客可以通过车载信息娱乐系统，获取实时的交通信息、天气预报、导航服务等。同时，车内的互联网连接还使得车辆成为移动办公和娱乐中心，为用户提供更加丰富的出行体验。从驾驶辅助到智能交通管理，再到车辆安全和娱乐服务，车联网技术为未来交通领域的发展带来了巨大的机遇和挑战。随着技术的不断进步和应用场景的扩展，车联网技术将继续在交通领域发挥重要作用，推动交通系统向着更加智能、安全和高效的方向发展。

（五）节能减排政策的支持

节能减排政策是国家为应对气候变化、改善环境质量和推动可持续发展而制定的一系列政策措施。这些政策的主要目标是降低能源消耗、减少温室气体排放，从而促进经济的绿色发展。在全球范围内，各国纷纷推出了相关政策，以鼓励企业和公众采取更加环保和可持续的生产和生活方式。为鼓励企业采取更加环保的生产方式，政府通过出台节能减排政策，对符合标准的企业给予各种奖励和支持。这包括税收减免、财政补贴、优惠贷款等一系列激励措施，以降低企业的生产运营成本，提高其投资环保设施的积极性。政府还通过建立环保产业基金，支持和引导绿色技术的研发和应用，推动产业结构的转型升级。政府通过设定环境标准和能效标准，推动企业采用更加清洁、高效的生产工艺和技术。这些标准不仅可以规范企业的生产行为，提高产品的环保性能，还可以在一定程度上减少排放，实现资源的更加有效利用。政府通过制定相关法规，强制执行这些标准，促使企业进行技术改造和设备更新，以适应更为严格的环保要求。政府还通过推动清洁能源的发展和利用，减少对传统能源的依赖，降低温室气体的排放。这包括支持风能、太阳能、水能等清洁能源的开发和利用，制定可再生能源配额制度，鼓励企业增加可再生能源的比例。同时，政府还通过购电补贴、上网电价等方式，为清洁能源企业提供市场保障，加速其发展壮大。在交通领域，政府也通过推广新能源汽车、建设充电桩等方式，降低传统燃油车的使用比例，减少交通尾气排放。制定交通管理政策，提倡绿色出行方式，如鼓励步行、骑行、公共交通等，以减缓城市交通拥堵，减少汽车尾气排放对空气质量的影响。通过激励企业、规范生产行为、推动清洁能源的发展以及改善交通出行方式，政府努力创建一个有利于经济增长和环境保护相协调的发展环境。这些政策的实施不仅有助于降低温室气体排放、改善空气质量，还有助于提升产业竞争力，推动社会朝着更加可持续的方向迈进。

（六）创新技术的推动

创新技术的推动是现代社会发展的关键因素之一，它不仅能够推动经济增长，提高产业竞争力，还能够解决社会面临的各种挑战。在科技日新月异的时代，创新技术的广泛应用已经深刻地改变了人们的生活方式、产业格局及社会结构。通过引入自动化、人工智能、大数据等先进技术，企业可以实现生产流程的智能化和高效化。自动化生产线不仅提高了生产效率，还降低了劳动力成本，使企业更具竞争力。大数据和人工智能的应用带来了更准确的市场预测和客户需求分析，帮助企业更好地调整生产计划，提高供应链的灵活性。在医疗领域，生物技术、基因编辑等创新技术的应用推动了新药研发、个性化医疗的发展，提升了医疗水平。在环境领域，新能源技术、清洁生产技术的推广减缓了资源消耗和环境污染，有助于可持续发展。在教育、交通、能源等方面，创新技术也为社会提供了更多解决方案，推动了社会进步和改善。新一轮科技革命，如人工智能、物联网、区块链等技术的涌现，催生了一系列新兴产业，为经济注入新动能。传统产业也在积极采用数字化、智能化技术，提升产品质量和服务水平，实现产业升级。政府通过制定创新政策、加大科研经费投入、设立科技园区和孵化器，政府激励企业、研究机构加大科研投入，推动创新成果的转化和产业化。创新技术的推动不仅推动了经济的发展，还为社会带来了更多机遇和可能性。在全球科技竞争日益激烈的今天，不断推动创新、培育创新文化，将是各国共同的挑战和机遇。只有通过科技创新，社会才能实现可持续发展，更好地满足人们的需求，应对各种全球性挑战。

通过数字化技术的广泛应用，电动汽车和其他低碳交通工具在性能、智能性、便捷性上都得到了显著提升，为社会提供了更为环保和可持续的出行选择。数字化推动的低碳交通工具的发展，是迈向更加清洁、高效、可持续的交通体系的重要一步。

四、数字经济驱动下的共享出行模式也在一定程度上减少了城市的交通拥堵问题

数字经济的快速发展催生了共享出行模式，这一新型出行方式在一定程度上成功缓解了城市交通拥堵问题，为城市交通注入了更为高效和灵活的元素。

（一）提供多元出行选择

提供多元出行选择是现代城市交通管理的一个核心目标，旨在满足不同人群的出行需求，减缓交通拥堵，提高出行效率，同时降低对环境的不良影响。这一理念体现在多种交通工具和智能出行服务的推广和应用上。城市内的地铁、公交、轻轨等公共交通工具构成了多层次的交通网络，为市民提供了便捷的、低碳的出行方式。通过加强公共交通的投资

和规划，可以实现交通资源的合理分配，满足不同层次、不同距离的出行需求，同时减少城市交通拥堵。推广自行车、电动自行车等非机动车辆，建设自行车道和停车设施，不仅有助于缓解交通压力，还能够改善空气质量，促进人们身体健康。发展共享单车和共享电动滑板车等新型交通工具，通过智能手机应用实现实时定位和租赁，为市民提供更加便捷的出行选择。通过出行平台和应用，市民可以方便地获取不同交通方式的实时信息，比如公共交通、共享单车、网约车等。这种集成式的出行服务不仅为人们提供了更多的选择，还能够实现多种交通方式的无缝连接，提高出行的灵活性和便捷性。政府可以通过制定政策、提供优惠政策，鼓励市民购买和使用环保型车辆，减少对传统燃油车辆的依赖，从而降低空气污染和温室气体排放。通过发展公共交通、支持绿色出行、推广智能交通服务和鼓励环保交通工具的使用，可以在降低交通拥堵的同时，提高城市居民的出行体验，促进城市交通系统的健康发展。这需要政府、企业和社会各界的共同努力，以创造更加宜人的城市出行环境。

（二）减少私人车辆拥有

减少私人车辆拥有是现代城市交通管理中的一项重要目标，旨在解决交通拥堵、减少环境污染、提高交通效率，同时推动可持续城市发展。实现这一目标需要综合运用多种手段，涉及政策法规、城市规划、公共交通系统发展等多个领域。城市可以实行道路使用费、停车费等交通拥堵费用，逐步提高车辆使用成本。通过差别化的费率体系，引导市民选择更为经济和环保的出行方式，减少私人车辆的拥有和使用。通过发展集中式城市规划，优化城市交通网络，建设更多的公共交通设施，使得市民更便捷地使用公共交通工具。合理规划的城市不仅有助于提高公共交通的覆盖率和便利性，还能够减少私人车辆的必要性。政府可以投入更多资金建设公共交通系统，提高其覆盖面和运营效率。优化线路、提高服务水平、降低票价，使得公共交通成为市民更为便捷、经济的出行选择。推广新型的共享交通工具，如共享单车、共享电动滑板车等，也能够有效降低私人车辆的拥有需求。政府可以通过宣传教育、提供绿色出行的便利条件，鼓励市民采用步行、骑行、共享出行等环保方式，减少对个人汽车的过度依赖。建设更多的步行道和骑行道，改善城市出行环境，使得非机动车出行方式更受欢迎。减少私人车辆拥有需要采取多种手段，形成政策的合力效应。政府、企业和社会各界需要共同努力，通过政策引导、城市规划、公共交通系统的发展以及鼓励绿色出行方式的推广，共同推动城市交通朝着更为可持续和健康的方向发展。这不仅有助于改善城市交通状况，还能够提高居民的生活质量和城市的整体竞争力。

（三）智能化调度与优化路线

智能化调度与优化路线是现代交通管理中的关键策略，旨在通过先进的信息技术，实现对车辆、路网和交通流的智能监控和调度，以提高交通系统的效率、减少拥堵，同时为出行者提供更加便捷的服务体验。通过使用先进的传感器、摄像头、卫星导航等技术，实现对交通流、车辆行驶状态、道路状况等信息的采集。这些数据可被传送到中心控制系统，从而形成对整个交通网络的实时了解。基于实时数据的智能化调度系统可以通过高效的算法对车辆进行智能调度，这包括通过实时路况数据进行智能信号灯控制，调整交叉路口的通行顺序；通过智能公交调度系统实现对公共交通车辆的实时调度，提高运输效率；通过共享出行平台进行优化的拼车服务，减少车辆空乘行驶的频率。通过车载传感器和智能设备，可以对车辆的实时位置、行驶速度、油耗等信息进行监控。这不仅有助于实现车辆的实时调度，还能够提高车辆的使用效率，减少能源浪费。通过使用先进的路径规划算法，结合实时路况信息，为车辆和出行者提供最优化的行驶路径。这不仅可以减少行车时间，还能够减轻道路拥堵，提高整体的道路通行效率。通过大数据分析，系统可以更好地理解交通流模式，为优化路线提供更为准确的数据支持。人工智能则能够通过学习算法，根据实时数据进行智能调度决策。智能化调度与优化路线是推动城市交通管理向更加高效、智能化方向发展的重要战略。通过整合先进的信息技术和智能算法，实现对交通系统的实时监控与智能调度，既能够提升交通系统的整体效率，又能够提供更为便捷、智能的出行服务，为城市交通的可持续发展提供强有力的支持。

（四）促进共享交通理念

促进共享交通理念是现代城市交通规划中的一项重要举措，旨在推动城市居民更加智能、高效、环保地利用交通资源，减缓交通拥堵、改善空气质量，实现可持续城市发展。这一理念涵盖了多个方面的策略和措施。通过发展共享单车、共享电动滑板车、共享汽车等新型交通工具，鼓励市民灵活选择最适合自己出行需求的交通方式。这不仅为市民提供了更多元的选择，还能够降低对个人汽车的依赖，减缓城市交通压力。通过智能调度系统，优化共享交通工具的分布和调度，使其更好地适应城市交通需求。这种动态调度不仅提高了共享交通工具的利用率，还能够更有效地缓解交通拥堵。发展共享出行平台是共享交通理念的另一关键步骤，这些平台集成了不同出行方式的信息，通过手机应用提供实时的路况、交通工具位置和费用等信息，帮助市民更加方便地规划出行路线。共享出行平台的发展促使了出行信息的透明化和智能化，提高了市民对共享交通的便捷感知。通过制定政策，鼓励共享交通企业的发展，提供相应的政策支持和优惠条件，推动共享交通业务的繁荣。政府还可以通过规划出行枢纽、建设共享停车点等方式，提供更好的共享交通基础设施。共享交通理念的推动需要社会各方的共同努力，包括政府、企业和居民。通过引导市民形成绿色、低碳的出行理念，提升共享交通工具的服务水平，同时加强管理与监管，共同推动共享交通理念在城市中的落地与发展，为城市交通可持续发展贡献力量。

（五）引导绿色、低碳出行

引导绿色、低碳出行是现代城市交通规划中的重要方向，旨在减缓环境污染、改善空气质量，同时促进可持续发展。这一目标需要采取综合性的政策和措施，涉及公共交通、非机动出行、新能源交通工具等多个方面。通过提高公共交通的服务水平、扩大运营网络、降低票价等方式，使公共交通更加便捷、舒适，提高市民使用的积极性。引导和支持公共交通向绿色能源过渡，推广电动公交车、电动地铁等，以实现减少传统燃油车辆的排放。通过建设更多的人行道和自行车道，提供便捷的停车设施，鼓励市民选择绿色、低碳的出行方式。这有助于降低交通拥堵，改善城市空气质量，同时促进居民的身体健康。政府可以通过提供购车补贴、免费充电服务、建设充电桩等方式，鼓励市民购买和使用电动汽车、混合动力汽车等新能源交通工具。这有助于减少对燃油车辆的使用，降低汽车排放，推动城市交通向更为环保的方向发展。政府可以通过制定交通管理政策，实施限行措施、拓展公共自行车服务等，引导市民更加理性地选择出行方式。推广信息科技的应用，提供实时的交通信息、路径规划等服务，帮助市民更加智能地选择最优出行方式。政府在规划和实施政策时需要考虑全社会的利益，鼓励企业提供更环保的交通服务，同时培养市民形成可持续、低碳的出行习惯。通过共同努力，城市交通可以向更为环保、高效、健康的方向发展，为人们创造更宜居的城市环境。

（六）建设智慧交通生态系统

建设智慧交通生态系统是以先进的信息技术为基础，通过数据共享、智能调度和互联互通，实现城市交通的高效、智能和可持续发展的战略目标。这一生态系统的建设涉及多个层面，包括交通基础设施、车辆、出行服务及城市管理等方面。通过布设传感器、摄像头、无人机等设备，可以实时监测道路状况、车流量、交叉口情况等交通数据。这些数据的实时采集为系统提供了丰富的基础信息，为智能决策和调度提供了支持。通过物联网技术，将车辆、交通信号灯、交叉口控制系统等各个组成部分连接在一起，实现实时的数据共享和协同工作。这种互联互通的方式可以提高交通系统的整体效率，缓解拥堵，优化交通流。通过大数据分析、人工智能等技术，对实时采集的交通数据进行处理和挖掘，形成对交通状态的准确预测和智能调度。例如，通过智能信号灯控制，实现根据实时交通流量调整信号灯周期，优化交叉口的通行效率。在出行服务方面，智慧交通生态系统还包括智能导航、共享出行、预约公交等服务。通过智能导航系统，用户可以获取实时的交通信息、最优的出行路径，选择最合适的出行方式。共享出行服务以共享单车、共享电动滑板车、共享汽车等方式，给用户提供更多元、灵活的出行选择。通过数字城市的建设，实现对城市交通的整体规划和管理。城市管理者可以通过系统获得实时的交通状况，及时制定调度方案、优化道路规划，提高城市交通的整体运行效率。建设智慧交通生态系统是推动城市交通向智能、高效和可持续方向发展的关键一环。通过信息技术的广泛应用，实现交通系统各要素的互联互通和智能化管理，有望提高城市居民的出行体验，降低交通拥堵，减少环境污染，推动城市交通向更为可持续的未来迈进。

通过提供更为灵活、高效的交通选择，减少了对私人车辆的依赖，降低了城市交通拥堵的可能性。这一模式的推广不仅为城市居民提供了更便捷的出行方式，还有助于改善城市交通环境，推动城市朝着更为可持续和智慧的方向发展。

五、数字经济驱动的交通运输业也带来了一些挑战，需要在实现创新的同时注重可持续性

在数字经济的推动下，交通运输业经历了巨大的变革和创新，但同时带来了一些挑战，其中需要在实现创新的同时注重可持续性。

（一）能源与环境挑战

能源与环境挑战是全球面临的重大问题，涉及能源资源的有限性、能源利用的不可持续性及环境污染与气候变化等方面。这些挑战不仅对经济和社会造成影响，还直接关系到人类的生存和未来发展。因此，为了实现可持续发展，各国都需要采取综合性的措施来解决这些问题。全球对石油、天然气和煤炭等化石能源的需求不断增加，导致能源资源的有限性成为一大挑战。为了应对这一问题，国际社会需要加强对可再生能源的研发和利用，如太阳能、风能、水能等，以减轻对有限能源的过度依赖，实现能源结构的多元化和可持续性。能源的采集、生产和使用过程中产生的废气、废水和废渣直接对环境造成不可忽视的影响。减少排放、推动清洁能源的使用、改善工业生产过程等是解决环境挑战的关键。国际合作也十分重要，共同应对全球环境问题，比如减缓气候变化、保护生态系统等。主要的温室气体包括二氧化碳、甲烷、氟化物等，它们在大气中蓄积，导致地球温度上升，引发极端天气事件。为了解决气候变化问题，国际社会需要加强国际合作，通过降低碳排放、发展清洁能源、实施气候适应措施等手段，共同推动全球气候治理。在应对能源与环境挑战的过程中，科技创新扮演着关键的角色。新技术的引入可以提高能源利用效率，降低环境污染，创造更加可持续的发展路径。政府、企业和公民都需要共同努力，采取切实可行的措施，为未来建设更为可持续的能源与环境格局做出贡献。只有全球合作，采取协同行动，才能有效应对这些挑战，确保地球的可持续发展。

（二）数据隐私和安全问题

随着信息技术的不断发展和普及，个人和机构的大量数据被收集、存储和处理，引发了对数据隐私和安全的关切。这一问题涉及个人隐私权、商业机密、国家安全等多个层面，需要综合性的法规、技术和管理手段来保护。个人信息的采集和使用涉及个人隐私，包括但不限于身份证号码、银行账号、健康状况等敏感信息。政府和企业在收集和处理这些信息时应当遵循严格的法规和伦理标准，明确告知用户数据的用途，并获得明示同意。通过建立健全的数据保护法规，明确数据主体的权利和责任，形成可执行的法律框架，以确保个人隐私的合法权益。企业在运营过程中积累了大量的商业数据，包括客户信息、产品研发资料、市场战略等。这些数据的泄露可能对企业造成严重的经济损失和竞争劣势。因此，

企业需要加强对内部数据的安全管理，包括加密技术、权限控制、访问审计等，确保敏感信息得到有效保护。大规模的数据泄露或恶意攻击可能对国家的政治、经济和社会稳定产生负面影响。国家需要建立健全的网络安全法规和监管机制，加强对网络基础设施的防御能力，提高应对网络攻击的应急响应水平，确保国家安全和社会稳定。技术手段也是数据隐私和安全问题应对的关键，包括但不限于数据加密、身份验证、安全漏洞修复等技术手段，以确保数据在传输和存储过程中的安全性。同时，通过推动隐私保护技术的研发和应用，如差分隐私、同态加密等，提高数据在使用过程中的隐私保护水平。在整个社会体系中，数据隐私和安全问题需要政府、企业和个人共同努力，形成多方合作的格局。通过制定健全的法规、提升技术水平、加强管理和教育，共同推动数据隐私和安全的保护，确保数字时代的信息流动在合法、安全和透明的框架内进行。

（三）城市规划和基础设施挑战

城市规划和基础设施挑战是当今城市面临的重要问题之一，尤其在城市化迅速发展的背景下。这些挑战涉及城市的可持续性、居民生活质量、经济竞争力等多个方面，需要综合性的规划和管理来解决。城市规划挑战主要体现在城市的空间布局、用地规划、交通网络等方面。随着城市人口的增加和经济的发展，城市面临土地资源有限、人口密集、交通拥堵等问题。因此，城市规划需要更加科学合理，通过合理用地规划、提高土地利用效率，确保城市发展在空间上更加可持续和宜居。城市基础设施挑战表现在交通、能源、水资源、环境治理等多个领域。交通拥堵、能源紧张、水资源短缺及环境污染等问题影响了城市的可持续发展。城市需要加强对基础设施的投资和建设，优化交通网络，推动清洁能源的应用，提高水资源的利用效率，加强环境治理，以满足城市发展对基础设施的不断增长需求。随着经济的快速发展，人口不断涌入城市，城市社会结构和经济结构也发生了深刻变化。这使得城市面临就业、住房、教育等多方面的挑战。城市规划需要更加灵活应变，促进产业结构升级，提高居民的生活水平，建设更加宜居宜业的城市环境。城市的发展需要考虑生态环境的保护和气候变化的适应，以减缓环境污染、改善生态系统，并制定应对气候变化的规划和政策，提高城市的抗灾能力。为了应对城市规划和基础设施挑战，需要加强政府规划的科学性和可操作性，注重公众参与，形成多方共治的城市治理格局。创新融资模式，引入社会资本，加大对基础设施建设的投入。通过综合性、长远性的规划和投资，城市可以更好地应对挑战，迎接未来的发展。

（四）数字鸿沟问题

数字鸿沟问题是指在社会、经济、地理或个体层面，由于信息和通信技术的不平等应用和普及，导致不同群体之间信息获取、知识应用和技术运用的差距。这一问题涉及数字技术的使用、获取和理解等方面，对社会的可持续发展产生深远影响。在一些发达地区，数字化基础设施更加完善，人们更容易获得先进的数字技术，而在一些贫困地区，由于基础设施不足，人们难以享受到数字技术带来的便利。这种地域性的数字鸿沟导致了信息获取的不平等，使得一些地区的居民在数字时代的发展中面临较大的困难。一些社会群体可能因为文化、教育背景、收入水平等因素，对数字技术的接受和运用有很大的差异。这种差异可能导致一些群体在信息获取、职业发展等方面受到限制，造成社会的不公平和不平等。老年人群体相对较难适应数字技术的快速发展，导致他们在信息获取、社会参与等方面相对滞后，容易造成与年轻人之间的数字差距，使得老年人在数字社会中的融入程度相对较低。为了解决数字鸿沟问题，需要采取一系列的综合性措施。一是加强基础设施建设，确保各地区都能够平等享受到数字技术的便利。二是推动数字教育，提高社会群体对数字技术的认知和应用水平，减小不同群体之间的差距。三是推广数字技术的开放共享，使得各层次的人群都能够获得并应用先进的数字技术，促进社会的均衡发展。四是政府、企业和社会各界需要共同努力，形成协同合作的机制，全面推动数字化进程，实现数字技术在社会各个方面的普及和平等应用。这样，才能更好地发挥数字技术在社会发展中的积极作用，推动数字时代的可持续发展。

（五）法规与标准的不足

法规与标准的不足是指在特定领域或行业中，相关法规和标准存在缺失、滞后或不够完善，未能有效规范和引导相关活动，可能导致不同问题的出现。这种不足会影响社会、经济和环境的可持续发展，需要通过完善法规和标准来解决。某些新兴领域、技术创新或复杂的社会问题可能还没有相对应的法规制度，或者现有法规不足以应对新情况。在这种情况下，可能出现法律执行的不确定性，法律的制定和修订需要跟上社会发展的步伐。标准对于确保产品质量、服务水平和环境友好性等方面起着重要作用，但在某些领域，可能缺乏全面、科学、具体的标准，导致各方在实践中存在理解偏差，影响整个产业链的协同发展。由于技术和社会发展的快速变化，现有的法规和标准可能无法及时适应新的情况。例如，在新兴技术领域，法规和标准的制定通常需要更多的时间，导致一些潜在的风险和问题可能在这个过程中被忽视。一些行业或领域可能存在法规和标准的执行不严格、监管不到位的情况。这可能导致企业或个人违规行为较为普遍，损害了公共利益，影响了经济和社会的稳定发展。为了解决法规与标准的不足，需要采取以下措施：一是针对新的社会问题和科技发展，政府应及时制定和修订相应的法规，以确保法律体系的完备性和灵活性。二是针对不同行业和领域，强化标准的制定工作，确保标准科学、全面、具体，适应产业和技术的发展。三是政府和监管机构应加强对法规和标准的执行力度，加强监管，对违规行为进行严肃查处，确保法规和标准的有效实施。四是在全球化的背景下，加强国际间的法规和标准的合作与对接，形成一套全球性的规范，以促进国际贸易和科技创新的健康发展。通过这些努力，可以逐步解决法规与标准的不足问题，为社会各方提供更为清晰、稳定和可持续的法律和规范环境。

（六）社会接受度问题

社会接受度问题是指某一新技术、政策、产品或社会变革引发的社会广泛观感和态度，包括对其认可、支持、抵触、反感等各种反应。这一问题的解决涉及多方面的因素，包括信息传播、公众教育、政策沟通等，对于推动社会发展和创新至关重要。在社交媒体和新闻传播时代，信息迅速传播，可以塑造公众对某一事物的态度。推广新技术或政策时，需要通过有效的信息传播机制，向公众传递准确、全面的信息，避免不实信息和误解的传播，以提高社会对新事物的理解和接受度。通过举办培训、讲座、宣传活动等方式，向公众普及有关新技术或政策的知识，增加他们对这些变革的认知。这有助于消除公众对于未知事物的恐惧感，提高他们的接受度。及时、透明、开放的政策沟通，可以建立公众对政策制定者的信任，降低对变革的抵触情绪。政府需要充分倾听公众的意见，考虑社会的各方利益，形成更加科学和合理的政策。不同的文化和价值观可能导致对同一事物的不同看法，因此，在推广新技术或政策时需要充分考虑当地文化和价值观的差异，制定更具针对性的推广策略。通过展示一些成功的应用案例，向公众展示新技术或政策的实际效果，可以更好地激发公众的兴趣，增加他们的信心和接受度。在解决社会接受度问题时，需要政府、企业、学术界和社会组织等多方共同努力，通过有效的沟通、教育和案例展示，构建良好的社会氛围，促使社会更好地理解和接受新技术、政策或社会变革。需要政府、企业和社会各方共同合作，制定明智的政策、推动技术创新，并注重可持续性的原则，以实现数字经济下的交通运输业的可持续发展。这将有助于建设更加智能、高效、环保的交通系统，为城市可持续性和未来交通发展奠定坚实基础。

通过数字技术的创新，交通运输业能够更好地适应社会需求，提高效率，减少对环境的不良影响，从而为实现社会的可持续性目标提供新的机遇和可能性。在推动数字经济发展的同时，需要平衡创新与可持续性之间的关系，通过合理的政策引导和技术管理，确保数字经济与交通运输业的发展与社会的可持续性相辅相成。

第三节　绿色低碳交通与城市规划

绿色低碳交通与城市规划之间存在密切的关系，城市规划在促进绿色低碳交通的发展中发挥着关键作用。

一、城市规划对交通基础设施的合理布局和规划对绿色低碳交通的实现至关重要

城市规划对交通基础设施的合理布局和规划对绿色低碳交通的实现至关重要，随着城

市化进程的不断推进，城市交通问题日益凸显，而绿色低碳交通作为应对交通挑战的有效手段，其发展需要建立在科学合理的城市规划基础上。城市规划需要考虑到不同区域的发展需求，将居住区、商业区、工业区等划分明确，并在这些区域之间合理规划交通网络。通过布局地铁、公交、自行车道等公共交通设施，使得市民更便利地选择低碳出行方式，减少对个人汽车的依赖，降低交通排放。通过智能交通管理系统，实现对交通流的实时监控和调度，减少拥堵，提高道路通行效率。合理规划交通信号灯、交叉口等，采用先进的技术手段，使得交通流畅，减少停车等待时间，降低能源消耗和碳排放。城市规划可以引导建设更多的自行车道、人行道和绿道，鼓励市民选择步行、骑行等绿色出行方式。规划电动汽车充电站点，推动电动汽车的普及，减少传统燃油车的使用，从而减少空气污染和温室气体排放。城市规划还需要结合土地利用规划，将住宅、商业、工业等功能区域与交通枢纽合理连接，减少通勤距离，提倡就近工作和居住，减少通勤对交通系统的负担，降低碳排放。通过合理的交通基础设施布局、智能化管理和对绿色交通工具的规划，可以有效减少城市交通的能源消耗和环境压力，推动城市向更加可持续和宜居的方向发展。这需要政府、城市规划者、交通专家等多方协同合作，形成科学而可行的城市规划策略。

二、城市规划需要注重建设绿色交通基础设施，包括自行车道、电动汽车充电站等

城市规划的重要任务之一是注重建设绿色交通基础设施，这包括但不限于自行车道、电动汽车充电站等。合理规划和建设这些基础设施不仅有助于改善城市交通状况，还能推动城市走向更加环保和可持续的方向。为了鼓励居民采用绿色、低碳的出行方式，城市规划需要充分考虑自行车道的布局和建设。合理设置自行车道，使其与主要道路和公共交通系统相互连接，提高骑行的便捷性。规划中还需考虑自行车停放设施、共享单车服务等，以提高自行车的使用率。城市规划者应考虑在各类场所，如商业区、社区、停车场等设置充电设施，以方便电动汽车的用户。规划中还可以推动建设智能充电网络，提高充电效率，促进电动汽车的普及和发展。

在绿色交通基础设施的建设中，城市规划还应注重以下几个方面：将自行车道、电动汽车充电站等纳入城市整体规划，与其他交通设施相互衔接，形成综合的交通网络。自行车道的设计要考虑骑行者的安全度和舒适感，合理设置交叉口、过街通道等。电动汽车充电站的位置要考虑用户的方便使用，避免设于过于偏远的位置。在建设绿色交通基础设施前，进行环境影响评估，确保项目对城市生态环境的影响最小化。制定相关政策，鼓励和引导企业和居民积极参与，提供激励措施，推动绿色交通基础设施的建设。引导公众参与规划过程，听取市民的建议和反馈，形成更具共识的绿色交通建设方案。

通过合理规划和建设绿色交通基础设施，城市可以改善交通流动性、减少环境污染，

提高居民的生活质量，推动城市朝着更加宜居、可持续的方向发展。

三、城市规划应与公共交通系统的建设相结合，提高公共交通的覆盖率和服务质量

城市规划与公共交通系统的建设应相互结合，以提高公共交通的覆盖率和服务质量。这种整合能够有效解决城市面临的交通拥堵、环境污染等问题，促使城市朝着更加可持续和宜居的方向发展。合理规划公交线路、地铁线路等，使得公共交通系统覆盖城市主要区域，包括商业中心、居住区、工业区等，以满足不同居民的出行需求。规划时要注重多模式交通的衔接，以确保各类交通工具之间的换乘便捷，提高出行效率。合理设置公共交通站点，考虑乘客的步行距离和通勤便捷性。在城市规划中引入交通管理技术，提高公共交通的运行效率，减少道路拥堵，提升服务水平。支持电动公交、轨道交通等绿色、低碳交通模式的发展，减少对环境的影响。规划中还可以鼓励步行、自行车等非机动交通方式的发展，为市民提供更加多样化的选择。

除此之外，城市规划还应考虑以下几个方面：将公共交通站点和线路融入城市空间布局，使其与周边建筑和自然环境协调一致，提升城市整体形象。利用现代信息技术，提高公共交通的信息传播和管理水平，包括实时到站信息、移动支付等，提升乘客体验。引导社会各方积极参与规划和建设全过程，提供市民投诉建议渠道，形成广泛的共识，推动公共交通系统更好地服务城市居民。通过城市规划与公共交通系统建设的有机结合，城市可以优化交通布局，提高公共交通的便捷性和效率，从而促进城市的可持续发展。这需要政府、交通管理部门、城市规划者及社会各界的共同协作，形成科学、合理的城市交通规划体系。

四、城市规划还需要注重提高城市的居住密度和混合用途

城市规划的重要目标之一是提高城市的居住密度和混合用途，通过优化土地利用，实现城市资源的高效利用、公共服务的提升以及社会经济的可持续发展。增加居住密度有助于减小城市规模，优化土地利用，减少交通拥堵，提高城市的资源利用效率。规划中可以考虑建设高层住宅、提高建筑的容积率，以确保更多的人口能够在有限的城市空间内居住，减少土地浪费，形成紧凑、宜居的城市结构。混合用途是指在同一区域内兼容多种不同的用途，包括居住、商业、办公、文化等。混合用途的规划可以促进城市内不同功能区域的相互衔接，减少人们的通勤距离，提高城市的生活便利性。例如，在商业区域内布局一些居住区域，或在居住区域内设置商业服务设施，形成多元化的城市空间。规划中应当充分尊重当地的历史文化、自然环境和社会特点，确保规划的实施符合当地居民的需求和期望。规划要注重建设人性化的公共空间，提高城市的居住舒适性和社区凝聚力。

城市规划者在实施提高居住密度和混合用途的策略时，还需注重以下几个方面：考虑不同功能区域之间的交通联系，确保交通系统的便捷性和高效性，减少通勤时间和交通拥堵。配套规划完善的社会服务设施，包括学校、医疗机构、文化娱乐设施等，提高城市居住的便利性和生活品质。在提高居住密度和混合用途的过程中，要考虑生态环境的保护和可持续发展，采用绿色建筑和低碳交通等策略，减轻城市对自然资源的压力。

通过注重提高居住密度和混合用途，城市规划可以促进城市的可持续发展，提高城市的经济效益和生活质量，实现更为健康、宜居的城市环境。这需要政府、规划者、社区和业主等多方共同参与，制定科学、共识性的城市规划方案。

五、城市规划也应鼓励和支持新兴的交通技术和服务，如共享出行、智能交通系统等

城市规划应当积极鼓励和支持新兴的交通技术和服务，其中包括共享出行、智能交通系统等。通过将这些创新性的技术整合到城市规划中，可以推动城市交通的智能化、高效化和可持续发展。共享出行是城市规划中的一个重要方向，包括共享单车、共享电动汽车、共享滑板车等在内的新兴交通方式，能够提高城市出行的便捷性，减少对个人燃油汽车的依赖，降低交通拥堵和环境污染。城市规划者可以通过合理布局停车点、引导共享出行服务商进入市场等方式，促使共享出行服务在城市中更好地发挥作用。城市规划可以整合先进的信息技术、人工智能等，构建智能交通管理系统。通过实时监测交通流、优化信号灯控制、提供实时导航等功能，可以使城市交通更加智能、高效。这有助于降低通勤时间、减轻交通压力，提高出行的便捷性。电动汽车、电动自行车等新兴交通工具具有环保、低碳的特点，对于减少尾气排放、改善空气质量有着积极作用。规划中可以设立电动车充电站点、制定相关政策激励电动车购买和使用，以促使电动交通工具在城市中得到更广泛的应用。

在支持这些新兴交通技术和服务的过程中，城市规划需要考虑以下几个方面：制定相关法规和政策，为新兴交通技术提供法律框架和规范，保障其有序发展。考虑新兴交通技术对基础设施的需求，包括停车点、充电站、共享单车停放区等，确保基础设施的配套建设。鼓励和引导社会各方参与新兴交通服务的规划和建设，形成共同推动的合力。关注新兴交通技术可能涉及的安全和隐私问题，制定相应的措施和标准，保障用户的安全和隐私权益。通过这些手段，城市规划可以更好地促进新兴交通技术和服务的发展，使城市交通更加智能、高效、环保。这需要政府、企业、社会组织等各方的协同努力，共同推动城市交通的现代化发展。

合理的城市规划能够引导城市居民选择更为环保的出行方式，减少对传统交通系统的依赖，降低碳排放，改善城市环境。城市规划需要在保障城市功能的同时，充分考虑环境

可持续性，促使城市在交通规划中迈向更为绿色、低碳的未来。

第四节　绿色低碳交通对经济的影响与产业发展

绿色低碳交通对经济的影响和产业发展具有深远的影响，涉及就业、创新、资源利用效率等多个方面。

一、绿色低碳交通的推广与发展促进了新兴产业的兴起

绿色低碳交通的推广与发展不仅对环境友好，还在很大程度上促进了新兴产业的兴起。这一趋势推动了多个领域的创新和发展，形成了新的经济增长点，并为企业和创业者提供了丰富的机遇。随着对传统燃油车辆的环保压力不断增加，电动汽车成为一种重要的替代选择。新兴的电动汽车制造商崭露头角，传统汽车制造商也纷纷加大研发和投资力度，推动了电动汽车产业链的完善和创新。从电池技术到充电基础设施，涌现了一批新的科技企业。共享交通服务的兴起推动了共享经济的发展。共享单车、共享滑板车、共享汽车等形式的共享交通服务，通过智能手机应用提供方便的租赁和使用方式。这一模式改变了传统交通方式，同时催生了共享经济产业链，包括硬件制造、软件开发、平台运营等多个方面。智能交通系统依赖于先进的传感技术、数据分析算法和通信技术，以提高交通管理的效率和精准度。这推动了相关产业的技术创新，包括传感器制造、大数据分析、人工智能算法等，形成了一个新的产业链。绿色低碳交通的发展也催生了一系列相关产业，如电池技术、充电基础设施建设、新型轻量材料等。这些新兴产业的崛起推动了整个经济结构的升级和变革。在推广绿色低碳交通的过程中，政府的政策支持和市场导向发挥了关键作用。补贴政策、税收激励、绿色交通基础设施建设等都为相关产业提供了必要的支持和保障。绿色低碳交通的推广与发展不仅有助于改善环境，更为社会经济结构的转型提供了动力。这一过程中，各方合作，政府、企业、科研机构等共同努力，将为未来可持续发展奠定基础。

二、绿色低碳交通的推广对传统交通行业的转型产生了深刻的影响

绿色低碳交通的推广对传统交通行业产生了深刻的影响，引发了行业的转型和变革。这一变革涉及交通工具、基础设施、服务模式等多个层面，对整个传统交通产业链产生了积极的推动作用。随着电动汽车、电动自行车等新型能源交通工具的逐渐普及，传统的燃油交通工具受到了冲击。汽车制造业逐渐朝向电动化转型，传统燃油车的市场份额受到挑战。这也催生了新型电动交通工具的研发和生产，形成了一个新兴的产业链。共享单车、

共享滑板车、共享汽车等服务模式逐渐成为城市出行的主流选择，引导了人们更加灵活、便捷的交通方式。传统的个人交通工具使用模式受到冲击，人们更愿意通过共享服务来实现短途出行。传统交通基础设施面临效率低下、管理不善等问题，而智能交通系统通过先进的信息技术、大数据分析等手段，提高了交通管理的智能化水平。传统交通信号灯、路况监控器等基础设施得到了数字化升级，为交通管理提供了更多的手段和工具。绿色低碳交通的推广也影响了相关产业，如石油、燃料等传统能源行业受到了一定程度的冲击，而新能源、电池等产业则迎来了发展的机遇。在传统交通行业转型的过程中，面临一些挑战，包括技术更新换代的成本、市场适应的时间等问题。需要政府、企业和社会各界通力合作，提供政策支持、投资鼓励，从而推动传统交通行业向绿色低碳方向转型，实现可持续发展。整体而言，这一转型既给环境带来好处，也给经济结构的升级提供了契机。

三、绿色低碳交通的发展为城市创造了新的经济增长点

绿色低碳交通的发展为城市创造了新的经济增长点，推动了多个领域的创新和发展，为城市经济注入了新的动力和活力。电动汽车、电动自行车等绿色低碳交通工具的需求不断增长，推动了电池技术、电动机制造、充电设施建设等产业的发展。新兴的产业链不仅包括制造业，还涉及研发、销售、服务等多个环节，形成了一个庞大的新能源交通产业生态系统。共享单车、共享滑板车、共享汽车等服务模式成为城市出行的主流选择，催生了一批创新型企业。这不仅包括共享交通工具的制造和运营，还涉及相关平台的开发、数据分析、维护等，形成了共享经济的多元化产业结构。智能交通系统通过引入先进的传感技术、大数据分析等手段，提高了城市交通管理的智能化水平。这催生了一系列相关产业，包括传感器制造、数据分析算法开发、智能交通平台的建设等，为城市创造了新的科技产业增长点。绿色低碳交通的发展还激发了一系列服务性行业的需求，如电动车维护服务、共享交通平台的运营管理、智能交通系统的维护与升级等，为城市居民创造了就业机会。在经济增长的同时，绿色低碳交通的发展也提高了城市的形象，使得城市更加宜居、环保，有助于吸引更多的人才、投资和企业落户，进一步推动城市的全面发展。绿色低碳交通的发展为城市创造了新的经济增长点，为城市经济的可持续发展注入了新的动能。这需要政府、企业和社会各界共同合作，制定支持政策、鼓励创新，促使绿色低碳交通产业更好地融入城市经济体系。

四、绿色低碳交通对经济的影响还表现在资源利用效率的提高

绿色低碳交通的发展对经济的影响在于提高了资源利用效率，这体现在多个方面，包括能源利用、空间利用、时间利用等各个层面。绿色低碳交通减少了对有限能源的依赖，提高了能源利用效率。传统燃油车的使用导致能源的大量消耗和尾气排放，而电动汽车等

绿色交通工具采用新能源，减少了对传统燃油的需求。这不仅有助于缓解能源压力，还推动了可再生能源的发展和利用，提高了整体能源利用的效率。共享交通服务的推广减少了对私人交通工具和停车空间的需求，优化了城市空间利用。共享单车、共享汽车等服务模式使多个用户可以共同利用一辆车，缓解了城市交通拥堵和停车位紧缺的问题。这种模式在提高城市交通效率的同时，最大化发挥了城市空间的利用效益。通过实时监测交通流、优化信号灯控制、提供实时导航等功能，智能交通系统可以更精准地调配交通资源，减少交通拥堵，提高道路通行效率。这有助于降低能源浪费，提高城市交通系统的整体效能。共享交通服务和智能交通系统的使用使得出行更加便捷高效，减少了因为拥堵、停车等待等原因而浪费的时间。这提高了人们的工作效率和生活质量，对整体经济产生了积极的影响。绿色低碳交通的发展对经济的影响在于提高资源利用效率，通过减少能源消耗、优化空间利用、提高时间利用率等方式，推动了城市交通系统更加智能、高效、可持续的发展。这为城市经济注入了新的活力，提升了城市的竞争力。

五、绿色低碳交通的普及也对消费模式产生了影响，推动了"绿色消费"理念的发展

绿色低碳交通的普及对消费模式产生了深远的影响，推动了"绿色消费"理念的发展，这种理念倡导消费者在购买和使用产品或服务时考虑环保、可持续性，从而影响了整个市场的供需关系和企业经营策略。电动汽车、电动自行车、共享交通服务等新型绿色低碳交通方式成为消费者出行的首选。消费者在购车时更倾向于选择环保型、能源效率高的交通工具，这改变了传统汽车行业的市场结构。共享单车、共享滑板车、共享汽车等服务让消费者更加注重共享资源的效益，避免了个人交通工具的购置和维护成本。这种消费模式在一定程度上降低了城市中的个人汽车拥有率，促使城市居民更加注重使用而非拥有的理念。这影响了多个领域，如绿色能源、环保材料、智能出行服务等。消费者更加倾向于选择那些对环境友好、能源效率高、污染物排放较低的产品和服务，从而推动了市场上绿色低碳相关产业的发展。通过提供实时交通信息、智能导航等服务，智能交通系统提高了出行的便捷性和效率，使得消费者更加倾向于选择公共交通、共享交通工具等环保、高效的出行方式。绿色低碳交通的普及推动了"绿色消费"理念的发展，使消费者更加注重环保和可持续性，引导市场供应商提供更具环保特色的产品和服务。这种变革不仅影响了个体的生活方式，也在全球范围内推动了产业升级和可持续发展的进程。

绿色低碳交通的发展对经济产生了多方面的积极影响，不仅推动了相关新兴产业的发展，也促进了城市经济的增长，同时为资源利用效率的提高和消费模式的转变做出了贡献。这一发展趋势有望在未来持续推动经济的绿色、低碳、可持续发展。

第七章 数字经济时代的国际绿色低碳交通合作与经验分享

数字经济时代的国际绿色低碳交通合作与经验分享在全球范围内变得越发重要，促进了各国在可持续交通领域的共同发展。通过数字技术，各国可以更加迅速、高效地分享信息、数据和最佳实践。智能交通系统、数据分析平台等工具使国际经验得以快速传递，促进了交通运输领域的知识共享。例如，一国成功实施的绿色低碳交通政策、技术创新等经验可以通过数字平台分享给其他国家，帮助他们更好地应对共同的环境挑战。在数字化的背景下，跨国企业、研究机构和政府部门更容易展开合作，共同研发和推广绿色低碳交通技术。例如，智能交通管理系统、电动汽车技术、共享出行平台等创新性技术得到了国际范围内的合作支持，加速了这些技术的全球传播，为各国提供了更多选择和解决方案。通过数字平台，各国能够更加透明、高效地进行碳排放交易，推动全球碳市场的形成。这促使各国更加积极地参与到碳减排的全球合作中，通过市场机制实现碳排放的减少，共同应对全球气候变化。数字技术的运用使碳市场更为透明和可信，提高了国际绿色低碳交通合作的效率和效果。通过数字平台，各国政府能够更及时地分享绿色低碳交通政策的制定和实施经验，协调各自政策的衔接。数字技术也为国际标准的制定提供了便捷的平台，确保各国在推进绿色低碳交通时具备共同的规范和标准，提高合作的协同效应。数字技术的运用促进了信息和技术的传递，加强了国际合作与创新，为各国在绿色低碳交通领域取得更好的成果提供了支持。这种全球性的合作势必为构建更加绿色、可持续的国际交通体系奠定坚实基础。

第一节 国际绿色低碳交通合作机制

国际绿色低碳交通合作机制是为了应对全球气候变化和交通领域的可持续发展而建立的框架和机制。这些合作机制旨在促进各国分享经验、加强合作，共同推动绿色低碳交通的发展。

一、国际合作机制在政策协调方面发挥了重要作用

国际合作机制在政策协调方面发挥了重要作用，尤其在处理全球性问题、推动可持续

发展、解决跨国挑战等方面具有重要意义。国际合作机制促进了政策协调，特别是在环境和气候变化领域。全球性的环境问题需要通过跨国界的协作来解决，各国通过联合行动来应对气候变化、生物多样性保护等问题。国际合作机制如联合国气候变化框架公约（UNFCCC）等为各国提供了共同的平台，协调政策举措，共同努力降低温室气体排放，保护地球生态系统。通过国际组织、贸易协定和对话平台，各国协调宏观经济政策，应对金融危机、促进全球贸易与投资，共同维护全球金融稳定。例如，国际货币基金组织（IMF）等机构通过协调成员国的货币政策和经济政策，促进了全球经济的平衡发展。世界卫生组织（WHO）作为联合国的专门机构，协调全球卫生政策，应对传染性疾病、卫生紧急事件等挑战。国际社会通过共享信息、资源和技术，制定一致的卫生标准和政策，共同防范和应对全球性公共卫生危机。通过建立科研合作网络、共享科技成果，国际社会加强了在医学、能源、环保等领域的协作，推动了科技进步与可持续发展。在国际合作的框架下，政策协调不仅涉及经济、环境和卫生等多个领域，也关系到全球安全、可持续发展目标的实现。国际合作机制的建立和强化有助于构建多边主义、维护全球稳定，为各国协同应对共同面临的挑战提供了有效的平台。

二、机制在技术创新和绿色交通标准方面发挥着引领作用

国际合作机制在技术创新和绿色交通标准方面发挥着引领作用，通过协同努力，推动了全球绿色交通领域的创新和标准制定。在绿色交通领域，新技术的研发和应用对可持续交通的推动至关重要。国际组织和合作平台，如联合国、国际能源署（IEA）、国际清洁交通委员会（ICCT）等，为各国研究机构、企业提供了一个共同合作的平台。共享先进的技术成果，加强技术合作，有助于推动全球绿色交通技术的发展，降低技术创新的门槛，推广先进的绿色交通解决方案。绿色交通标准涉及车辆排放、燃料效率、交通基础设施等多个方面，需要各国制定统一的标准以促进行业的健康发展。通过国际合作机制，各国可以共同研究、制定和采用统一的绿色交通标准，提高全球绿色交通系统的一致性和互操作性。例如，电动车的充电标准、汽车排放标准等都可以通过国际协作得到更好的协调和推广。国际组织在绿色交通领域开展的技术研究和政策制定为各国提供了参考和指导。这些组织通过发布研究报告、组织国际研讨会、提供政策建议等方式，促进了绿色交通领域知识的共享和传播。各国可以借鉴其他国家的成功经验，共同探讨解决方案，推动全球绿色交通的发展。国际合作机制还在绿色交通领域推动了跨界产业合作，如智能交通系统、新能源汽车产业等。通过国际合作，不同国家和地区的企业可以共同研发、生产和推广绿色交通技术和产品，推动产业升级，实现全球范围内的可持续发展目标。国际合作机制在技术创新和绿色交通标准方面的引领作用有助于全球绿色交通领域的协同发展，推动各国共同应对环境和交通挑战。这为建设更加智能、高效、环保的绿色交通系统提供了有力的支持。

三、国际合作机制对资源共享和能力建设至关重要

国际合作机制对资源共享和能力建设至关重要，通过协同行动和合作平台，促进了各国在资源利用和能力建设方面的共同发展。资源包括技术、资金、人才等多个层面。在技术方面，各国可以共同分享先进的绿色交通技术，推动技术创新。在资金方面，国际组织和合作平台可以提供资金支持，支持发展中国家建设绿色交通基础设施和推进可持续交通项目。此外，国际合作还为各国提供了人才交流和培训的机会，促进了绿色交通领域的人才培养。在绿色交通领域，各国的能力建设涉及技术研发、政策制定、监管体系建设等多个方面。国际组织和合作平台通过组织培训、研讨会、经验交流等活动，帮助各国提升在绿色交通领域的能力和建设水平。这有助于提高各国应对交通问题和环境挑战的能力，促进全球绿色交通领域的可持续发展。国际合作机制推动了跨国企业和组织的合作，促进了资源的共享和优势互补。在推进绿色交通技术和项目时，各国的企业和研究机构可以通过合作共同开发、共享资源，提高项目的效益。这种合作形式有助于各方更好地利用各自的优势，推动全球绿色交通产业链的整合与协同。国际合作机制还可以提供标准化和规范化的平台，促进各国在资源共享和能力建设方面形成一致的标准。这有助于提高合作效率，降低协作成本，推动全球绿色交通领域的可持续发展。通过协同努力，各国能够更好地利用和共享全球绿色交通领域的资源，提高各自的能力建设水平，共同推动全球绿色交通事业的发展。

四、国际合作机制在融资和投资方面也具有积极作用

国际合作机制在融资和投资方面具有积极作用，通过提供资金渠道、降低融资风险、促进可持续发展项目的实施，推动了全球绿色交通领域的资金流动和投资活动。在绿色交通领域，一些大型项目可能需要大量的资金支持，而单一国家的融资渠道可能有限。国际合作机制通过多边金融机构、国际开发银行等渠道，为各国提供了更广泛的融资来源。这有助于促进全球范围内的绿色交通项目的实施，推动绿色交通基础设施的建设。由于绿色交通项目涉及长期回报和较高的初始投资，很多私人投资者可能面临较大的不确定性和较高的风险。国际合作机制通过提供政府担保、制定相关政策、降低项目运营风险等方式，降低了绿色交通项目的投资风险，吸引更多的投资者参与。通过与金融机构、国际组织的合作，国际合作机制促进了绿色金融工具的创新，如绿色债券、可持续发展债券等。这些金融工具吸引了越来越多的资金投入绿色交通和可持续发展领域，为推动全球绿色交通项目提供了更多的资金来源。国际合作机制还通过促进跨国企业和机构的合作，加速了绿色交通领域的投资。这种合作形式可以整合各方资源，实现互利共赢。国际合作机制还在国际层面推动了绿色交通投资标准和规范的制定，提高了投资的透明度和可预测性。国际合

作机制在融资和投资方面的作用是多层次的，有助于推动全球绿色交通项目的可持续发展，加速可持续交通领域的投资和资金流动。这为各国推动绿色交通转型提供了重要的支持。

国际绿色低碳交通合作机制在政策协调、技术创新、资源共享和融资投资等方面都起到了推动作用。这些机制通过促使各国共同努力，形成合作共赢的局面，为实现全球绿色低碳交通的目标提供了有效的组织结构和支持体系。

第二节　国际绿色低碳交通成功案例分析

国际绿色低碳交通成功案例的分析提供了有益的经验教训，这些案例展示了各国在推动可持续交通方面所取得的进展。

案例一：丹麦的自行车文化与交通政策

丹麦的自行车文化与交通政策是国家整体发展的重要组成部分，体现了对可持续交通、城市规划和环境友好的关注。

（一）自行车文化的根深蒂固

丹麦有着悠久的自行车文化，自行车在这个国家被视为一种广泛普及的交通工具和生活方式的象征。丹麦人普遍骑自行车进行通勤、购物和休闲活动。自行车在丹麦不仅仅是一种出行工具，更是一种社交和健康的生活方式的体现。

（二）自行车基础设施的完善

丹麦在城市规划中注重自行车基础设施的建设，城市内有专门的自行车道、停车设施和桥梁，使得骑行成为一种安全、便捷的选择。此外，城市中的自行车共享系统也得到了广泛的应用，方便居民和游客更加灵活地使用自行车。

（三）政策支持与鼓励

丹麦政府通过一系列政策支持自行车的使用，这包括对自行车基础设施的投资、鼓励雇主提供自行车停车设施、实施城市交通规划以提高自行车的安全性等。政府还通过税收政策和其他激励措施，来鼓励个人和企业选择绿色的交通方式。

（四）可持续发展的交通愿景

丹麦的交通政策注重可持续发展，鼓励居民采用环保的交通方式。自行车作为一种零排放的交通工具，与国家的可持续发展目标相契合，被视为减少交通排放、改善城市空气质量的最佳交通工具。

（五）鼓励骑行的文化氛围

丹麦社会鼓励骑行的文化氛围也是自行车文化的一部分，这一文化体现在人们的日常生活中。例如，学生骑自行车上学是一种常见的现象。骑行不仅被认为是一种健康的运动，也是一种独特的社交体验。

（六）持续改进和创新

丹麦一直在致力于改进自行车文化和交通政策，这包括不断优化自行车基础设施，提高骑行的安全性，以及推动骑行领域技术创新，如电动自行车和智能交通系统的引入。

丹麦的自行车文化与交通政策的成功经验为其他国家提供了有益的启示，尤其是在构建可持续城市和改善居民出行方式方面。

案例二：挪威的电动汽车推广政策

挪威在推广电动汽车方面实施了一系列积极的政策，这使挪威成为全球电动汽车普及率最高的国家之一。以下是关于挪威电动汽车推广政策的一些主要特点。

（一）免税和减免费用

挪威对电动汽车实施了免税和减免费用的政策，包括购车税、注册费和道路使用费。这使电动汽车在购置和运营方面相对于传统燃油汽车更为经济实惠，为消费者提供了强有力的经济激励。

（二）超过一定数量的电动汽车免费通行权

为鼓励更多人购买电动汽车，挪威设定了一定数量的电动汽车享有免费通行权的政策。这包括在城市中免费使用公共交通车道、过桥通行等特权，提高了电动汽车的通行便利性。

（三）充电基础设施建设

挪威政府投资大量资金用于充电基础设施的建设，包括充电站的建设和充电桩的布局。这种基础设施的改善增加了电动汽车的可用性和可充电性，降低了购车者的使用障碍。

（四）政府采购电动车辆

为树立榜样，挪威政府采购了大量的电动车辆，以推动电动汽车市场的发展。这不仅激发了电动汽车生产商的生产激情，也为市场提供了更多电动汽车的选择。

（五）汽车制造商奖励计划

挪威鼓励汽车制造商提供电动汽车的奖励计划，包括降低电动汽车售价、提供更长的质保期等激励措施，以吸引更多消费者购买电动汽车。

（六）制定明确的可持续交通规划

挪威实施了一系列明确的可持续交通规划，包括减少对化石燃料的依赖、提高城市空气质量等目标。这些规划为电动汽车的推广提供了政策支持，并促使相关部门共同努力实现这些目标。

（七）持续改进政策

挪威不断改进电动汽车推广政策，根据市场发展和技术进步进行调整。政府与行业和民间团体保持密切合作，以确保政策的可行性和效果。

通过这些积极的政策和激励措施，挪威成功地推动了电动汽车在国内的广泛采用，为其他国家提供了有益的经验和启示。

案例三：新加坡的智能交通系统

新加坡一直致力于建设智能交通系统，以提高城市交通的效率、安全性和可持续性。以下是关于新加坡智能交通系统的一些主要特点。

（一）智能交通管理与监控

新加坡实施了先进的交通管理和监控系统，通过实时数据收集、分析和处理，实现对交通流的精确监测。这包括使用智能摄像头、传感器和其他先进技术，帮助城市规划者更好地了解交通状况，及时做出调整，以缓解拥堵问题。

（二）实时交通信息服务

为提高驾驶者和乘客的出行体验，新加坡提供了实时交通信息服务。这包括通过应用程序和路边显示屏向用户展示交通状况、最佳路径、公共交通信息等，帮助他们更智能地规划行程。

（三）电子道路收费系统

新加坡实施了先进的电子道路收费系统，通过无须停车的自动支付系统，有效减少了交通拥堵和停车等待时间。这种智能系统提高了道路通行效率，同时为政府提供了精确的收费数据。

（四）智能公共交通系统

新加坡的公共交通系统得到了智能化升级，包括实施智能卡支付、电子票务、实时公交信息等。这些措施提高了乘客的便捷性和公共交通的整体效率。

（五）智能停车解决方案

为解决停车难题，新加坡引入了智能停车解决方案，包括智能停车应用程序、实时停车场信息等。这使驾驶者能够更容易找到可用停车位，减少了城市内的交通寻位时间。

（六）自动驾驶技术实验

新加坡在一些地区进行了自动驾驶技术的实验，探索未来交通系统的可能性。通过支持自动驾驶技术的发展，新加坡致力于提高道路安全性、降低交通事故发生率。

（七）交通规划与优化

利用数据分析和模拟技术，新加坡进行智能交通规划和优化。这包括基于实时数据的交通流模型，以更好地预测和规划城市的交通需求。

（八）生态可持续交通政策

除了提高效率，新加坡的智能交通系统也与城市的生态可持续目标相一致。通过推动公共交通、鼓励非机动交通工具的使用等措施，新加坡努力减少空气污染和交通排放。

新加坡的智能交通系统在提高城市交通效率、提供更好的交通信息服务及促进可持续发展方面取得了显著的成果，为其他城市提供了一个成功的样本。

这些国际绿色低碳交通成功案例的共同特点在于综合考虑了政策制定、基础设施建设、激励机制和科技创新等多个方面。成功案例的经验表明，全面而有针对性的政策措施、广泛的社会参与以及先进的技术支持是实现绿色低碳交通目标的关键因素。这些案例为其他国家提供了参考学习和借鉴的经验，为推动全球可持续交通发展贡献了有益的启示。

第三节　跨国合作与创新经验

跨国合作与创新经验在全球范围内推动了科技、经济和社会的发展，为各国共同应对全球性挑战提供了有效的路径。

一、科技创新的国际合作

科技创新在当今世界日益成为推动国家发展的关键力量，而国际合作则是实现科技创新的重要途径。国际合作涉及多个层面，包括但不限于以下几个方面：通过开展跨国合作，各国能够分享彼此的研究成果、技术经验和创新理念，避免重复努力，加速科技发展进程。这种知识的共享不仅有助于解决全球性的科技难题，还促进了各国在特定领域的专业化和优势互补。通过建立国际性的研究机构、联合实验室和科研项目，各国可以吸引和培养更多的科学家、工程师和技术专家。这有助于打破地域界限，激发全球创新力量，培养具备跨文化背景和全球视野的科技人才。许多重大的科技问题，如气候变化、传染病防控、能源安全等，需要国际社会共同努力。通过跨国合作，各国能够集思广益，共同研发解决方案，实现资源的有效整合，提高解决这些全球性挑战的效率和成效。合作不仅限于学术界，还包括产业界的合作。各国企业可以共同投资研发，共享市场资源，推动科技创新与产业发展的融合。这有助于形成全球价值链，提高各国在全球科技产业中的竞争力。科技创新的国际合作是促进全球科技发展、解决全球性问题的有效途径。只有通过不分阶段的跨国合作，各国才能充分发挥各自优势，共同推动科技创新的进程，为人类社会的可持续发展做出更大的贡献。

二、跨国企业的创新与发展

跨国企业在全球化的背景下扮演着至关重要的角色，其创新与发展既受益于全球资源的整合，又面临着多样化的挑战。跨国企业通过全球范围内的研发和创新活动，能够充分利用不同国家和地区的独特资源和人才。这种全球性的创新模式有助于提升企业的技术水平、产品质量和服务水平。通过在不同地区设立研发中心，跨国企业能够更好地满足多元化的市场需求，迅速适应不同国家的法规和标准，从而更好地推动企业创新和发展。通过在不同地区设立生产基地，跨国企业可以更灵活地配置生产要素、提高生产效率、降低生产成本。这种全球供应链的优势不仅有助于提高产品的竞争力，还促使企业更加注重技术创新和生产流程优化，以适应快速变化的市场需求。在进入不同国家市场的过程中，企业需要面对各种文化、社会和市场差异，从而激发出在不同领域进行跨界创新的动力。这种多元文化的碰撞和融合有助于企业更好地理解全球市场，创造出更具有国际竞争力的产品和服务。通过与当地企业、研究机构及政府进行合作，跨国企业可以更好地获取本地市场信息、技术支持和政策支持，推动本地化创新。这种开放式创新模式有助于跨国企业更好地融入当地社会，实现可持续的发展。通过充分发挥全球资源整合、供应链优势、市场拓展能力和国际合作伙伴关系，跨国企业能够更好地应对全球化带来的机遇和挑战，为其自身发展注入强大的动力。

三、教育与人才培养的国际合作

教育与人才培养的国际合作在当今全球化的背景下愈加重要，涵盖了广泛的领域。各国可以通过建立合作项目、交换学生和教师，分享先进的教学方法、课程设计和教育技术。这有助于提高教育质量，使学生在全球范围内都能受益于最新的知识和教学理念。国际化的教育环境也培养了学生的跨文化沟通能力和全球视野。通过与其他国家的高等教育机构建立合作关系，学生有机会在不同国家的学术环境中进行学习，获得更为广泛的知识和经验。这样的国际经历有助于培养学生的国际竞争力，提高其适应跨国企业和国际组织工作的能力。联合研究项目、科研合作中心的建立，以及跨国研究团队的组建，有助于解决全球性问题，推动前沿科技的发展。这种合作不仅促进了科研成果的共享，也加速了创新的转化与应用，为全球社会的可持续发展提供了更多可能性。通过建立国际职业培训项目、技能交流平台，不同国家的工作者可以学习和分享先进的职业技能，提高其在国际劳动力市场上的竞争力。这种合作有助于满足全球产业对高技能劳动力的需求，促进各国在经济和技术领域的共同发展。通过加强国际交流与合作，各国能够共同应对全球化时代面临的挑战，培养更具国际竞争力的人才，促进全球教育事业的共同繁荣。

四、跨国合作解决全球性挑战

跨国合作是应对全球性挑战的重要手段。全球性挑战，如气候变化、传染病暴发、贫困、粮食安全等，要求国际社会携手合作，共同制定并实施可持续的解决方案。跨国合作在这一背景下显得尤为关键。通过建立国际合作机制和多边协议，各国能够共同制定全球性挑战的应对策略。例如，气候变化议定书、全球卫生日倡议书等国际合作机制的建立，为各国提供了一个共同的框架，使其能够协同努力，共同应对环境、卫生等方面的全球性挑战。不同国家拥有不同的资源和专业优势，通过合作可以更有效地整合这些资源，共同应对挑战。例如，在面对粮食安全问题时，一些国家可能拥有丰富的农业资源，而另一些国家则具备先进的科技和管理经验，通过跨国合作，可以实现资源的互补，提高全球粮食生产水平。全球性挑战往往超越国界，需要建立国际共识和合作机制来解决。通过跨国合作，各国能够共同制定并推动执行国际规范和法规，从而建立起更为有效的全球治理体系，以应对共同的挑战。在解决全球性挑战的过程中，科技创新扮演着至关重要的角色。通过共同投入研发资源、分享科研成果，各国能够加速解决方案的研发和实施，推动科技水平的整体提升。只有通过各国团结协作、共同努力，才能应对这些涉及全球范围、跨越国界的复杂问题，为全球社会的可持续发展奠定基础。

五、数字平台促进创新

数字平台在促进创新方面发挥着日益重要的作用。数字平台作为一种基于信息技术的虚拟环境，为创新活动提供了广泛的支持和便利。数字平台通过提供全球性的信息共享和互动平台，连接了不同地区的创新者、企业和研究机构。这种连接促进了跨地域的合作和知识交流，使得创新者能够共享最新的科研成果、市场趋势和创新理念。数字平台为创新提供了开放的、共享的数据环境。通过数字平台，大量的数据可以被快速、高效地共享和分析，为创新提供了数据支持和决策依据。这种数据驱动的创新模式有助于挖掘新的商机、发现潜在的问题，并推动创新者更加准确地理解市场需求。通过数字平台，创新企业可以更容易地吸引到来自全球范围内的人才和资源，形成开放的创新生态系统。众包模式的兴起使得创新不再受限于特定地域或行业，而是能够吸纳全球各地的专业人才参与，从而提高创新的多样性和深度。通过数字化的营销和销售渠道，创新者能够更迅速地将他们的产品或服务推向市场，实现商业化。数字平台上的用户群体也为创新者提供了更为广泛的市场覆盖和用户反馈，有助于不断优化创新成果。数字平台在促进创新方面发挥了多方面的作用，为创新者提供了全新的合作、数据和推广机会。这种数字化的创新生态系统有助于加速创新过程，推动科技、商业和社会的发展。

跨国合作与创新经验在不同领域展现出丰富多彩的形式，推动了全球的可持续发展。这种合作不仅促进了科技的进步，也为全球性问题的解决提供了更为综合和有效的途径。在数字经济时代，加强国际合作，充分利用数字平台，将会更好地推动全球范围内的创新和可持续发展。

第四节　国际经验对我国的启示

国际经验对我国的启示是指吸取其他国家在各个领域成功经验的教训和智慧，以指导我国在经济、科技、社会发展等方面更加有效地实现可持续发展。

一、创新驱动发展

创新驱动发展是指通过不断引入新的理念、技术和方法，推动经济、社会和科技等各个领域的进步与发展。创新驱动发展是当今世界经济和社会发展的重要引擎之一，创新通过推动科技的不断进步，为产业提供了新的增长动力。新技术的引入和创新的应用使得生产方式、管理模式和产品性能得以不断改进，提高了生产效率和竞争力。这种技术创新不仅推动了产业结构的升级，也催生了新兴产业，为经济的可持续增长注入了源源不断的动力。无论是产品创新、服务创新还是商业模式创新，都使企业能够更好地适应市场需求，提供更具竞争力的产品和服务。在全球化的背景下，创新成为企业开拓国际市场、拓展全球价值链的关键要素，有助于提升企业的国际竞争地位。在教育、医疗、环保等领域的创新助力社会建设，提升人民的综合素质和生活水平。例如，数字技术的创新推动了教育的数字化，医疗技术的创新改善了医疗服务水平，可再生能源技术的创新促进了可持续发展。创新还在解决全球性挑战和推动可持续发展方面发挥着关键作用。气候变化、资源短缺、环境污染等全球性问题需要创新的解决方案。通过科技、制度和商业模式的创新，全球社会能够更好地应对这些挑战，实现可持续发展的目标。创新驱动发展是一个综合性、系统性的过程，涵盖了经济、科技、社会、文化等多个层面。只有通过不断的创新，各个领域才能够实现更高水平的发展，为可持续而全面的社会进步奠定基础。

二、绿色低碳转型

绿色低碳转型是指通过采用环保技术、调整产业结构和优化资源利用，实现从高碳向低碳、从传统向绿色的经济和社会转变。绿色低碳转型是当今全球可持续发展的主要方向之一，通过推动绿色技术创新，实现产业结构的绿色升级。采用清洁能源、智能制造和环保技术等创新手段，可以有效减少生产和生活过程中的碳排放，推动传统产业向绿色产业的转型升级。这种技术创新不仅有助于提高生产效率，而且降低了对有限自然资源的过度依赖。通过大力发展可再生能源，提高能源利用效率，减少对传统高碳能源的依赖，推动能源结构朝着更为清洁和可持续的方向发展。这种结构性调整有助于减缓气候变化、改善空气质量，为社会创造更加健康宜居的环境。城市是能源消耗和碳排放的主要来源，通过城市规划、交通改革和建筑节能等手段，可以有效减少城市的环境负担。智能交通系统、高效能源利用的建筑设计以及城市绿地的增加等举措，有助于构建更为可持续的城市发展模式。因为气候变化和环境问题是全球性的挑战，需要通过跨国合作来共同应对。国际社会可以通过共享绿色技术、共建碳市场等方式，推动全球范围内的低碳发展。通过科技创新、结构调整和国际协作，各国能够实现经济增长与环境保护的有机结合，为未来社会创造更为可持续、健康的发展路径。

三、教育与人才培养

教育与人才培养在当今社会被普遍认为是塑造未来的基石，教育不仅仅是传授知识的过程，更是培养个体全面发展的平台。通过提供系统的课程、多元的学科和综合素养的培养，教育系统致力于培养具备批判性思维、创造性解决问题能力和团队协作精神的人才，以适应日益复杂和多元化的社会需求。教育不仅关注学科知识的传递，还注重个体的综合素养和人格塑造。教育机构通过培养学生的品德、社会责任感和社会参与意识，致力于培养有社会责任感、有创造力、有创新意识的未来领导者和决策者。这种全人教育的理念有助于培养具备广泛能力的人才，他们能够在各个领域中发挥积极作用。国际交流项目、留学机会及合作研究项目，为学生和教育者提供了更广泛的学术和文化体验。这有助于培养具有国际视野和跨文化沟通能力的人才，使其更好地适应全球化时代的发展需求。通过强调 STEM（科学、技术、工程和数学）教育，教育系统能够培养更多具备创新精神和科技能力的人才，推动社会的科技进步和创新发展。教育与人才培养是社会可持续发展的支柱，是培养未来领导者、创新者和社会参与者的关键。通过不断改进教育体系、强化教育质量，以及促进国际教育合作，社会可以更好地满足不断变化的人才需求，为全球社会的进步和发展做出积极贡献。

四、社会治理与公共服务

社会治理与公共服务是构建和维护社会秩序、满足公民需求的关键要素。社会治理与公共服务密切相关，是保障社会稳定和提高居民生活水平的基础。社会治理涉及多个方面，包括法治建设、社会组织管理、公共安全、文化建设等。通过建立健全的法律体系、完善社会管理机制，社会治理有助于维护社会秩序，确保公共利益的最大化，为公共服务提供了制度和法治的支持。公共服务是社会治理的具体体现，是政府向居民提供的各种基本服务，包括但不限于教育、医疗、住房、交通等多个领域。通过提供公共服务，政府能够满足公民的基本需求，促进社会公平和经济发展。例如，教育公共服务的提供能够提升居民的综合素质，医疗公共服务则有助于提高居民的健康水平。通过建立有效的信息沟通机制、民主参与体系，促进公众更广泛地参与社会治理和公共服务的决策过程。这有助于确保治理和服务的合理性、民意性，并提高社会的凝聚力和认同感。通过建设智慧城市、推动数字化政务，政府能够提高治理效率、优化公共服务流程。数字技术也为居民提供了更加便捷、高效的公共服务体验。社会治理与公共服务相互交织，共同构建社会的和谐与稳定。通过强化法治、提升公共服务水平、加强社会参与，社会能够更好地应对各种挑战，提高居民的生活质量，推动社会的可持续发展。

五、国际合作与全球治理

国际合作与全球治理是应对全球性挑战、推动国际社会共同发展的关键因素。国际合作与全球治理在当今世界格局中愈加显得紧迫而重要。全球性问题，如气候变化、贫富差距、传染病等，要求各国携手合作，形成全球治理的共同体。通过国际合作机制和多边协议，国际社会能够共同应对这些挑战，促使各国协调行动，形成全球性的解决方案，推动全球可持续发展。通过建立开放的国际贸易体系、科技创新合作和跨国投资，各国能够分享技术、资金和市场，实现资源的优势互补。这有助于促进全球产业链的形成，提高全球经济的整体效益，推动世界经济朝着更为均衡和可持续的方向发展。通过国际组织、联合国等平台，国际社会可以在法治的框架下共同协商、共同制定国际规则，为国际关系提供秩序和稳定性。这有助于避免单边主义和强权政治的滥用，维护多边主义原则，推动全球治理体系朝着更为公正和民主的方向发展。国际合作也涉及全球性危机的协同应对。例如，疫情暴发、自然灾害等跨国性危机需要各国共同协作，分享信息、提供援助，以共同保障全球公共卫生和安全。国际合作与全球治理是应对全球性问题、促进共同繁荣的必要手段。只有通过跨国合作，各国才能共同应对复杂而紧迫的全球挑战，实现全球治理的有效性和可持续性，为全人类创造更加和谐、安全、可持续的未来。

六、数字化转型

数字化转型是指组织、企业或社会利用数字技术对业务流程、服务和模式进行全面升级和改造的过程。数字化转型在当今社会中崭露头角，成为推动创新和提高效率的重要手段。数字化转型强调信息技术的广泛应用，包括大数据分析、云计算、人工智能等前沿技术的整合。通过这些技术的运用，组织能够更迅速、精确地获取和分析大量数据，从而提升决策的科学性和效果。传统的业务流程在数字化转型中得以重新设计，采用更加智能化、自动化的方式。这包括从生产、销售到客户服务等方面的各个环节，使整个业务运作更为高效、灵活和可持续。例如，制造业通过工业互联网实现智能制造，零售业通过数字化供应链提高供应链的效率。通过移动应用、社交媒体等数字渠道，组织能够更直接地与客户进行沟通和互动。这种数字化的客户关系管理有助于更好地了解客户需求，并为客户提供个性化的产品和服务，增强客户忠诚度。新兴产业如人工智能、物联网、区块链等逐渐成为推动数字化转型的关键引擎，为各行业带来了全新的商业模式和发展机遇。通过充分利用数字技术，组织能够实现更高效的运作、更好的客户体验，为未来的可持续发展奠定基础。这也要求组织在数字化转型过程中保持灵活性，不断适应科技创新和市场变化，以取得持久的竞争优势。

通过学习其他国家的成功经验，我国可以更加明智地制定政策、优化发展路径，更加高效地实现可持续发展目标。

第八章 数字经济与交通运输业绿色低碳可持续发展策略

在数字经济时代，数字化技术与交通运输业绿色低碳可持续发展相互交织，构建了新的发展策略。

一、数字经济与绿色低碳交通的融合

数字经济与绿色低碳交通的融合是一种全新的发展模式，旨在通过数字技术的运用，优化交通体系，推动绿色、低碳的交通发展。通过引入物联网、大数据分析、人工智能等数字技术，交通系统能够更智能地进行规划、监测和管理。这有助于优化交通流动，提高道路利用效率，减少拥堵和排放，实现绿色低碳目标。智能交通系统、电动交通工具及共享交通服务等新型数字经济模式的出现，为绿色低碳交通提供了更多选择。例如，共享出行平台通过数字技术整合多种交通工具，提高资源利用效率，减少碳排放。通过数字平台，企业能够开发更加灵活、个性化的交通服务，如智能路线规划、共享停车位等。这有助于提高用户体验，引导人们更加便捷地选择低碳交通方式，减少对传统高碳交通工具的依赖。数字技术的运用能够支持城市建设更加智能、可持续的交通系统。例如，智能城市规划可以通过数据分析来确定最佳的交通流动方式，提高城市的整体绿色低碳水平。数字经济与绿色低碳交通的融合不仅是技术和产业的创新，也是社会可持续发展的一部分。通过数字技术的推动，绿色低碳交通将更好地满足人们的出行需求，减缓对环境的压力，为城市的可持续发展和改善居民生活质量做出积极贡献。

二、数字化管理与智能物流

数字化管理与智能物流的融合是现代供应链管理中的关键趋势，通过数字技术的应用，优化物流流程，提高效率，实现智能化运输和仓储。数字化管理通过信息技术的运用，实现了对物流整个过程的全面监控和实时数据分析。物流公司和供应链管理者可以借助大数据分析、物联网和云计算等技术，实时追踪货物的位置、运输状态及仓储情况。这样的数据可视化和实时监控有助于准确预测供应链中的"瓶颈"和风险，提前做好调整和应对措施。智能物流借助物联网技术，使得物流过程更加智能化和自动化。传感器、RFID等技术的广泛应用，使得货物可以在整个供应链中实现自动识别、跟踪和管理。这有助于提高货物运输的准确性和效率，降低误差率，实现供应链的高效运转。通过对大量数据的学习和分析，系统可以更好地理解和适应不同的运输需求。智能物流系统能够通过预测性分析优化运输路径、合理规划配送计划，提高运输效率，减少资源浪费。自动化的仓库设备、机器人和无人机的使用，使货物的入库、出库和存储变得更加智能、高效。智能仓储系统可以根据需求自动调整货物存放位置，提高仓储空间的利用率。数字化管理与智能物流的融合不仅提高了供应链的效率和透明度，也为物流行业带来了全新的商业模式和发展机遇。这一趋势有助于提升企业的竞争力，也推动了物流行业朝着更加智能、绿色和可持续的方向发展。

三、数字化共享出行与交通服务

数字化共享出行与交通服务的融合是当今城市交通领域的一项重要创新，通过数字技术实现共享经济和智能化服务，改变了人们的出行方式和交通管理方式。数字化共享出行模式通过互联网平台，提供了更为便捷、灵活的交通选择。共享出行服务包括共享单车、共享电动滑板车、共享汽车等，用户通过手机 APP 可以随时查找、预定和支付，极大地方便了人们的出行。这种数字化的共享模式使得城市居民能够更灵活地选择适应不同场景的交通工具，减少了对私人交通工具的依赖，促进了多模式出行的发展。通过大数据分析和人工智能技术，共享出行平台能够实时监测交通流量、预测拥堵情况，并通过算法优化交通资源的配置。这有助于提高城市交通的整体效率，减少拥堵，优化路线规划。基于大数据分析和实时需求，共享出行平台能够灵活调整价格，引导用户合理分布在不同区域的出行需求。这有助于平衡城市各个区域的交通负荷，提高整体交通系统的运行效率。通过与其他相关服务（如支付、地图导航、城市规划等）的融合，共享出行平台为用户提供了全方位的交通解决方案。这种数字化的交通服务生态系统有助于形成更加智能和便捷的城市出行体验。数字化共享出行与交通服务的融合不仅提高了城市居民的出行便利性，也为城市交通管理提供了新的手段和思路。通过创新科技应用，数字化共享出行正在成为城市可持续交通发展的引领者，促进了城市交通的智能、绿色和可持续发展。

四、数字技术在绿色低碳交通中的挑战

数字技术在绿色低碳交通中的应用带来了许多机遇，但同时面临一些挑战。建设数字化交通系统需要大量的投资，包括智能交通信号灯、智能交通监控系统、电动车充电桩等。这些基础设施的部署需要充分考虑城市规模、交通需求和可持续发展目标，而投资和规划的不足可能会限制数字技术在绿色低碳交通中的广泛应用。在数字化交通系统中，大量的用户数据和交通信息被采集和传输，这就需要建立安全可靠的信息网络，防范网络攻击和数据泄露的风险。应确保用户个人隐私得到有效保护，避免滥用、泄露个人信息的问题。不同城市、不同地区的数字化交通系统可能采用不同的技术标准，导致信息互通的问题。

建立统一的标准和规范，促进数字技术在绿色低碳交通中的协同发展，是一个需要解决的重要问题。随着技术的迅猛发展，原来的数字化交通系统可能会迅速过时，需要不断更新升级以适应新的技术趋势和需求。这对交通管理者来说，需要具备及时更新技术和保障系统的可持续发展的能力。数字技术在绿色低碳交通中的应用虽然带来了巨大的潜力，但也伴随一系列挑战。通过克服这些挑战，社会可以更好地推动数字技术在绿色低碳交通中的发展，实现更加智能、高效和环保的城市出行方式。

五、可持续发展策略的制定与实施

为了实现数字经济与交通运输业绿色低碳可持续发展，政府、企业和社会应共同努力，制定并执行相应的战略。政府应当积极引导数字经济发展，加大对数字技术在交通运输领域的研发和应用支持，制定相应的政策法规，引导企业向绿色低碳方向发展。政府还应当加强数字基础设施建设，提高全国信息化水平，为数字化交通奠定坚实的基础。企业应当加大研发力度，推动数字技术在交通运输业的广泛应用。对传统交通企业而言，需要积极推进数字化转型，提高运营效率，减少对环境的不良影响。对于新兴的共享出行企业，应当注重可持续性发展，引导用户绿色低碳出行。通过宣传教育，提高公众对数字经济与绿色低碳交通的认知，鼓励大众参与绿色低碳出行。社会组织可以与政府和企业一同参与到相关项目中，推动绿色低碳发展的理念深入人心。

数字经济与交通运输业绿色低碳可持续发展策略的制定和实施是一个复杂的系统工程，需要政府、企业、社会各方的共同努力。通过科技的力量，数字经济与绿色低碳交通的结合将为城市化进程带来可持续性的新模式，为全球环境保护事业做出更为积极的贡献。

第一节　可持续发展的概念与原则

可持续发展是一种综合性的发展理念，旨在满足当前世代的需求，而不损害满足未来世代需求的能力。它强调经济、社会和环境的协调发展，追求长期稳健的增长，并尊重和保护自然资源。

一、可持续发展的概念

可持续发展强调在社会、经济和环境三个层面的平衡，以确保资源的有效利用、生态系统的稳健性和社会的公正性。可持续发展是一种综合性的发展理念，旨在在当前满足人类需求的同时，保护和提升自然环境，确保资源的可持续利用，促进社会的公平和经济的健康增长。这一概念源于对长期不可持续发展模式所带来的环境、社会和经济问题的反思，强调人类与自然环境的协调发展，以确保未来世代也能够享有良好的生活质量。

在环境方面，可持续发展倡导对生态系统的尊重和保护。这包括减少污染、保护生物多样性、推动可再生能源的利用等措施，以维护地球的生态平衡。可持续发展也强调对自然资源的负责任管理，以防止过度开发和损害生态系统的能力。

在社会方面，可持续发展注重社会的包容性和公正性。这意味着确保社会资源的公平分配、消除贫困、提高教育水平和促进人权等方面的努力。可持续发展倡导人们在发展过程中能够共享发展成果，不让部分人群在社会经济发展中被边缘化。

在经济方面，可持续发展鼓励经济增长与资源利用的解耦，强调创新、绿色技术和绿色产业的发展。这包括推动循环经济、促进低碳发展、减少对非可再生资源的依赖等方面的措施，以确保经济活动对环境的冲击最小化。

总体而言，可持续发展是一种综合性、长远性的发展理念，旨在平衡社会、经济和环境的相互关系，以实现全球共同繁荣和人类福祉的目标。这一概念在国际上得到广泛支持，并被视为引导未来社会发展的关键指导原则。

二、可持续发展的原则

（一）环境保护原则

环境保护原则是一系列旨在保护自然环境、维护生态平衡、减缓气候变化的指导性准则。这些原则为可持续发展提供了方向，强调在各个领域采取措施以减少对环境的负面影响。该原则强调通过采取提前预防措施，避免或最小化对环境的潜在危害。这包括识别并减少化学品和污染物的使用，制定环保标准和规范，以确保生产和消费活动对环境的负面影响降到最低。污染防治原则强调通过监测、治理和减少排放物来防止环境污染。这包括采取措施控制空气、水和土壤的污染，加强废弃物处理和回收再利用，以确保人类活动不会对环境造成长期的伤害。可持续利用原则鼓励资源的合理、可持续的利用方式。这包括提倡循环经济，减少对非可再生资源的依赖，优化能源利用效率，促进可再生能源的开发和使用，以确保资源的长期可持续性。在自然保护方面，生物多样性保护原则强调保护和维护生态系统的多样性。这包括设立自然保护区、采取措施保护濒危物种、减少对生态系统的干扰，以维护地球上各种生命形式的多样性和稳定性。由于环境问题跨越国界，国际合作是确保全球环境可持续性的重要手段。全球合作原则强调国际社会需要共同努力、共享责任，共同应对全球性环境挑战，包括气候变化、大气污染等。这些原则不仅有助于维护自然环境的健康，也为人类创造了可持续的生存条件。在全球范围内推动这些原则的实施，对实现可持续发展目标和保障地球未来的可持续性至关重要。

（二）社会公正原则

社会公正原则是指在社会组织和运作中，保障每个人都能够平等地享有基本权利、机会和资源的原则。社会公正原则强调每个人都应当在社会中拥有平等的基本权利，这包括但不限于言论自由、受教育的权利、职业选择的自由等。社会公正追求摒弃任何形式的歧视和不平等对待，确保每个个体都有平等的机会去追求自己的潜力和幸福。经济公正是社会公正原则的一个重要方面，这涉及确保财富和资源的公平分配，以减少社会中的贫富差距。通过建立公正的税收制度、社会福利体系和贫困救助措施，社会能够更好地实现财富的公平共享，提高整个社会的稳定性和公平性。社会公正强调在社会机会和资源分配中避免对特定群体的偏见和歧视，这包括确保教育、就业和医疗等方面的机会是公平可及的，不受到性别、种族、宗教或其他身份特征的歧视。通过推动平等的机会和权益，社会可以更好地发挥每个成员的潜力，促进社会的全面发展。在司法领域，社会公正原则强调法律的平等适用和司法制度的公正，这包括确保每个人在法律面前都是平等的，无论其社会地位、财富水平或其他身份因素。公正的司法制度有助于维护社会的法治，提高公民对司法公正性的信任。社会公正原则是建立和谐、稳定社会的基石。通过追求公平的机会、资源分配和司法制度，社会可以更好地实现全体成员的共同繁荣，减少社会紧张和不平等现象，促进社会的可持续发展。

（三）经济发展原则

经济发展原则是指在经济运行和发展中遵循的一系列指导性准则，旨在实现可持续、稳健、全面的经济增长。可持续经济发展强调当前的经济增长不应损害未来世代的资源和发展空间。这需要在合理利用资源、降低环境影响、推动循环经济等方面做出努力，以确保经济发展具有长期的可持续性，不对自然环境造成不可逆转的破坏。全面经济发展强调不仅关注经济的总量增长，而且注重提高生活质量、降低社会不平等、改善教育水平和促进全体公民的全面发展。这意味着经济政策和发展战略需要考虑到各个层面和方面，以促进社会的整体繁荣。包容性经济发展追求使更多人分享发展成果，特别是关注弱势群体的福祉。这包括提供平等的机会、降低社会不平等、改善就业状况、加强社会保障体系等方面的措施，以确保发展的红利可以更广泛地惠及社会各个层面。在创新方面，经济发展原则强调科技创新和产业升级。通过鼓励科技创新、推动数字化转型、促进研发投入，经济可以实现更高效、更具竞争力的增长，提高整个国家的创新能力和核心竞争力。在全球化的背景下，国际合作有助于促进经济交流、分享技术和经验，推动全球经济的共同发展。开放合作的原则有助于构建开放的国际经济体系，推动全球贸易和投资的健康发展。经济发展原则旨在实现经济的全面、可持续、包容和创新发展。这一系列原则为制定经济政策和战略提供了指导，有助于确保经济增长不仅仅是数量上的增长，更是质量上的提升，为社会的全面进步奠定基础。

（四）全球协作原则

全球协作原则是指国际社会为应对全球性挑战、促进共同繁荣而共同遵循的指导性准则。这些原则强调跨越国界的合作、共同责任和共赢合作，以解决涉及全球性的问题。全球性问题，如气候变化、传染病、贸易不平衡等，超越了单一国家的能力范围，需要国际社会携手应对。这一原则倡导通过国际组织、多边合作机制和全球伙伴关系，共同制定政策、分享资源和协同行动，以应对全球性挑战。全球社会应共同承担解决全球问题的责任，无论是贫富差距、社会不平等、环境污染还是其他挑战。这意味着发达国家与发展中国家之间需要建立平等、公正的伙伴关系，共同努力推动全球可持续发展。这包括通过国际贸易、文化交流和科技合作，促进不同国家之间的互利共赢。同时，应推动国际合作机制的不断改进，以适应不断变化的全球环境，提高协作效能。在卫生领域，全球协作原则要求共同应对全球性传染病威胁。这包括及时分享信息、提供支持和协调抗疫措施，以确保疫情在全球范围内得到有效控制。通过促进文化交流、教育合作和文化遗产的保护，国际社会可以加强相互理解，促进和平共处。全球协作原则是应对全球性挑战的基础，强调国际社会在经济、社会、环境和卫生等领域的共同合作。这一原则有助于构建一个更加公正、包容和稳定的国际秩序，推动全球社会迈向共同繁荣和可持续发展。

（五）长期视角原则

长期视角原则是指在制定政策、规划发展和解决问题时，强调考虑并优先考虑未来的影响和可持续性的指导性准则。这一原则鼓励决策者和组织不仅关注眼前的利益，还要思考和权衡对未来社会、经济和环境的长远影响。这包括确保经济活动和资源利用不会耗尽或破坏自然环境，而是能够满足未来世代的需求。长期视角鼓励采用可持续的发展模式，促进环境、社会和经济的协调发展。

长期视角原则要求在社会政策制定中考虑未来的社会影响，这包括教育、医疗、社会保障等方面的政策，需要以长期的眼光来制定，以确保未来世代能够享有更好的福祉和生活质量。这也包括对社会不平等和社会问题的根本解决，而非仅仅满足眼前需求。企业需要考虑产品和服务的生命周期、资源利用的效率，以及对环境和社会的影响。通过采取长远的经营战略和社会责任，企业可以更好地适应未来的变化，减少不必要的风险，提高企业的长期竞争力。在政治决策方面，长期视角原则提倡稳定、可预测的政策环境。政策的频繁变动和短视的政策制定可能对经济和社会产生负面影响。长期视角要求政策制定者考虑政策的持续性和长期效果，以确保制定的政策对社会、经济和环境的影响是稳定和可持续的。长期视角原则是一种智慧和可持续的决策方法，有助于构建更加稳健、公正和可持续的社会、经济和环境体系。这一原则的实践需要跨足各个领域，从政策的制定到企业的经营，以及社会发展的各个方面。

可持续发展概念与原则构建了一个全面、平衡的发展框架，将经济、社会和环境纳入统一的发展议程。通过遵循这些原则，各国能够实现更加全面、公正和可持续的发展，为全球的未来奠定坚实基础。

第二节　数字经济背景下的策略制定与规划

在数字经济背景下，策略制定与规划变得更为复杂而关键。数字经济的快速发展为企业、政府和组织提供了新的机遇和挑战，因此制定切实可行的策略和规划显得尤为重要。

一、数据驱动的决策制定

数据驱动的决策制定是指在制定决策时，通过收集、分析和利用大量数据来辅助决策过程。这种方法强调对实时和历史数据的深入理解，以便更明智地做出决策。组织和企业通过各种渠道，包括内部系统、社交媒体、市场调研等，收集大量的相关数据。这些数据涵盖各个方面，如客户行为、市场趋势、生产效率等，为决策提供全面的信息基础。通过利用数据分析工具、机器学习算法等技术手段，可以深入挖掘数据中的关联、趋势和模式。这有助于企业对业务状况有更深层次的理解，提供更有针对性的信息，为决策制定提供科学的依据。随着科技的发展，数据可以实时生成和更新。这意味着决策制定者可以基于最新的数据进行决策，及时调整战略和方针，以适应快速变化的市场和业务环境。在客户关系管理方面，数据驱动的决策制定使企业能够更好地了解客户需求和行为。通过分析客户数据，企业可以提供个性化服务、优化产品设计，并更好地满足客户需求，提高客户满意度。通过对历史数据和市场变化的分析，组织可以更好地识别潜在的风险因素，并制定相应的应对策略，降低不确定性和风险。数据驱动的决策制定是一种基于事实和证据的方法，通过充分利用数据资源，帮助组织做出更明智、更精准的决策。这一方法有助于提高决策的准确性和效果，推动组织在竞争激烈的环境中更好地发展和创新。

二、创新驱动的战略设计

创新驱动的战略设计是指组织或企业在制定战略时，将创新作为核心驱动力的一种方法。这种战略设计强调通过不断的创新，包括技术、产品、服务、管理和业务模式的创新，来获得竞争优势和推动持续发展。创新驱动的战略设计强调将创新置于组织战略的核心位置，这包括确立创新为组织文化的重要组成部分，激发员工的创新意识和创新能力。通过设定明确的创新目标和愿景，组织能够在战略层面引导创新的方向。组织需要投入更多的资源来推动科技领域的创新，不仅仅是跟随市场趋势，更要成为引领者。这包括研发新产品、采用新技术、建立研发合作伙伴关系等方面的努力，以确保组织保持在技术层面的竞争优势。创新驱动的战略设计注重产品和服务创新,这包括不断改进现有产品和服务,推出新的产品线,满足不断变化的市场需求。通过不断提升产品和服务的附加值,组织能够更好地满足客户的期望,增强市场竞争力。在管理层面,创新驱动的战略设计还强调组织结构、流程和文化的创新。灵活的组织结构、高效的流程及鼓励创新的文化,有助于提高组织对变革的适应能力,促进创新的迅速实施和推广。通过与初创企业、研究机构和其他合作伙伴建立紧密联系,组织可以更好地获取外部创新资源、拓展创新思维,并加速创新的推进过程。通过将创新融入战略制定的全过程,组织能够更好地把握机遇、应对挑战,推动自身的可持续发展。这一战略设计是适应快速变化和不断演进的商业环境的重要方式。

三、敏捷性和灵活性的强调

敏捷性和灵活性的强调是指组织或企业在运营和管理中,特别注重迅速、灵活地适应变化、创新和挑战的能力。这反映了企业对于在不断变化的商业环境中保持竞争力的迫切需求。敏捷性和灵活性的强调需要组织迅速适应市场和环境的变化,这包括对客户需求、竞争动态、科技进步等因素的快速响应能力。通过迅速调整战略、产品或服务,组织可以更好地抓住机遇、降低风险、保持竞争优势。组织需要建立敏捷的决策和执行机制,这包括减少层级、提高决策的效率,以及推动更快速的执行。敏捷性和灵活性要求组织能够更加迅速地做出决策并将其付诸实践,以迎合市场和竞争的动态变化。鼓励创新、接受变革、鼓励团队成员提出新想法是灵活性和敏捷性文化的重要组成部分。这样的文化有助于激发员工的积极性和创造力,使其更愿意适应变化和参与创新。在项目管理层面,敏捷方法的采用是对敏捷性和灵活性的强调的具体体现。敏捷方法注重快速迭代、灵活响应需求变化和团队协作,有助于提高项目交付的速度和质量。通过数字化转型,组织可以更迅速地获取和分析数据,优化业务流程,提高响应速度,更好地满足客户期望。敏捷性和灵活性的强调是在快速变化和不确定性的商业环境中取得成功的关键因素,这需要组织具备快速决策、灵活执行和适应变化的文化和机制。强调敏捷性和灵活性有助于组织更好地适应市场变化,推动创新,提高竞争力。

四、数字化市场营销和客户互动

数字化市场营销和客户互动是指利用数字技术和在线平台,通过多种渠道与客户进行互动,推广产品或服务,并实现更个性化、有效的营销策略。通过社交媒体、搜索引擎优化(SEO)、电子邮件营销等数字渠道,企业可以更广泛地接触目标受众,提高品牌知名度,并引导潜在客户进入销售漏斗。通过数据分析和客户关系管理系统(CRM),企业可以收集、分析客户数据,了解客户喜好和行为。基于这些信息,企业能够精准地提供个性化的产品推荐、定制化的促销活动,从而提升客户体验,增加购买意愿。通过建立和维护社交媒体平台，企业可以直接与客户互动，回应客户反馈，分享品牌故事，增强品牌与客户之间的亲密感。社交媒体还提供了传播品牌口碑、促销产品和参与社群营销的机会。在客户互动方面，数字化市场营销注重实时性和双向沟通。通过在线聊天、社交媒体评论、客户服务平台等渠道，企业可以及时回应客户疑问，并解决问题，建立更加紧密的客户关系。这种实时的互动有助于提高客户满意度，增强客户忠诚度。通过分析客户行为、市场趋势和营销效果，企业可以不断优化营销策略，做出更明智的决策，提高投资回报率。通过充分利用数字技术，企业能够更精准地定位目标受众、提高品牌曝光、提升客户体验，从而实现更有效的市场营销和更具深度的客户互动。

五、人才战略和数字化技能培养

人才战略和数字化技能培养是组织为适应数字时代的需求，培养和吸引具备数字化技能的人才，以推动创新和提升组织绩效的战略方向。在数字化时代，组织需要员工具备与技术发展同步的数字化技能，以更好地适应快速变化的商业环境。人才战略要求组织明确数字化技能在招聘、培养和提升个环节中的重要性，以确保人才队伍具备适应未来工作要求的能力。通过提供培训课程、在线学习平台、工作坊等形式，组织可以帮助员工提升数字化技能，包括但不限于数据分析、人工智能、数字营销等方面的能力。数字化技能培养的目标是让员工能够更好地应对数字化工作环境中的各项挑战，提高工作效率和创新能力。人才战略鼓励建立与高校和研究机构的合作关系，这种合作有助于将学术界的研究成果与实际业务需求相结合，推动数字化领域的知识传递和创新。通过与高等教育机构合作，组织可以更好地获得优秀人才，并参与数字化领域的前沿研究。在招聘方面，人才战略强调招聘具备数字化技能的人才。通过更新招聘流程，设定明确的技能要求，组织可以更有针对性地吸引和筛选具备数字化技能的候选人。这有助于确保组织在人才队伍中引入与数字化战略相一致的人才。人才战略还应包括提供良好的工作环境和发展机会，以留住具备数字化技能的人才。这包括灵活的工作制度、创新激励机制、职业发展通道等方面的举措，以吸引、留住和发展数字化领域的优秀人才。通过在人才招聘、培养和发展方面强调数字化技能的重要性，组织能够构建具备创新能力和适应力的数字化人才队伍，推动组织在数字化转型中的成功。

六、云计算和数字基础设施的优化

云计算和数字基础设施的优化是指组织通过使用云服务和优化数字基础设施，提高效率、灵活性和可靠性，以更好地满足业务需求。云计算的采用对组织而言意味着可以通过云服务提供商获取计算资源、存储空间和应用程序，而无须建立和维护自己的物理基础设施。这种模式使组织能够根据需要扩展或缩减资源，实现更灵活的资源管理，并避免大量的资本支出。数字基础设施的优化包括对硬件、软件和网络基础设施的持续优化。通过采用先进的技术和最佳实践，组织可以提高基础设施的性能、可用性和安全性。这包括更新硬件设备、升级操作系统、实施自动化管理等措施，以确保数字基础设施处于最佳状态。通过使用云服务提供商的安全功能、加密技术、多层次的网络防御等手段，组织可以更好地保护数据和应用程序，防范网络攻击和数据泄露。这有助于建立更可信赖的数字基础设施环境。在可扩展性方面，云计算和数字基础设施的优化允许组织根据业务需求动态扩展或缩减资源。这种弹性使组织能够更好地适应工作负载的波动，提高系统的可用性，同时最大限度地降低资源浪费。通过采用节能技术、优化数据中心布局、实施智能能源管理等措施，组织可以减少能源消耗、降低运营成本，同时推动绿色数字化转型。通过灵活的云服务和优化的数字基础设施，组织能够更高效地运作，更灵活地满足不断变化的业务需求，同时提高安全性和可扩展性。

七、风险管理和网络安全策略

风险管理和网络安全策略是组织为了有效防范潜在威胁、保护信息资产和确保业务连续性而制定的战略和措施。风险管理是一种系统性的方法，用于识别、评估和应对组织面临的各种风险。这包括战略风险、操作风险、法规合规风险等。通过建立完善的风险识别和评估机制，组织能够更好地发现和了解潜在威胁，为决策提供风险防控基础，并制定相应的风险应对策略。网络安全策略强调通过采取各种措施，确保组织的信息系统和网络得到有效保护。这包括建立强固的网络防御机制、采用先进的加密技术、强化身份验证和访问控制，以及持续监测和响应安全事件。网络安全策略的目标是保护组织的机密信息、防范数据泄露和网络攻击。风险管理的重要部分是识别和评估与信息安全相关的风险，而网络安全策略则是在了解这些风险的基础上制定具体的应对方案。这两者相辅相成，共同构建组织的安全防线。在技术层面，网络安全策略要求不断更新和升级安全系统和软件，及时修补漏洞，以应对不断演变的网络威胁。这包括及时应用安全补丁、采用先进的威胁检测技术、建立网络隔离等手段。通过教育员工有关网络安全最佳实践、识别威胁的能力，组织可以降低人为错误和社会工程攻击的风险。风险管理和网络安全策略是确保组织信息资产安全、业务连续性和声誉的不可或缺的组成部分。通过综合考虑战略、技术、人员和过程等方面，组织能够更全面、有力地应对潜在的风险和网络威胁。在数字经济背景下，制定策略与规划不再是一次性的决策，而是一个持续演进的过程。组织需要不断学习、适应和优化，以确保其在不断变化的数字经济环境中保持竞争力和可持续发展。

第三节　可持续发展目标的实施与评估

联合国可持续发展目标（SDGs）的实施与评估是全球社会为实现经济、社会和环境的可持续性而采取的重要措施。这一全球性议程旨在解决贫困、不平等、气候变化等一系列全球性挑战。实施 SDGs 的过程涉及各层面的行动，从国家政府到企业和个人都需要参与其中。国家政府在实施 SDGs 时扮演着关键的角色，需要通过制定和整合相关政策，将 SDGs 纳入国家发展规划中，并设立相应的政策框架。这需要政府建立跨部门合作的机制，确保 SDGs 的原则贯穿于各个政府部门和层面。在实施 SDGs 的过程中，多方利益相关者的参与至关重要。政府、企业、非政府组织、学术界和公民社会等各方需要共同努力，形成合作联盟，推动 SDGs 的实现。这种多方参与不仅仅是在决策层面，更需要在实际行动和项目的层面展开。例如，企业可以通过采用可持续经营模式、社会责任项目等方式来支持 SDGs 的实施。在实施 SDGs 的过程中，资源配置和投资是一个关键问题。可持续发展需要大量的资源投入，包括财政、技术和人力资源。政府和企业需要制订合理的资金计划，吸引私人投资，并确保资源的合理分配。这意味着需要建立有利于可持续投资的环境，如通过设立激励措施、改善投资环境等方式。为了保证 SDGs 实施的有效性，建立监测和报告机制至关重要。国家需要建立可靠的数据收集系统，定期报告实施的成果和挑战。这需要建立与 SDGs 相关的定量和定性指标，以便对进展、结果进行全面而系统的评估。监测和报告的透明性对于激励各方共同努力、分享经验和共享最佳实践至关重要。SDGs 的实施过程中，面临着一系列挑战。其中之一是资金短缺。实现 SDGs 需要大量的投资，而许多国家面临资金短缺的问题。解决这一挑战需要通过建立更多的国际合作机制、吸引私人投资，并加强本国的财政规划。社会不平等是另一个 SDGs 实施中需要解决的核心问题，可持续发展的一个核心原则是社会的包容性，然而，社会不平等仍然是一个严峻的挑战。政府和组织需要采取措施，确保 SDGs 的实施惠及全体人民，尤其是弱势群体。这可能包括通过改善教育、卫生、社会保障等手段，缩小社会差距，确保每个人都能分享到可持续发展的成果。气候变化和环境问题也是 SDGs 实施中需要重点关注的方面。采取应对气候变化的措施、推动可再生能源发展，以及保护生态系统都是关键步骤。

第四节　未来展望与政策建议

在数字经济驱动下的交通运输业绿色低碳发展道路上，需要更深入的展望未来趋势，并提出相应的政策建议，以推动可持续发展目标的实现。

一、未来展望

（一）创新科技的融合

创新科技的融合是指将不同领域的科技成果、技术和方法整合在一起，以制定新的、具有跨学科特性的解决方案。这种融合可以加速创新、提高效率，并在各个行业和领域产生深远的影响。不同领域的专业知识相互交叉，促使科学家、工程师和研究人员之间展开更紧密的合作。通过在技术、生物学、信息学等多个领域之间建立桥梁，创新科技融合创建了一个有助于集思广益、共同解决问题的合作环境。通过将人工智能、大数据、物联网等数字技术与传统行业结合，可以创造出更加智能、高效的解决方案。这样的融合促使数字化转型，改变了传统行业的运作方式和商业模式。创新科技的融合推动了新兴技术的发展。例如，生物技术与信息技术的融合促进了生物信息学领域的兴起，为基因编辑、医学研究等领域带来了新的突破。融合创新也推动了材料科学、能源技术、先进制造等领域的跨界发展，促进了技术的进步和应用的拓展。在医疗健康领域，创新科技的融合推动了个性化医疗、远程医疗等概念的发展。通过结合基因测序、人工智能医疗诊断系统等技术，可以提供更加精准和个性化的医疗服务，改善患者的治疗效果。通过结合能源技术、智能城市规划、环境监测等方面的创新，可以实现资源更加高效利用，减少对环境的负面影响。创新科技的融合是推动社会、经济和科技进步的关键因素之一。这种融合带来了多领域的合作、新兴技术的涌现，促进了全球创新生态系统的发展，为未来社会带来更多可能性。

（二）共享经济的拓展

共享经济的拓展是指共享模式在不同领域和行业的扩大应用，以满足用户需求、提高资源利用效率，并推动经济发展的过程。共享单车、共享电动汽车、网约车等不同形式的共享出行服务不断涌现，为用户提供更加灵活、便捷的交通选择。这种拓展改变了传统交通方式，减缓了城市交通拥堵，同时提高了资源利用效率。共享住宿平台通过连接房东和租客，使个人或企业可以共享他们的房源，为用户提供更加个性化、实惠的住宿选择。这种模式改变了传统酒店业的格局，提供了更加多样化的住宿体验。共享办公空间、共享办公设备、共享家居用品等服务不断涌现，让用户能够更加灵活地使用各种资源，减少了浪费，推动了可持续消费的理念。在金融领域，共享经济的拓展体现为共享金融服务的发展。

众筹平台、P2P借贷、数字支付等共享金融模式的兴起，使得用户能够更便捷地获得融资、进行投资，推动了金融领域的创新和发展。共享经济的拓展还在教育、健康、娱乐等多个领域产生影响。通过共享知识、健康服务、文化娱乐等资源，共享经济拓展为用户提供了更多选择，丰富了生活方式。共享经济的拓展不仅改变了传统商业模式，也塑造了新的消费文化。通过提高资源的共享利用率，共享经济的拓展推动了社会的可持续发展，促使企业更加注重创新和用户体验，为经济注入新的活力。

（三）可再生能源的广泛应用

可再生能源的广泛应用是指在能源生产和消费领域，大规模采用可再生能源，以替代传统的化石能源，实现能源的可持续发展。太阳能光伏技术通过将太阳辐射转化为电能，被广泛应用于家庭、工业和商业领域。太阳能光伏电池板的成本不断下降，效率不断提高，促使太阳能在全球范围内得到广泛应用，成为清洁能源的主要代表之一。风力发电通过风轮机将风能转化为电能，被用于发电场、海上风电等场景。风能具有高效、零排放的特点，其不断增长的容量在全球能源结构中占据着重要地位。水力发电、潮汐能发电等技术被广泛应用于水域，为电力生产提供可再生能源。这些技术在一些地区成为主要的清洁能源来源，为电力系统提供稳定的基础负荷。在生物质能源方面，生物质发电、生物质燃料等技术也逐渐得到推广应用。生物质能源通过利用植物和有机废弃物来产生能源，减少了对有限资源的依赖，同时有助于减缓温室气体排放。除了这些主要的可再生能源形式，地热能、海洋能等能源也在不同程度上得到了应用和开发。通过技术创新和政策支持，可再生能源的广泛应用有助于减缓气候变化、提高能源安全性，推动全球能源转型。可再生能源的广泛应用是实现清洁、可持续能源未来的关键步骤。通过不断提高技术效率、降低成本，并制定支持政策，社会可以更好地利用可再生能源，减少对传统能源的依赖，为全球可持续发展做出积极贡献。

二、政策建议

（一）制定鼓励创新的政策

在当今快速发展的数字时代，政府在制定政策时应当更加注重鼓励数字技术创新，特别是在智能交通、电动汽车等领域提供全方位的支持。这一方面有助于推动技术的不断升级，另一方面也能够加速社会向绿色低碳方向迈进。通过对企业提供激励，政府可以促使其加大在绿色低碳技术研发和应用方面的投入，从而在全行业范围内提高绿色低碳水平。政府应当制定有针对性的政策，以促进数字技术在智能交通领域的创新和发展。这包括但不限于在交通管理系统、智能交通信号灯、智能交通监测设备等方面进行研发和应用。通过设立专项基金、提供税收优惠等方式，政府可以引导企业在智能交通领域进行更深入的技术创新，提高交通系统的效率、安全性和环保性。电动汽车作为绿色出行的重要代表工具，政府应该通过政策支持，推动电动汽车技术的不断创新和应用。这可以通过提供研发资金、建立充电基础设施、推出购车补贴等方式来实现。通过这些手段，政府可以激励汽车制造商和科技公司在电动汽车技术上取得更大突破，提高电动汽车的续航能力、充电速度等方面的性能，进一步推动电动汽车在交通领域的普及和应用。政府还可以通过鼓励企业加大对绿色低碳技术的投入，推动整个行业的技术升级。这包括在生产工艺上引入更环保的技术、提高能源利用效率、减少废弃物排放等方面的创新。通过建立奖励机制、制定环保标准、推动产业转型升级等方式，政府可以激发企业的积极性，推动各行业在绿色低碳方向上取得更显著的进展。在政策制定过程中，政府还应该注重加强对相关产业的监管力度，在确保企业在技术创新的同时遵循环保法规，防止出现环境污染和资源浪费等问题。通过建立健全的法规体系和监管机制，政府可以更好地引导产业发展，实现经济增长与环保之间的平衡。政府在制定鼓励数字技术创新的政策时，应该综合考虑智能交通、电动汽车等领域的特点，通过激励企业加大对绿色低碳技术的投入，推动行业的技术升级，提高整体绿色低碳水平。这不仅有助于实现经济可持续发展，还能够有效缓解环境问题，为社会创造更为可持续的发展模式。

（二）建设智能化基础设施

在推动未来绿色低碳交通发展的过程中，政府扮演着关键的角色，其应加强对智能交通系统和电动汽车充电基础设施的建设，并提供相应的财政支持和政策激励。通过这一系列措施，政府可以积极引导和促进社会各方的投入，加速相关基础设施的建设和完善，为未来绿色低碳交通的全面发展创造有利的条件。通过投入资金建设智能交通信号灯、交通监测系统、智能交通管理中心等设施，政府可以促使城市交通系统更加智能化和高效化。鼓励企业在智能交通领域进行创新研发，推动先进技术在实际交通管理中的应用，从而优化交通流，降低交通事故率，提高城市交通系统整体运行水平。电动汽车作为绿色低碳出行的代表，其充电基础设施的建设是推动电动汽车普及的关键一环。政府应当通过财政支持和政策激励，积极投入建设充电站和充电桩网络，以解决电动汽车用户的充电难题。这包括但不限于为充电基础设施提供资金支持、减免相关税费、引导企业投入充电基础设施建设等措施。通过这些手段，政府可以打破电动汽车的充电壁垒，提高用户的使用便利性，从而促进电动汽车的更广泛应用。政府可以采取多种形式的激励措施，鼓励企业参与充电基础设施建设。这包括为充电设施建设提供贷款支持、推出税收优惠政策、设立奖励基金等方式，以降低企业投资门槛，促进更多的企业参与到电动汽车充电基础设施建设中来。通过建立合理的激励机制，政府可以激发市场活力，形成政府、企业和市场三方合力，推动充电基础设施的快速发展。政府还应当注重制定一系列政策和标准，以确保充电基础设施的规范和互通性。建立统一的充电标准，推动不同类型充电桩的互联互通，有助于提高整个充电网络的可用性和可靠性。政府还可以制定充电服务行业的监管政策，确保充电站的运营和服务质量，维护广大电动汽车用户的权益。在推动智能交通系统和电动汽车充电基础设施建设的同时，政府还应当注重对生态环境的保护。在选址和建设过程中，应当充分考虑生态影响评估，确保基础设施建设不会对自然环境造成过度损害。这既有助于实现可持续发展，也有助于提升绿色低碳交通的整体效益。政府在加强对智能交通系统和电动汽车充电基础设施建设的过程中，应当制定综合性的政策，包括财政支持、激励措施、标准规范等多方面的考虑。通过这一系列措施，政府可以在基础设施层面为未来绿色低碳交通的发展提供强大的支持，为构建更加智能、高效、环保的交通体系奠定坚实基础。

（三）制定绿色交通政策

构建绿色低碳交通政策体系是实现可持续发展的重要一环，政府应通过多层次、多方面的政策手段来推动社会交通体系的绿色升级。这包括限制高排放车辆的行驶、鼓励购买电动汽车的优惠政策、推动共享出行等方面，通过税收政策、补贴政策等手段，引导市场朝着绿色低碳方向发展，推动整个交通行业的转型升级。政府可以通过限制高排放车辆的行驶，采取一系列措施来促使市民更加倾向于选择低排放、环保的交通工具。例如，制定城市尾气排放标准，对高排放车辆实行限行政策，设立低排放区域等手段，以提高市区的空气质量和减少环境污染。这不仅有助于减少大气污染物的排放，还可以推动市民选择更加环保和可持续的出行方式。为了促进电动汽车的发展，政府可以制定一系列鼓励政策，包括但不限于购车补贴、免征车辆购置税、减免年检费等优惠政策。通过这些手段，政府可以有效降低购车成本，提高电动汽车的市场竞争力，鼓励更多市民选择绿色出行方式。同时，政府还可以引导相关企业增加电动汽车的生产和研发投入，促使电动汽车技术的不断升级，推动整个产业的发展。政府可以推动共享出行的发展，支持共享汽车、共享单车、电动滑板车等新型交通工具的推广和运营。这可以通过简化相关管理程序、提供场地支持、减免相关税费等方式来实现。共享出行模式有望减少交通拥堵、提高道路使用效率，同时降低对资源的浪费，符合可持续发展的理念。在政策的实施中，税收政策是一个重要的引导手段。政府可以通过调整车辆购置税、使用税等方式，对绿色低碳交通工具给予更为优惠的税收政策，鼓励市民和企业更多地选择环保交通方式。通过对高排放车辆加重税负或实施用路费等手段，惩罚高污染交通方式，推动市场向更环保、低碳的方向发展。除了税收政策，补贴政策也是政府引导市场向绿色低碳交通方向发展的有效手段。政府可以向购买电动汽车的消费者提供一定额度的购车补贴，以降低购车成本。对充电基础设施建设等方面给予企业一定的财政支持，鼓励其参与到绿色低碳交通体系的建设中来。政府在推动绿色低碳交通政策时，需要综合考虑各方利益，确保政策的科学性和可行性。政府还应当注重政策的长期性和稳定性，以确保政策的实施能够在较长时间内发挥积极作用。政府在制定并完善绿色低碳交通政策体系时，应该采取全方位、多层次的措施，包括限制高排放车辆的行驶、鼓励购买电动汽车的优惠政策、推动共享出行的发展等。通过税收政策、补贴政策等手段，政府可以引导市场向绿色低碳方向发展，为构建更加环保、高效、可持续的交通体系提供有力支持。

（四）加强国际合作

随着全球交通运输业的不断发展，其对气候变化和环境污染等全球性挑战的影响也日益凸显，因此国际合作在推动绿色低碳交通方面显得尤为重要。政府在这一领域可以积极参与国际绿色低碳交通合作，通过分享经验、合作研发等方式，促使全球范围内的交通运输业更加环保、可持续。政府可以通过与其他国家分享经验和最佳实践，共同探讨绿色低碳交通的发展路径。这包括在政策制定、技术创新、法规标准等方面的经验交流。通过建立国际绿色低碳交通合作机制，政府可以与其他国家共同应对交通运输领域的挑战，分享成功经验和失败教训，从而更好地制定本国的绿色低碳交通政策。合作研发不仅可以共享研究资源，还能够促使创新更快速地推向市场。这包括电动汽车技术、智能交通系统、新能源交通工具等方面的研究与开发。通过建立国际科研合作项目、共同设立研发基地等方式，政府可以激发科技创新活力，推动全球范围内绿色低碳交通技术的进步。电动汽车的发展需要全球范围内的充电基础设施支持，而不同国家的标准和体系之间存在差异。政府可以通过参与国际标准制定、技术合作等方式，推动全球范围内的充电基础设施的互联互通。这将有助于提高电动汽车的使用便利性，推动电动汽车在全球范围内的普及。政府还可以通过国际金融机构和合作基金等途径，提供资金支持给发展中国家，来帮助其建设绿色低碳交通基础设施。这有助于实现全球范围内的可持续发展目标，推动发展中国家在交通领域的绿色升级。政府参与国际绿色低碳交通合作还可以通过多边组织和国际会议等渠道进行。例如，政府可以通过联合国、世界贸易组织等国际组织，参与绿色低碳交通领域的全球性协商和合作。政府还可以通过主办或参与国际性的绿色低碳交通论坛、峰会等，促进各国政府、企业和研究机构之间的交流与合作。政府应积极参与国际绿色低碳交通合作，通过分享经验、合作研发、共同应对全球性挑战等方式，推动全球范围内的交通运输业朝着更加环保、可持续的方向发展。这不仅有助于减缓气候变化和环境污染的影响，还有助于实现全球可持续发展目标。

（五）推动能源转型

现代社会正面临着能源问题和气候变化的双重威胁，为了实现可持续发展，政府在能源领域必须采取积极的政策手段，推动能源结构的转型。其中，交通运输领域作为能源消耗的主要领域之一，尤其需要通过政策引导，加速向可再生能源的转变，以降低对有限资源的过度依赖，减少对环境产生的不利影响。支持绿色能源技术的发展，降低电动汽车的能源成本，是当前亟待解决的问题之一，这将有助于推动可再生能源在交通领域的广泛应用。政府可以通过建立更为激励和支持的政策框架，引导企业和个人向可再生能源转型。这包括制定更为优惠的税收政策，为使用可再生能源的交通工具提供更大的减税或奖励政策。通过这种方式，政府能够在经济层面激励更多的投资者和消费者选择使用绿色能源，从而推动绿色交通的发展。政府还可以通过资金支持和科研投入，加速绿色能源技术的研发和创新。通过设立专项基金，支持可再生能源技术在交通运输领域的实际应用，不断提高其性能和可靠性。这有助于降低电动汽车的生产成本，使其更具竞争力，从而吸引更多的消费者选择绿色交通方式。政府可以推动建设更为完善的充电基础设施，解决电动汽车在能源充电方面的不便问题。通过加大对充电设施建设的投入，政府有助于提高电动汽车的使用便利性，减少消费者对充电不便的担忧，从而更好地推动电动汽车的市场普及。政府还可以通过强化法规和标准的制定，推动绿色能源技术在交通运输领域的规范应用。建立更为严格的排放标准和能效要求，鼓励企业生产更为环保和高效的交通工具。这有助于形成一个清洁、高效的交通运输体系，为可再生能源的广泛应用提供有力的制度保障。在全球范围内，政府还可以积极参与国际合作，分享可再生能源技术和经验。通过与其他国家共同努力，推动全球可再生能源技术的创新和发展，实现更为可持续的全球能源体系。政府通过政策手段推动能源结构的转型，特别是在交通运输领域推动可再生能源的广泛应用，是刻不容缓的任务。通过激励投资、加大科研支持、完善基础设施、制定规范标准以及国际合作，政府可以发挥关键作用，推动社会向更为可持续的能源未来迈进。这不仅有助于缓解能源危机，还能够有效应对气候变化，为子孙后代创造更为清洁、健康的生活环境。

在数字经济时代，推动交通运输业的绿色低碳发展已成为政府重要的任务。为此，政府应通过制定创新鼓励政策、建设智能化基础设施、制定绿色交通政策、加强国际合作及推动能源转型等多方面的政策措施为该行业创造更为有利的环境。鼓励企业加大在绿色交通技术领域的投入，通过奖励措施，如税收减免和研发补贴，激励企业进行可持续发展的研究与创新。这有助于培育更多创新型企业，推动数字经济时代下交通运输业的绿色发展。政府可加大对智能化基础设施建设的投入，促使交通运输更加智能高效。通过引入先进的智能交通管理系统、智能交通灯控制系统等技术，提高道路利用效率，减少交通拥堵，降低碳排放。这不仅有助于绿色低碳交通的实现，还能提升整个交通系统的运行效率。建立健全的法规体系，明确绿色交通的标准和要求，推动企业朝着低碳发展的方向调整业务模式。通过激励绿色交通方式的采用，如电动车、共享出行等，政府能够有效引导市场需求，推动传统交通运输业的绿色化转型。在国际层面，政府应加强国际合作，分享经验、技术和最佳实践。通过与其他国家共同研究解决方案，促进全球绿色交通技术的共同发展。共享信息和资源，促进跨国企业间的合作，有助于形成全球绿色交通发展的合力。通过制定清晰的能源政策，鼓励使用可再生能源，提高电动车的普及率，减少对传统燃油车的使用。这有助于削减温室气体排放，提升整个交通系统的环保水平。政府在数字经济时代要为交通运输业的绿色低碳发展创造有利环境，需要多方面的政策措施。通过鼓励创新、建设智能基础设施、制定政策法规、加强国际合作及推动能源转型，政府将为交通运输业的绿色低碳发展提供坚实支持，促使该行业更好地适应数字经济时代的发展趋势。

第九章　数字经济与交通运输业绿色低碳技术创新研究

在数字经济蓬勃发展的时代，交通运输业面临着日益严峻的环境挑战，因此实现绿色低碳发展成为当务之急。本研究旨在深入研究数字经济时代下交通运输业如何通过技术创新实现绿色低碳目标，并对相关挑战和机遇进行全面剖析。

随着数字经济的迅猛崛起，交通运输业不仅面临持续增长的需求，也面临日益严重的环境问题。数字技术的蓬勃发展为交通运输业注入了新的活力，为实现绿色低碳目标提供了前所未有的机遇。

一、数字经济与交通技术的融合

数字经济与交通技术的融合正成为当今社会发展的重要趋势，这一融合带来的深刻变革不仅影响着交通行业本身，还对整个经济体系产生了巨大的影响。数字经济以其高效、智能的特点，与交通技术相互融合，不仅提升了交通运输的效率与安全性，也为经济的可持续发展打开了崭新的局面。本章将深入探讨数字经济与交通技术融合的背景、影响及未来发展方向。随着信息技术的迅猛发展，数字经济迅速崛起，成为引领全球经济变革的主要力量。交通技术的创新也日新月异，从智能交通系统到自动驾驶技术，交通行业正经历着巨大的变革。数字经济和交通技术的融合，本质上是两者相互渗透、相互促进的结果，为推动社会的可持续发展提供了有力支持。在交通领域，数字经济的融合使得交通运输更加智能化和便捷化。例如，智能交通灯控制系统、智能导航系统等的应用，提高了交通流的效率，减少了交通拥堵，从而降低了能源消耗和环境污染。数字经济的发展也推动了交通技术的创新，自动驾驶技术、智能交通管理系统等的应用使得交通更加安全、高效。在经济层面，数字经济与交通技术的融合催生了新的商业模式。共享出行、智能交通服务等新兴产业不断涌现，为就业创业提供了新的机会。数字化的支付系统、电子商务平台也为交通服务的支付提供了更加便捷的方式，推动了经济的数字化升级。通过大数据分析和人工智能技术，城市交通流量、空气质量等数据得以实时监测，为城市规划和资源配置提供科学依据。数字化的城市交通管理系统使得城市更加智慧，提高了城市的宜居性和可持续性。在未来的发展中，数字经济与交通技术的融合将呈现出更为广阔的前景。随着 5G 技术的普及，物联网在交通领域的应用将更为广泛，车辆、道路、交通设施等将实现高度互联互通。这将为实现智能交通、自动驾驶等奠定更为稳固的技术基础。通过深度学习和模式识别技术，交通系统能够更好地适应复杂多变的交通环境，提高交通管理的精准度和效率。自动驾驶技术的进一步成熟也将改变交通运输的传统模式，提高交通系统的安全性和效率。电动汽车、智能共享单车等将逐渐替代传统燃油汽车，推动交通能源的绿色化和可持续化发展。在国际层面，数字经济与交通技术的融合也促使各国加强合作，分享经验和技术。通过国际合作，可以共同应对交通领域面临的挑战，推动全球交通系统的协同发展。数字经济与交通技术的融合不仅改变了交通行业的运行方式，也为社会经济的可持续发展带来了新的机遇和挑战。政府、企业和社会各界需要共同努力，推动数字经济与交通技术的深度融合，为构建更加智慧、绿色、高效的交通系统，实现可持续发展目标贡献力量。

二、电动汽车与可再生能源

电动汽车与可再生能源的结合是推动交通行业向更为可持续、环保方向转变的重要路径之一。电动汽车作为清洁能源交通工具，与可再生能源的利用相互促进，不仅有望减少对有限资源的依赖，还能有效减轻气候变化带来的压力。本章将深入探讨电动汽车与可再生能源的融合发展，分析其影响、挑战和未来发展方向。传统燃油车辆的使用导致空气污染和温室气体排放，成为气候变化的主要原因之一。电动汽车以其零排放的特性，成为减少交通行业对环境影响的有效手段。然而，电动汽车的可持续性也与其电源有着密切关系，因此引入可再生能源成为实现其环保目标的必然选择。可再生能源包括太阳能、风能、水能等，这些能源具有取之不尽、用之不竭的特点，相较于传统的燃煤、石油等化石能源更为环保可持续。通过将电动汽车与这些可再生能源相结合，不仅实现了交通工具的清洁能源驱动，也为能源结构的转型提供了样本。这种结合有望在更广泛的范围内推动可再生能源的应用，推动整个社会朝着更加可持续的未来发展。在影响层面，电动汽车与可再生能源的结合对经济、社会和环境产生积极影响。电动汽车产业的发展将促进相关产业链的发展，包括电池制造、充电设施建设等，有助于创造更多就业机会。减少燃油车辆的使用将降低对石油等有限资源的需求，从而有助于改善能源安全状况。由于可再生能源的使用减少了对传统能源的依赖，有助于减少温室气体的排放，缓解气候变化的压力，实现环境的可持续发展。电动汽车与可再生能源的结合也面临一些挑战。电动汽车的推广仍面临技术、成本等问题。电池技术的进步、成本的下降是推动电动汽车市场普及的关键因素。可再生能源的不稳定性和间歇性也制约了其在电动汽车领域的广泛应用。解决这一问题需要加大对能源存储技术的研发力度，提高可再生能源的利用效率。在政策层面，政府需要采取一系列措施推动电动汽车与可再生能源的结合。制定鼓励政策，包括对电动汽车的购车补贴、充电设施建设的奖励等，降低电动汽车的购置和使用成本。建立健全的法规体系，规范电动汽车和可再生能源产业的发展，确保其有序推进。政府还可以通过财政、税收等手段引导企业加大研发投入，推动电动汽车与可再生能源的技术进步。在未来的发展中，电动汽车与可再生能源的结合将迎来更多的机遇。电动汽车技术将不断进步，电池技术、续航里程等方面的改进将使电动汽车更加实用、普及。可再生能源技术的发展将提高其稳定性和可预测性，降低能源的生产成本，促使更多地区投入可再生能源的建设。随着社会对环保意识的提升，电动汽车与可再生能源的结合将成为一种时尚和潮流，进一步推动其市场占有率的提升。通过技术创新、政策支持和社会共识的形成，电动汽车与可再生能源将为我们创造更清洁、更绿色、更可持续的出行方式，为未来社会的可持续发展贡献积极力量。

三、共享出行与智能交通系统

共享出行和智能交通系统作为当代交通领域的两大创新方向，正在深刻地改变着人们的出行方式和交通管理模式。这两者的结合不仅提高了出行的效率和便捷性，也为城市交通管理带来了更高水平的智能化。本章将深入探讨共享出行与智能交通系统的发展背景、互动影响、优势挑战以及未来可能的发展方向。共享出行作为一种新型的出行模式，以共享经济为基础，通过共享车辆、共享路径等方式，实现了出行资源的高效利用。共享出行的典型代表包括共享单车、共享汽车，以及更为智能的无人驾驶出行服务。这一模式的崛起不仅解决了城市交通中的"最后一公里"问题，还促使人们逐渐摆脱对传统交通方式的依赖，迎来了出行方式的全新时代。智能交通系统利用信息技术、通信技术、传感器技术等手段，实现了对交通流、道路状况、车辆行驶状态等方面的实时监控和精准管理。这为共享出行提供了可靠的基础设施，通过实时的数据分析，能够更好地调度共享出行资源，提升服务的质量和覆盖面。共享出行通过用户的实际使用，为智能交通系统提供了大量的实时数据，为交通流管理、城市规划等提供了更为准确的信息基础。反过来，智能交通系统的高效管理为共享出行提供了更为便捷、流畅的环境，提高了共享出行服务的可用性和吸引力。通过共享模式，可以减少城市中的私人汽车拥堵问题，提高道路通行能力。智能交通系统则通过实时监控和调度，减少交通事故、提高道路通行效率，为共享出行提供更为畅通的道路环境。共享出行的高峰期和普及程度不一致可能导致交通系统的不均衡，需要智能交通系统更为灵活的调度能力。共享出行的数据隐私和安全问题，以及智能交通系统的信息安全问题都是亟待解决的挑战。技术标准、法规体系的不统一也可能成为共享出行与智能交通系统融合发展的制约因素。在优势方面，共享出行与智能交通系统的结合将在未来城市交通中发挥更为重要的作用。共享出行的灵活性和智能交通系统的精准调度相结合，将给人们带来更高效的出行体验。共享出行和智能交通系统的普及可以减少城市中的交通拥堵，提高道路通行效率，有助于缓解城市交通问题。共享出行和智能交通系统的发展还将促进城市可持续发展，减少尾气排放、提高出行资源的可持续利用率。在未来发展方向上，共享出行与智能交通系统的结合有望朝着更智能、更绿色、更可持续的方向发展。共享出行服务将更加个性化，智能交通系统将更精准地满足用户需求。无人驾驶技术的发展将为共享出行提供更为先进的技术支持，进一步提升出行的便捷性。可再生能源在交通领域的应用将进一步推动共享出行与智能交通系统的可持续发展。共享出行与智能交通系统的结合正在推动城市交通方式的革新，为人们提供更为便捷、高效的出行选择。这种融合发展既是社会经济发展的需求，也是应对城市交通问题的重要途径。在充分发挥各自优势的基础上，政府、企业和社会各界需要共同努力，推动共享出行与智能交通系统更好地为城市居民提供服务，助力城市交通进入更为智能、绿色、可持续的发展轨道。

四、挑战与机遇

在共享出行与智能交通系统融合发展的背景下，面临着一系列挑战与机遇。这些挑战与机遇既来自技术层面，也涉及社会、经济、环境等多个维度。深刻理解这些挑战与机遇，有助于更好地引导发展方向，优化政策体系，推动共享出行与智能交通系统实现更加健康、可持续的发展。

（一）挑战

共享出行与智能交通系统的结合需要高度复杂的技术支持，如自动驾驶技术、车辆互联技术等。这些技术尚处于不断发展的阶段，存在精准度、安全性等方面的问题，需要不断的研究和改进。共享出行和智能交通系统涉及大量用户个人信息和实时交通数据，如何保障数据的安全性和隐私性成为一个严峻的挑战。可能发生的数据泄露、滥用等问题需要得到有效管理和防范。共享出行需要适应城市多元化的交通环境，而智能交通系统则需要大量的传感器、通信设备等基础设施的支持。缺乏足够的基础设施可能会制约这些系统的正常运行。针对共享出行和智能交通系统的法规和标准尚不够完善，导致在运营和管理过程中存在一定的不确定性。法规的滞后性可能制约这些新兴行业的健康发展。

（二）机遇

面对技术挑战，共享出行与智能交通系统的融合将催生更多创新。在自动驾驶、人工智能、大数据等领域的不断创新将推动这两者更高效、更智能的发展。共享出行和智能交通系统的结合将促进智能城市的建设。通过数据的实时监控和调度，城市交通管理将更加高效，提高城市的可持续性和宜居性。共享出行与智能交通系统的发展将成为新的经济增长点。新兴产业的兴起将推动相关产业链的发展，创造更多的就业机会，促进城市经济的发展。共享出行与智能交通系统的结合有助于减少交通拥堵，优化交通流，降低碳排放。这对缓解城市环境问题、改善空气质量具有积极作用，有利于推动低碳经济的发展。智能交通系统为城市提供了更精准的交通管理手段。通过实时监测交通流、预测拥堵状况、优化交叉口控制等，可以实现更智能、高效的交通管理。在面对挑战和机遇时，政府、企业和社会各界需要共同努力，形成合力。在技术创新方面，需加大科研力度，推动自动驾驶技术、智能交通系统等核心技术的不断突破。在法规和标准方面，需要及时完善相关法规，制定行业标准，确保共享出行与智能交通系统的有序运行。在基础设施建设方面，需要提高城市基础设施的智能化水平，为这两者的融合提供更强大的支持。共享出行与智能交通系统的结合既面临一系列挑战，也带来了丰富的机遇。通过不断攻克技术难题、健全法规制度、推动基础设施建设，共享出行与智能交通系统有望成为城市交通发展的新引擎，为实现智慧城市和可持续交通目标做出积极贡献。

五、结论与展望

在共享出行与智能交通系统的融合发展中，结论与展望承载了对过去经验的总结和对未来前景的展望。这一结论将对社会、经济和环境产生深远的影响，同时展望未来的发展将激发更多创新、提高城市交通管理水平，为城市可持续发展做出更大的贡献。

通过技术的不断创新，共享出行服务得以普及，与智能交通系统的结合推动了城市交通管理的智能化和高效化。从过去的发展来看，这一融合为解决交通拥堵、减少环境污染、提高出行效率等方面带来了显著的好处。共享出行服务以其便捷、经济、环保的特点，在城市居民中得到了广泛的认可和使用。用户通过手机APP可以随时随地获取共享交通工具，实现了出行的即时性和个性化，有效解决了传统交通方式中的不便利问题。通过实时监测和数据分析，交通管理者可以更好地了解城市交通状况，及时调整交通信号灯、优化道路规划，提高了交通系统的运行效率，缓解了交通拥堵。在共享出行和智能交通系统的相互作用下，城市居民逐渐改变了出行方式，城市交通管理也取得了显著的进步。这为城市提供了更为可持续、智能的交通出行模式，推动了城市交通体系的现代化。

展望未来，共享出行与智能交通系统的发展将在多个方面呈现更为积极的趋势，同时需要面对一系列新的挑战。随着自动驾驶技术的不断成熟，共享出行将进一步发展为更为智能、安全的交通工具。无人驾驶汽车的商业化应用将成为可能，为用户提供更高水平的出行服务。智能交通系统将更加综合化、智能化，引入更多前沿技术，如人工智能、区块链等，进一步提升城市交通管理的水平。这将有助于解决城市交通中的复杂问题，优化出行路径，减少交通拥堵，提高整体交通系统的效能。在可持续性方面，共享出行与智能交通系统的结合将推动清洁能源的广泛应用。电动共享车辆、智能充电设施等将成为未来发展的主流，有助于减少对传统能源的依赖，提高城市交通的绿色度。从智能路灯到智能公交，城市的各个方面都将实现互联互通，提高城市的智慧化水平，为居民提供更为便捷、高效的生活服务。未来的发展也面临一些潜在的挑战，技术创新需要不断攻克复杂的问题，包括自动驾驶的安全性、共享出行的盈利模式等。数据隐私和安全问题也需要引起高度的重视，保障用户信息的安全和合法使用。在政策层面，需要建立更加完善的法规和标准，规范共享出行和智能交通系统的运营和发展。在数字经济时代，交通运输业绿色低碳技术创新是实现可持续发展目标的关键路径，随着数字经济与交通运输技术的融合、电动汽车与可再生能源的广泛应用，以及共享出行与智能交通系统的推动，交通运输业正在朝着更加智能、高效、环保的方向迈进。

第一节　技术创新对绿色低碳交通的推动

随着社会的不断发展和环境问题的日益突出，绿色低碳交通成为全球关注的焦点。技术创新在这一领域发挥着至关重要的推动作用，从智能交通系统到电动汽车，各种技术的引入都为绿色低碳交通的实现提供了新的可能性。本节将深入探讨技术创新如何推动绿色低碳交通，并分析其中的关键技术及其影响。

一、智能交通系统的推广与应用

在当今社会，随着城市化进程的加速和交通需求的增长，智能交通系统（ITS）的推广与应用变得越发重要。ITS 通过运用先进的信息和通信技术，将交通基础设施、车辆和用户连接起来，实现交通管理的智能化和优化。本节将深入研究智能交通系统的推广与应用，探讨其对城市交通效率、安全性和环保性的积极影响。

（一）智能交通系统的基本原理

智能交通系统是一种利用信息技术、通信技术、传感器技术等先进技术手段，对城市交通进行全面感知、智能监控和精准管理的系统。其基本原理涉及多个方面，包括数据采集、信息传输、数据处理、智能分析和决策等环节。下面将深入探讨智能交通系统的基本原理，阐述其实现智能交通管理的核心机制。

1. 数据采集

智能交通系统的基本原理之一是通过各类传感器和设备对城市交通环境进行全面、实时的数据采集，这些传感器包括但不限于交通摄像头、雷达、气象站、交通流监测器、地磁感应器等。这些设备分布在城市的关键位置，能够感知道路状况、车辆流量、交叉口情况等多方面信息。通过大数据采集和分析，系统能够获取关键的交通数据，为后续的智能决策提供充分的信息基础。

2. 信息传输

采集到的大量交通数据需要在实时性和可靠性的基础上进行高效传输，智能交通系统依赖于先进的通信技术，如无线网络、卫星通信等，将采集到的信息迅速传输到中心服务器。交通管理者和决策者可以及时获取最新的交通信息，有助于实现对城市交通的实时监控和调度。

3. 数据处理

大规模的交通数据需要经过复杂的处理和分析，以提取有用的信息和规律。数据处理是智能交通系统的核心环节之一。通过采用数据挖掘、机器学习等技术，系统能够从庞大的数据集中提取有关拥堵、事故、道路状况等方面的重要信息。这些信息为智能决策和预测提供了依据。

4. 智能分析

智能交通系统依赖先进的智能分析算法对处理后的数据进行进一步分析，通过模式识别、统计学方法、人工智能等技术，系统能够识别交通流模式、预测拥堵趋势、监测异常交通状况等。这种智能分析使得系统能够更深入地理解城市交通的运行情况，为智能交通管理提供更加准确的参考。

5. 决策与控制

基于对数据的深度分析，智能交通系统能够进行智能决策，并通过控制中心将决策结果传递到交通设施和信号灯控制器等终端设备上。这种决策与控制机制使系统能够实时调整交通信号灯配时、优化道路规划、引导交通流动，以应对拥堵、事故等突发状况，提高城市交通的效率和安全性。

6. 用户信息服务

智能交通系统还通过信息发布系统向驾驶员和行人提供实时的交通信息，这些信息包括交通流状况、事故警示、最佳路径建议等。通过移动应用、电子显示屏等手段，用户可以随时获取有关交通的重要信息，提高出行的效率和安全性。

7. 反馈机制

为了实现持续的改进和优化，智能交通系统通常设有反馈机制，这包括从用户端和设备端收集反馈信息，如用户出行体验、设备运行状况等。通过分析这些反馈信息，系统可以进行相应的调整和改进，不断提升整体运行效能。

8. 未来展望

未来，随着 5G 技术、人工智能、大数据等技术的不断发展，智能交通系统将迎来更为广阔的发展空间。系统将更加智能化、个性化，为城市交通管理提供更为精准、高效的解决方案。智能交通系统将更加注重与其他城市管理系统的融合，实现全方位、多层次的智慧城市建设。这一发展趋势将为城市交通带来更多便利，推动城市交通朝着更加智能、绿色、可持续的方向迈进。

（二）交通流的智能优化

交通流的智能优化是智能交通系统中至关重要的一环，通过先进的技术手段和智能算法，旨在提高道路网络的运行效率、减少拥堵、改善交通流畅度。下面将深入探讨交通流的智能优化原理、技术手段以及未来发展趋势。

传统的定时信号灯往往无法适应交通流的动态变化，而智能信号灯系统通过实时监测交叉口车流情况，利用算法进行智能调度。采用视频监测、车辆流量监测等技术，系统能够根据交通流量的实际情况，动态调整信号灯的周期和配时，最大限度地提高交叉口的通行能力，降低拥堵发生的概率。

智能交通流调度是通过实时采集和分析道路上的车流信息，对整个道路网络进行智能调度，以优化交通流的运行状态。通过先进的数据分析算法，系统能够识别交通"瓶颈"、拥堵区域，并采取相应的措施进行调度。这包括调整车道配置、实施交叉口车流量导向措施，以及通过信息发布系统引导车辆选择最佳行驶路径。

智能优化还包括通过实时交通信息发布系统，向驾驶员和行人提供准确、及时的交通信息。这种信息发布系统可以通过路侧显示屏、移动应用等方式向用户提供实时的交通情况、拥堵预警、最佳行驶路径等信息。通过及时告知用户道路的实际状况，可以避免车辆集中在某一路段，有效减少拥堵的发生。

随着共享出行方式的普及，未来的智能交通系统将更加注重多模式交通管理。通过整合公共交通、共享单车、共享汽车等多种交通方式，系统可以为用户提供更为灵活、个性化的出行选择。通过智能算法，系统可以实现不同交通模式的无缝衔接，提高整体出行效率，减少城市交通拥堵。

通过深度学习算法，系统可以更好地理解交通流的复杂性和动态性，实现更准确的交通流预测。大数据的分析也为系统提供了更多的决策依据，能够识别潜在的交通问题，并通过智能算法提供解决方案。

通过智能交通系统与自动驾驶车辆的互联互通，可以实现车辆之间的实时协同，减少交叉口的停车等待时间，提高道路通行能力。自动驾驶车辆的智能化驾驶也有望减少交通事故，提高整体交通系统的安全性。

未来，随着科技的不断进步和城市交通的不断发展，交通流的智能优化将呈现出更为广阔的前景。随着 5G 技术的普及，实时数据传输速度将大幅提升，为交通流的智能化提供更为可靠的技术支持。随着城市基础设施的智能化水平提高，交通系统将更加智能、高效，为城市居民提供更为便捷的出行服务。随着可持续交通理念的深入人心，未来的智能优化将更加注重环保和可持续性，推动城市交通进入更为绿色、智能的时代。

交通流的智能优化是智能交通系统的核心要素之一，其不断创新与发展将极大地提升城市交通的效率和质量。随着智能算法的运用、新技术的引入，交通流的智能优化有望为城市交通管理带来革命性的变革，使城市交通系统更好地适应现代社会的需求，实现更为智能、绿色、高效的未来。

（三）提升交通安全性

智能交通系统通过实时监测和精准分析道路交通状况，为城市交通管理注入了全新的智能化元素。在交通流动中，系统能够敏锐地捕捉到交通事故、道路障碍等异常情况，确保交通安全的及时响应。在紧急事件发生时，系统可自动触发警报，迅速向相关部门和行车者发送信息，从而大幅提高紧急救援的速度和效率。智能交通系统的另一项重要功能是智能驾驶辅助系统，它通过对车辆驾驶状态的实时监测，为驾驶者提供全方位的安全保障。通过智能驾驶辅助系统，驾驶者能够及时获得关于行车环境、前方车流、交叉路口等信息的提示，有效预防交通事故的发生。这种主动性的安全防护不仅提升了个体驾驶者的安全水平，也全面推动着城市交通的整体安全性。除了在事故应急和驾驶辅助方面的应用，智能交通系统还有助于优化交通流量，提高道路通行效率，减少交通拥堵。通过实时数据的分析和处理，系统能够智能地调整交通信号灯配时、优化道路规划，使得交通在城市中更为顺畅流动。这种智能调度不仅提高了通勤效率，也降低了交通事故的风险，为城市居民提供了更为安全、便捷的出行环境。智能交通系统的引入不仅在紧急救援、驾驶辅助等方面为城市交通带来了全新的安全层面，同时通过优化交通流量也改善了城市交通的整体效能。这一技术的持续创新和推广将进一步推动城市交通体系的智能化发展，为未来城市交通安全和可持续发展注入更多动力。

（四）环保交通管理

智能交通系统的广泛应用在环保交通管理方面发挥了积极而深远的影响。通过实时监测车辆的排放情况，系统具有精准辨识高排放车辆的能力，从而可以有针对性地采取限行或限速等措施，鼓励和推动低排放交通工具的广泛应用。这种精准的排放管理不仅有助于改善城市空气质量，还能有效降低交通对环境的不良影响。在推动低排放交通的同时，智能交通系统通过智能路灯、绿化灯控制等手段，实现了对城市照明和能耗的精准调控。通过合理的照明管理，系统可以根据交通密度和实际需要，灵活地调整路灯的亮度和使用时间，从而有效减少不必要的能耗，实现了交通管理的节能环保目标。智能交通系统通过提供实时交通信息和智能导航服务，有助于优化行车路线，减少交通拥堵，进一步减少车辆的停滞排放。这种交通流的优化对改善城市空气质量和减轻交通对环境的影响具有显著的效果。智能交通系统在环保交通管理中的推广不仅通过限制高排放车辆、推动低排放交通工具的使用，还通过智能能源管理和优化交通流等手段，实现了交通管理的环保效益。这一技术的应用为城市创造了更为清洁、高效的交通环境，为实现环保交通和可持续城市发展注入了积极的动力。

（五）用户信息服务的提升

智能交通系统通过信息化手段，彻底改变了用户的出行体验，为其提供了更加智能、便捷的服务。通过手机应用，用户能够实时获取交通信息、路径规划、停车位状况等各类信息，从而更加精准地选择最优的出行方式。这不仅提高了用户的出行效率，还在很大程度上改善了出行体验，让出行变得更加灵活和可控。随着智能交通系统的推广，共享出行模式也得到了显著的促进。用户可以通过手机应用轻松获取共享汽车、共享单车、电动滑板车等各类共享交通工具的信息，随时随地实现即时预定和使用。这不仅减少了对私人汽车的依赖，还促进了出行方式的多元化，降低了城市交通拥堵和环境污染的风险。除了便捷的出行服务，智能交通系统还通过智能支付等功能，简化了用户支付过程，提高了支付的安全性和效率。这种无缝的支付体验不仅方便了用户，也为共享出行平台的可持续经营提供了支持。智能交通系统的信息化手段为用户提供了更加个性化、便捷的出行服务，推动了共享出行模式的普及，减少了对传统个体汽车的需求，从而减轻了城市交通和环境的负担。这一趋势有助于打造更为智慧和可持续的城市交通系统，提升了居民出行的整体品质。

（六）挑战与未来展望

尽管智能交通系统在推广和应用中取得了显著的成就，但同时面临一系列挑战，其中包括隐私保护和数据安全等问题，这些需要得到谨慎而妥善的处理。随着交通数据的大规模采集和处理，用户的隐私面临着潜在的泄露风险，系统在设计和运营中需要强化隐私保护机制，确保用户数据的安全性和隐私权。智能交通系统的建设和维护成本较高，需要政府、企业和社会多方共同合作。从硬件设备的安装到软件系统的更新，都需要巨额的投资。在面对有限的财政资源时，如何实现系统的可持续发展，确保其长期运营，是一个亟待解决的问题。需要建立更加健全的资金支持体系，吸引更多的社会力量参与智能交通系统的建设与运营。未来智能交通系统将在 5G 技术、人工智能等领域取得更大的创新进展。5G技术的广泛应用将提高数据传输速度和稳定性，为系统提供更强大的基础支持；人工智能的不断发展将使系统更加智能化，能够更好地应对复杂的交通环境和多变的用户需求。这些创新将为智能交通系统提供更为全面的支持，进一步推动城市交通向更加智慧、高效、可持续的方向发展。尽管智能交通系统面临一些挑战，但通过细致的问题处理、多方合作以及未来技术的不断创新，它将持续为城市交通的可持续发展做出积极贡献。

二、电动汽车技术的演进

电动汽车技术的演进是在应对环境问题、能源危机的背景下，汽车工业朝着更为环保和可持续的方向发展的产物。通过不断的研发和创新，电动汽车技术在性能、续航里程、充电速度等方面取得了显著的进步。下面将深入研究电动汽车技术的演进过程，探讨其在推动绿色低碳交通领域取得的重要成就。

（一）电池技术的改进

电池技术的改进在当今科技发展的浪潮中占据着举足轻重的地位，对推动电动汽车、可再生能源存储以及便携式电子设备等领域的发展具有深远的影响。随着对清洁能源和高效能源的需求不断增长，电池技术的不断演进成为实现可持续能源未来的关键。下面将深入探讨电池技术改进的方向、对各个领域的影响以及未来的发展趋势，以展示电池技术在当代和未来的重要性。近年来，电池技术的改进主要集中在提高能量密度、延长循环寿命、降低成本和改善安全性等方面。能量密度的提高意味着电池能够储存更多的能量，使电动汽车的续航里程更长、便携式电子设备更轻便，同时有望推动可再生能源存储的效能提升。通过研发新型材料、优化电池结构以及提高制造工艺，科学家们努力提高电池的能量密度，使其在相同体积和重量下储存更多的电能。在电动汽车等应用中，用户期望电池能够保持更长时间的使用寿命，减少更换电池的频率。通过改进电极材料、优化充放电过程以及采用智能电池管理系统，科学家们致力于提高电池的耐久性，延长其使用寿命，降低整体成本。目前，电池制造的高成本是制约电动汽车和可再生能源存储设备大规模应用的主要障碍之一。通过规模效应、新材料的开发和制造工艺的优化，科研人员致力于降低电池的生产成本，使其更具竞争力，促进清洁能源技术的更广泛应用。电池技术的改进还包括提高充电速度、增强电池的安全性、拓展适用温度范围等方面。高速充电技术的突破将大大缩短电动汽车的充电时间，提高用户的使用便利性。提高电池的安全性是防范电池爆炸等问题的重要手段，为用户提供更可靠的使用保障。在电动汽车领域，电池技术的改进直接影响着汽车的续航里程、性能表现及用户体验。通过不断提升电池技术水平，电动汽车的市场竞争力将不断增强，从而推动整个交通行业向更为环保和可持续的方向迈进。在可再生能源存储方面，电池技术的改进使得储能系统能够更高效地收集和储存风能、太阳能等可再生能源。这对解决可再生能源波动性大、不稳定的问题具有重要意义，有助于提高可再生能源在电力系统中的渗透率，推动能源结构向更清洁、可持续的方向转变。值得注意的是，电池技术的改进也涉及环境和资源的可持续性。电池生产过程中使用的材料，如锂、镍等，需要企业更加负责任地开采和回收，以减少对自然资源的过度消耗和环境污染。科学家们也在探索更环保、可再生的电池材料，以降低对稀缺资源的依赖。未来，随着5G技术、人工智能等领域的不断发展，电池技术将迎来更大的创新空间。5G技术的普及将为电池与设备之间的高速数据传输提供更强大的支持，进一步提高电池在智能设备、物联网等领域的应用效能。人工智能技术的应用将使电池管理系统更加智能化，实现对电池状态、充放电控制等方面的精准管理，提高整个系统的稳定性和安全性。电池技术的改进不仅推动了电动汽车、可再生能源储存等领域的发展，也为各种便携式电子设备提供了更可靠的能源支持。通过提高能量密度、延长循环寿命、降低成本等方面的不懈努力，科学家们致力于打造更加高效、环保、可持续的电池技术。

（二）车辆设计与材料创新

车辆设计与材料创新在当今科技发展的浪潮中扮演着关键的角色，对于推动汽车工业的进步和可持续发展至关重要。随着社会对环保、节能、智能交通的需求不断增加，车辆设计和材料创新不仅是为了提高汽车性能，更是为了实现绿色、智能、安全的未来出行。下面将深入探讨车辆设计和材料创新的最新趋势、对汽车性能的影响以及对环境和社会的积极贡献，以描绘这一领域的光明前景。空气动力学设计通过减小车辆的空气阻力，提高燃油效率，降低碳排放。轻量化设计通过采用高强度、低密度的材料，如碳纤维复合材料、铝合金等，降低整车质量，提高燃油经济性，减少环境压力。这种设计理念不仅使汽车更为节能环保，还提高了整车的性能和驾驶体验。传统的钢铁材料逐渐被高性能、轻量化的新材料所替代。碳纤维复合材料因其高强度、低密度的特性，在汽车制造中得到了广泛应用。这不仅降低了车身重量,还提高了车身刚性,增加了车辆的安全性。铝合金等金属材料也因其轻质、高韧性的特点,被广泛用于车辆结构的制造。材料的创新使得汽车在性能、安全性和环保性方面都取得了显著的进步。在电动汽车领域,电池技术和轻量化设计是车辆设计和材料创新的关键焦点。电池技术的改进不仅提高了电动汽车的续航里程,也推动了电池的轻量化。新型电池材料的研发,如钠离子电池、固态电池等,为电动汽车提供了更高的能量密度和更长的使用寿命。轻量化设计在电动汽车中更为重要,以弥补电池本身的重量。采用先进的材料,如碳纤维、镁合金等,不仅减轻了电动汽车的整体重量,还提高了其性能和安全性。在智能汽车领域,车辆设计和材料创新也在不断推动着车辆的智能化水平。传感器、雷达、激光雷达等先进的传感技术被广泛应用于汽车设计,使得车辆能够感知周围环境,实现智能驾驶和辅助驾驶功能。智能材料的引入,如可变形车身材料、自修复材料等,使汽车具备更加智能、自适应的特性,提高了车辆的安全性和可靠性。采用先进的材料和结构设计,使汽车在碰撞过程中能够更好地吸收能量,减小对乘员的影响。先进的安全系统,如预碰撞系统、自动刹车系统等,通过智能感知和主动干预,大大降低了交通事故的发生率。车辆设计和材料创新仍然面临一些挑战,新材料的研发和生产成本较高,这可能限制其在大规模生产中的应用。一些新材料的可持续性和环境友好性也需要进一步的研究和改进。新技术的引入还需要应对一系列的法规和标准,确保车辆的安全性、可靠性和合规性。未来,随着科技的不断发展,车辆设计和材料创新将迎来更大的挑战和机遇。5G 技术的普及将为智能汽车提供更强大的通信支持,人工智能的进步将使车辆更具智能化和自主性。新材料的研发和应用也将在提高汽车性能的同时,更好地满足环保和可持续发展的需求。

(三)充电基础设施建设

充电基础设施建设是电动汽车产业可持续发展的关键支撑,其健全与完善直接关系到电动汽车的推广普及、用户体验以及整个清洁能源交通系统的可行性。下面将深入探讨充电基础设施建设的重要性、现状与挑战、解决方案以及未来发展趋势,旨在全面展示充电基础设施建设对电动汽车行业和环境可持续性的深刻影响。充电基础设施的分布密度、充电站的覆盖范围以及充电速度等因素直接关系到用户在日常生活中的充电体验。用户更倾向于选择充电便利、高效的地方,而这需要充电基础设施的普及和高效覆盖。建设完善的充电基础设施是推动电动汽车用户增长、提升用户体验的关键因素之一。目前充电基础设施建设面临的挑战主要集中在分布不均、技术标准不一、运营成本高等方面。充电站在城市与农村地区的分布差异显著,导致用户在某些地区难以获得便捷的充电服务。不同地区和不同厂商采用的充电标准和接口也存在差异,这给用户带来了充电不便的问题。充电站的建设、运营和维护成本相对较高,成为制约充电基础设施快速发展的重要因素。为解决这些问题,一方面,需要政府层面通过制定明确的政策法规,提供资金支持,优化规划布局,引导和促进充电基础设施的快速发展。政府可通过减免相关税费、提供补贴奖励等方式，鼓励私营企业参与充电基础设施建设。另一方面，需要加强产业间的合作与协同，制定更为统一的充电标准和规范，提高不同品牌充电设备的互操作性，使用户能够更为便捷地使用充电服务。随着技术的不断进步，未来充电基础设施建设将朝着更加智能、高效、绿色的方向发展。5G技术的广泛应用将为充电基础设施提供更高速、更稳定的网络连接，促使充电站实现智能化管理、远程监控等功能，提升充电服务的效率和智能化水平。人工智能技术的应用将为充电站实现更智能的运营管理，包括根据用户需求的预测性维护、智能充电调度等，提高充电基础设施的整体运行效能。未来充电基础设施建设还将受益于更加先进的充电技术。例如，快速充电技术的不断创新将大大缩短电动汽车充电时间，提高用户的使用便利性。高效能、轻量化的电池技术的发展也将为充电基础设施提供更高效的能源传输方式，推动充电技术水平的整体提升。通过政府政策的支持、产业协同合作以及技术创新的推动，充电基础设施将逐步实现全面普及，为清洁能源交通的发展注入更为强劲的动力。未来，充电基础设施的建设还将迎来更多的创新与发展，推动电动汽车行业向着更加绿色、智能的未来迈进。

（四）智能化与互联技术

智能化与互联技术在当今科技潮流中崭露头角，已经深刻改变了我们的日常生活、工作方式及产业结构。下面将深入探讨智能化与互联技术的定义、影响以及未来发展趋势，旨在揭示这两者如何塑造我们的未来社会，推动各个领域向更加智能、高效、互联的方向发展。智能化技术是指通过集成人工智能、机器学习等先进技术，赋予设备、系统或服务更高级的自动化、学习和适应能力。智能化系统能够感知、分析和响应外部环境，从而实现更加智能、自主的运行。这包括智能家居系统、智能交通系统、智能工业制造等多个领域。互联技术则是指通过互联网、物联网等手段，将各种设备、系统和人员连接在一起，实现信息的共享、交流和协同工作。智能化与互联技术的结合，构成了一个庞大的网络，将人与人、人与物、物与物连接起来，形成了全新的智能互联生态系统。这使得我们的生活更加便利，工作更加高效，也为产业升级和社会进步提供了新的机遇。在智能化领域，人工智能技术的飞速发展使得智能设备具备更高级的感知和决策能力。语音识别、图像识别、自然语言处理等技术的不断进步，使得智能助手、智能家居设备等能够更好地理解用户的需求，并做出相应的反应。智能化技术还在工业领域发挥着巨大作用，通过智能制造、工业自动化，提高了生产效率，降低了生产成本。在互联技术方面，物联网的发展使得各类设备能够通过互联网进行数据交换和远程控制。智能家居系统通过互联技术实现了家电、照明、安防等设备的联动与控制。智能交通系统通过车联网技术实现了车辆之间的信息交流，提高了交通的流畅性和安全性。物联网的应用还涵盖了农业、医疗、环保等多个领域，为各行各业带来了全新的发展机遇。这两者的结合，即智能互联，推动了智能城市的建设。智能城市通过智能化与互联技术的应用，实现了城市管理的智能化、资源利用的优化，提高了城市的可持续性。智能交通、智能能源管理、智能安防等系统的建设，使得城市运行更为高效、环保、安全。未来，智能化与互联技术将持续深入发展，呈现出以下几个重要趋势：人工智能技术将更加强大，机器学习、深度学习等领域的不断突破将使智能系统的学习和适应能力更为高效。边缘计算将逐渐崭露头角，将数据处理的重心从云端向设备端移动，提高响应速度，减轻云计算压力。区块链技术的应用将增加智能互联系统的安全性，保障数据的隐私性与完整性。智能互联技术将更广泛地渗透到生活的方方面面，如智能医疗、智能教育、智能零售等，为人们带来更多便利和创新。

（五）成本的逐步降低

成本的逐步降低是一个涉及多个方面的复杂过程，涵盖了生产、技术、市场等多个层面。下面将深入探讨成本逐步降低的原因、影响因素以及对企业和消费者的积极作用。随着科技的不断进步，生产过程中涉及的自动化、智能化技术的应用，使得生产效率大幅提升。自动化系统、机器人技术的引入，可以减少人工操作，提高生产线的运行效率，从而降低单位产品的生产成本。这种生产效率的提升通常伴随规模经济效应，即随着产量的增加，平均成本会逐步降低。新技术的引入常常能够带来更高效、更经济的生产方式。例如，在制造业中，新材料的研发、生产工艺的改进、设备技术的更新，都有助于提高产品质量并减少生产成本。在服务行业，信息技术的发展使得企业可以更加智能地管理运营、提高效率、降低运营成本。在竞争激烈的市场环境中，企业为了吸引更多消费者，通常会采取降低价格的策略。为了实现降价，企业需要不断寻求降低生产成本的方法，以确保产品在市场上的竞争力。这种市场驱动下的成本降低，最终也会使产品价格更加亲民，让消费者受益。全球供应链的建立使得企业能够更加灵活地选择生产地和采购原材料，以寻求成本的最优组合。国际贸易和合作，也促使企业在生产过程中更加高效、合理地配置资源，从而实现成本的降低。对企业而言，降低成本意味着更高的竞争力和更大的利润空间。这可以使企业更有可能在市场上取得优势地位，更有能力进行创新投资，提高产品质量和服务水平。对消费者而言，成本的降低通常会导致产品价格的下降，提高了购买力，让消费者能够以更低的价格购得更好的产品或服务。技术创新、生产效率的提高、市场竞争以及全球化都为成本降低提供了机遇。这种趋势对企业的可持续发展和消费者的福祉都产生着深远的影响。

（六）绿色能源整合应用

绿色能源整合应用是在应对气候变化和能源可持续性挑战的背景下，将各种可再生能源融合应用的一种战略性做法。下面将深入探讨绿色能源整合应用的定义、优势、技术特点以及对可持续发展的影响。绿色能源整合应用指的是将太阳能、风能、水能等多种可再生能源进行协调、优化配置，以满足电力需求和提供清洁能源的一种综合性做法。通过整合不同能源，可以弥补各种可再生能源的波动性和间歇性，提高能源利用效率。这种整合应用的目标是在降低温室气体排放的同时，保障能源供应的可靠性和稳定性。通过整合多种可再生能源，能够实现能源的多元化，减少对单一能源的依赖，提高能源系统的韧性和稳定性。绿色能源整合应用可以最大化地利用各种可再生资源，减少能源浪费，提高能源利用效率。通过在智能电网中应用绿色能源整合技术，可以实现能源的智能调度和管理，提高电网的灵活性和响应速度，降低电力系统的运行成本。技术特点方面，绿色能源整合应用主要包括智能电网技术、能源存储技术、分布式能源系统等方面的创新。智能电网技术可以实现对能源的智能监控、调度和管理，提高电力系统的智能化水平。能源存储技术则可以在能源生产过剩时储存多余的能源，在需求高峰时释放能源，平衡能源供需。分布式能源系统将可再生能源设备直接部署在能源使用地点，减少输电过程中的损耗，提高能源利用效率。绿色能源整合应用对可持续发展产生了深远的影响，它有助于实现能源的清洁生产和使用，减少对传统化石能源的依赖，降低温室气体排放，对缓解气候变化具有积极作用。绿色能源整合应用有助于提高能源的可持续性，使得能源供应更为稳定、可靠。通过采用智能电网和储能技术，能够更好地适应不同能源的波动性，提高电力系统的韧性。在实际应用中，一些国家和地区已经取得了显著的成就。通过建设智能电网、推广分布式能源系统、大规模应用储能技术，这些地区实现了可再生能源的大规模应用和整合，为绿色、可持续的能源未来奠定了坚实基础。通过技术创新和系统优化，可以更好地整合各种可再生能源，实现能源的高效利用，为未来能源系统的可持续发展提供了有力支持。

三、共享出行平台的兴起

在数字经济时代，共享出行平台的兴起标志着交通方式和出行习惯的根本性变革。这一创新模式通过科技手段连接个体出行需求和交通资源，为用户提供更为灵活、便捷的出行选择。下面将深入研究共享出行平台的兴起，分析其对城市交通、环境和社会经济的积极影响。

（一）共享出行平台的基本模式

共享出行平台基于数字技术和移动互联网，通过手机应用实现用户与交通工具（如共享汽车、共享单车、滑板车等）的快速连接。用户可以根据自身需求实时选择最合适的出行方式，并通过手机应用完成预订、定位、支付等操作，实现出行的即时性和个性化。

（二）降低城市交通拥堵

共享出行平台通过提供灵活的共享交通选择，有效减缓城市交通拥堵问题。相比传统个体汽车拥有模式，共享出行鼓励多人共同使用一辆车，减少了车辆总数，降低了道路通行压力，共享单车和电动滑板车等微型交通工具的推广，为短距离出行提供了环保、便捷的选择，减少了对传统交通模式的依赖。

（三）节约能源与减少碳排放

通过优化出行路线、提高车辆使用率，共享出行降低了对能源的浪费。一些共享出行服务提供了电动汽车和自行车等环保交通方式，减少了尾气排放，有助于改善城市空气质量，推动绿色低碳交通的实现。

（四）提高交通资源利用效率

共享出行平台通过优化资源配置，提高了交通资源的利用效率。共享汽车的灵活调度和共享单车的智能分布，使得交通工具更加均衡地分布在城市各个区域，提高了整体出行效率。这种集中管理的方式也有助于缓解停车难题，释放城市的交通资源。

（五）促进城市可持续发展

共享出行模式的推广与应用促进了城市可持续发展，减少了个体汽车对城市资源造成的压力，提高了城市空间的可利用性。共享出行平台也为就业创造了机会，推动了新型服务业的发展，对城市经济形成了积极的支持。

（六）挑战与未来展望

尽管共享出行模式取得了显著成就，但也面临一些挑战。管理、监管、安全、隐私等问题需要进一步解决。共享出行平台在不同城市和文化环境中的推广程度存在差异，需要因地制宜地进行调整。未来，共享出行平台将继续发挥其在城市交通中的重要作用。随着技术的不断进步，共享出行平台有望提供更多元化、智能化的服务，满足不同用户群体的出行需求。

四、先进材料的应用

先进材料的应用在交通领域的发展成为推动绿色低碳交通的重要因素。这些材料不仅改善了交通工具的性能和安全性，还有助于减轻交通对环境的负担。下面将深入研究先进材料在交通领域的应用，探讨其对交通工具设计、能源效率和环境可持续性的影响。

（一）轻量化材料的应用

轻量化材料在汽车和飞机等交通工具中的广泛应用，成为提高能源效率和降低碳排放的有效途径。先进的复合材料，如碳纤维增强聚合物（CFRP）、铝合金等，具有高强度、低密度的特点，可大幅减轻交通工具的自重，提高燃油效率。轻量化设计不仅降低了能源消耗，还改善了汽车操控性能，为绿色低碳交通做出了贡献。

（二）先进合金的运用

先进合金的运用不仅提高了交通工具的强度和耐腐蚀性，还改善了其整体性能。例如，钛合金在航空领域的应用可以降低飞机的重量，提高飞行效率。高强度的镁合金在汽车制造中也得到了广泛使用，有效减轻了汽车的质量。先进合金的运用不仅提高了材料的耐用性，还有助于延长交通工具的使用寿命，减少资源浪费。

（三）先进复合材料的突破

先进复合材料，如碳纤维复合材料，不仅轻质而且具有卓越的强度和刚度。这些材料在交通工具的结构设计中发挥了关键作用。例如，碳纤维强化的车身部件可以减轻汽车的重量，提高燃油效率。在飞机制造中，碳纤维复合材料的使用不仅减轻了飞机自身的重量，还提高了燃油效率，降低了运营成本。

（四）先进陶瓷材料的发展

先进陶瓷材料的应用为交通工具的制造提供了更高的耐磨性能和耐高温性能。在汽车制动系统中，陶瓷刹车盘的应用不仅提高了制动效率，还减轻了零部件的磨损，延长了使用寿命。先进陶瓷材料的热障涂层应用在飞机和火箭的发动机部件上，提高了其耐高温、抗腐蚀的能力，提高了发动机的性能和寿命。

（五）纳米材料的研究与应用

纳米材料的研究和应用为交通工具带来了新的可能性。纳米材料具有出色的机械性能和独特的电磁性能。在轮胎制造中，添加纳米硅橡胶可以提高轮胎的耐磨性和抓地力。纳米涂层技术的应用也在飞机表面保护性和油漆附着性上取得了进展，提高了飞机的外表面性能。

（六）绿色材料的推广

随着对环保的关注日益增强，绿色材料在交通领域得到了推广。可再生资源的利用、生物降解材料的应用成为材料研发的新方向。例如，采用生物基复合材料制造汽车内饰件，降低了对传统石油资源的依赖。这一趋势推动了绿色低碳交通的发展，为可持续交通做出了贡献。

（七）挑战与未来展望

尽管先进材料在交通领域的应用带来了诸多优势，但也面临一些挑战。高成本、大规模生产难题、材料可持续性等问题需要持续解决。

五、大数据分析在交通管理中的作用

在数字经济时代，大数据分析逐渐成为交通管理领域的关键工具。通过采集、处理和分析海量的交通数据，大数据分析为交通管理者提供了深入洞察和实时决策支持。下面将深入研究大数据分析在交通管理中的作用，以及它对交通流优化、安全性提升和城市可持续性的积极影响。

（一）交通流优化与拥堵缓解

大数据分析通过监测交通流、车速、拥堵状况等数据，为交通管理者提供实时的交通状态。基于这些数据，交通管理系统可以精准预测拥堵发生的时间和地点，进而采取智能的交通信号灯控制、路径优化等措施，实现交通流的优化和拥堵的缓解。这有助于提高道路通行效率，减少通勤时间，同时减少交通排放对环境的影响。

（二）事故预防与安全管理

大数据分析在交通事故预防和安全管理方面发挥着重要作用，通过分析历史交通事故数据，系统可以识别事故易发生的区域和时间段，进而采取预防措施，如增加巡逻警力、改善道路标线、提高警示标识等。实时监测交通数据还能帮助驾驶员及时发现交通违规行为，通过自动化执法系统实现实时监管，提高交通安全水平。

（三）基础设施规划与城市设计优化

大数据分析为城市基础设施规划和交通设计提供了科学依据，通过分析人流、车流等数据，可以识别城市中交通"瓶颈"和热点区域，有针对性地进行道路建设和交通基础设施的规划优化。这有助于提高城市的可达性，减少交通拥堵，为城市未来的可持续发展提供更科学的基础。

（四）共享出行和新交通模式的推动

大数据分析对共享出行和新交通模式的推动起到了关键作用，通过分析用户出行数据，交通管理者可以更好地了解城市居民的出行需求，优化共享单车、共享汽车等服务的布局和调度。大数据还支持交通平台实施精准的价格策略、优惠政策，提高共享出行服务的吸引力，推动城市居民更多选择可持续、便捷的出行方式。

（五）环境监测与空气质量改善

大数据分析在环境监测方面对交通管理也有着积极影响，通过实时监测交通流量和排放数据，可以评估交通对空气质量的影响，及时采取措施降低交通排放。这有助于改善城市空气质量，减少环境污染对居民健康的影响。

（六）个性化出行服务与用户体验提升

大数据分析不仅是交通管理的得力工具，更为个性化出行服务提供了有力的支持。通过深入挖掘用户行为、需求和偏好等数据，交通管理系统能够实现更加精准和贴近个体需求的服务，从而提升用户体验和交通服务的效益。通过追踪用户的出行历史、习惯和偏好，系统可以建立用户画像，从而为每一位用户提供个性化的出行建议和推荐。例如，通过了解用户常去的地方、出行时间的偏好，系统可以智能推荐最适合用户的交通方式、路线和出行时间，实现更加贴心的服务。通过实时监测交通流、道路状况和用户位置等数据，系统可以动态调整个性化服务的推荐策略。比如，在交通拥堵时，系统可以及时提供替代路线或建议更灵活的出行方式，以提高用户的出行效率和舒适度。系统能够根据用户的多样性需求，组合不同的交通服务，提供更加灵活、多样的选择。用户可以根据个人喜好和出行目的，自由选择共享单车、共享汽车、公共交通等服务，从而实现出行方式的个性化定制，提高用户对服务的满意度。大数据分析还允许系统获取用户的实时反馈，从而不断优化个性化出行服务。通过分析用户的评价、投诉和建议等信息，系统可以了解用户对服务的满意度和不满意点，及时进行服务调整和改进。这种持续的反馈循环有助于提升个性化服务的质量，更好地满足用户的个性化需求。在提供个性化出行服务时，大数据分析需要平衡服务的个性化程度与用户隐私的保护。系统应当建立完善的隐私保护机制，确保用户的个人信息得到充分保障，同时在合法的范围内利用用户数据提供更好的个性化服务。这种平衡有助于建立用户对个性化服务的信任，促使更多用户积极参与。通过大数据分析，个性化出行服务可以更好地融入城市社会，实现更多的社会参与和共建共享。通过分析社区居民的出行需求，系统可以优化社区出行服务，提高社区内的交通效率。系统还可以鼓励用户参与共建，分享出行信息，形成更为紧密的社交网络，推动城市共建共享发展。大数据分析为个性化出行服务提供了强大的支持，通过深度挖掘用户数据和实时监测交通状况，使得服务更加个性化、贴心化，为用户提供更加便捷、高效的出行体验。

第二节　新技术研究与开发

一、创新驱动与社会进步

创新驱动社会进步，是推动经济、科技、文化等多个领域发展的核心动力。在当今数字经济时代，创新不仅体现在技术领域，还涵盖了商业模式、社会管理等多个方面。本节将深入分析创新驱动与社会进步之间的紧密关系，以及创新在经济、科技和社会各个层面的推动作用。

（一）经济领域的创新推动

在经济领域，创新是推动企业竞争力提升的重要因素。新技术、新产品、新服务的不断涌现，能够满足市场需求，打破传统产业格局，促进产业结构升级。创新还推动了企业的管理模式创新，提高了生产效率，降低了成本。这种经济创新不仅推动了企业的发展，也为整个国家经济的繁荣奠定了基础。

（二）科技创新对科学发展的引领

科技创新是推动科学发展的引领力量。新的科研方法、技术手段的应用，推动了科学理论的不断深化和拓展。科技创新还带动了新的研究领域的涌现，为人类对自然规律的认识提供了新的途径。科技创新也使科学研究更加跨学科、融合性，推动了多领域的协同创新。

（三）创新对社会管理和公共服务的优化

在社会管理领域，创新带来了更高效、更智能的管理方式。数字化、信息化技术的应用，使城市管理更加精准，交通更加流畅，资源利用更加高效。社会服务领域也通过创新，实现了从传统服务向个性化、智能化服务的转变，提高了公共服务的质量和效率。

（四）文化创新对社会观念的影响

创新在文化领域体现为新的思想观念、艺术表达形式、传媒传播方式的涌现。这种文化创新不仅推动了文化产业的发展，也引导了社会价值观的变革。通过新媒体、新表达形式，社会更加开放、多元，促进了社会思潮的多样化。

（五）创新对教育的重要性

创新对教育的推动作用体现在教育体制、教学内容和教学方法的不断更新。培养创新能力成为教育的核心目标，创新型人才的培养不仅关注专业知识，更注重跨学科的融合能力、团队协作能力和解决问题的能力。这种教育创新有助于培养适应未来社会发展需要的人才。

（六）创新在社会治理中的应用

在社会治理方面，创新为建设更为和谐、稳定的社会提供了新的思路。

二、新技术应用的广泛领域

新技术的应用已经深刻地渗透到各个领域，其广泛的应用涉及经济、科技、社会、环境等多个方面，引领着社会的全面变革。

（一）工业与制造业领域

在当今工业领域，新技术的应用日益深入，其中工业互联网、物联网和人工智能等前沿技术正成为推动传统制造业向智能制造转变的关键引擎。这一转型升级的过程既提升了生产效率，也为企业带来了更大的竞争优势。工业互联网通过将传感器、设备和生产流程连接到云平台，实现了信息的实时传输与互通。这使企业能够从生产线上获得大量实时数据，从而实现生产全过程的监控和优化。生产计划可以更加灵活地调整，生产线的运行状态可以实时追踪，这为企业提供了更高效、智能的生产管理手段。物联网技术将物理设备、传感器和互联网连接，形成一个庞大的网络。在制造业中，物联网的应用可以实现设备之间的实时通信和协同工作。生产设备配备传感器，能够实时感知工作状态、温度、湿度等信息，这些数据通过网络传输到中央控制系统，使得生产过程更加智能、自动化。工厂中的各个环节实现了高度的互联互通，提高了生产效率和灵活性。人工智能在工业领域的应用主要体现在智能制造、预测性维护和生产优化等方面。通过机器学习和深度学习等技术，人工智能能够分析大量的生产数据，识别潜在问题并提供解决方案。预测性维护可以在设备故障发生之前提前发现潜在问题，减少生产中断时间。人工智能还能够优化生产流程，提高资源利用效率，实现生产线的自动调整和优化。传感器、物联网和人工智能相互协同工作，使得整个生产过程变得更加智能、灵活。设备之间的信息交流和协同能够自动实现，制造过程中的隐性问题可以通过数据分析及时发现和解决。这种智能制造的模式不仅提高了生产效率，还降低了生产成本，提高了产品质量和企业竞争力。智能制造也面临一些挑战，包括数据隐私安全性、人才培养和设备升级等问题。解决这些挑战需要企业加强技术研发，提升员工技能，同时政府、企业和学术界需要共同努力，共建智能制造的生态系统。随着技术的不断发展和创新，智能制造将迎来更为广阔的前景，推动着传统制造业朝着智能、高效、可持续的方向迈进。

（二）医疗与生物技术领域

在当今医疗领域，新技术的迅速应用如基因编辑、远程医疗和人工智能诊断等，正在深刻地引领医疗模式的变革。这一系列创新技术的引入不仅提升了医疗服务的效率，还为患者提供了更为个性化和先进的治疗方案。通过工具如 CRISPR-Cas9 等，科学家能够精准编辑人体基因，纠正某些遗传性疾病的基因缺陷。这使一些常规治疗无法根治的疾病，如遗传性疾病、白血病等，有望找到更为有效的治疗手段，标志着医学迈入了个体化治疗的时代。远程医疗通过信息技术实现医患之间的远距离交互，推动了医疗服务的数字化和智能化。患者可以通过远程医疗平台咨询医师、进行在线诊疗，实现病情监测和药物调整。这种模式不仅缓解了医疗资源不均衡的问题，还提高了患者就诊的便捷性，特别在偏远地区和突发疫情期间发挥了重要作用。人工智能在医疗领域的应用为医师提供了更准确、迅速的诊断手段。通过深度学习和机器学习算法，人工智能能够分析大量的医疗数据，辅助医师判断病情和提供治疗建议。在影像诊断上，如 CT、MRI 等，人工智能能够帮助医师更快速地发现病变和异常，提高了诊断的准确性和及时性。通过整合患者的临床资料、基因信息、生命体征等大数据，医疗机构能够进行更为深入的研究，发现潜在的疾病风险和治疗方案。这也有助于制订更为个性化的医疗计划，提高治疗的效果和患者的生存质量。尽管新技术在医疗领域取得了显著的进展，但也面临一系列挑战，包括技术标准的制定、隐私保护、伦理道德等方面。医师和患者的数字素养和接受程度也需要不断提高。随着技术的不断创新和社会对数字医疗的认可度提高，医疗模式的变革将为全球健康事业带来更为广阔的前景，为疾病的防治提供更加智能、精准的解决方案。

（三）信息与通信技术领域

在信息与通信技术领域，新技术的引入如 5G 通信和区块链等，正深刻地推动着数字化社会的建设。这些前沿技术不仅提高了通信效率和安全性，还为创新性的数字服务和业务模式打开了崭新的可能性。

5G 通信技术被誉为第五代移动通信技术，它以高速、低延迟和大连接性为特点，为数字社会的建设提供了强有力的支持。高速的数据传输速率使得用户能够更快速地进行高清视频流、大数据传输和虚拟现实等服务。低延迟的特性使得实时通信变得更加可靠，为自动驾驶、远程医疗等领域的发展创造了有利条件。大连接性则意味着更多设备能够同时连接网络，促进物联网的发展。区块链技术是一种分布式数据库技术，通过去中心化的方式，确保信息的透明性和安全性。在数字社会的建设中，区块链技术发挥着关键作用。它提高了数据的安全性，每个区块都通过密码学算法连接，使得信息难以篡改。区块链技术使得去中心化的智能合约成为可能，实现了自动化的信任执行。这在金融、供应链管理等领域为业务流程的简化和效率提升带来了巨大的潜力。在智慧城市中，通过 5G 网络连接的传感器和设备能够实现更智能的城市管理，包括智能交通、智能能源管理等。区块链技术则可用于确保智慧城市中的数据安全性和用户隐私保护。在工业领域，5G 通信技术使得工厂中的设备能够更快速、稳定地进行数据交换，实现智能制造。区块链技术的应用有助于构建供应链透明度，确保原材料来源可追溯，防范伪劣产品的出现。在金融领域，区块链技术为数字货币、智能合约等创新提供了支持，实现了去中心化的金融服务，降低了交易成本，提高了交易速度。尽管这些新技术为数字社会建设带来了无限潜力，但也面临着一些挑战，包括网络安全问题、隐私担忧、技术标准的制定等。解决这些挑战需要产业界、政府和学术界的共同努力。随着这些技术的不断创新和应用，数字社会将迎来更为广阔的前景，为社会各个层面带来更高效、智能、可持续的发展。

（四）交通与物流领域

在当今交通与物流领域，新技术的广泛应用如智能交通系统、自动驾驶技术和无人机配送等，正在深刻地改变传统的交通方式和物流模式。这些前沿技术的引入不仅提高了效率和安全性，还为整个行业带来了更为智能和可持续的未来。

智能交通系统通过集成先进的信息技术，实现了对交通流的智能监控、调度和管理。交通信号灯、摄像头、传感器等设备与互联网连接，实现了实时数据的收集和处理。这使交通管理者能够更加精准地了解道路状况，实时调整信号灯配时，优化车流组织，减缓交通拥堵，提高道路通行效率。

自动驾驶技术是基于先进的感知、决策和执行系统，使车辆能够在不需要人为干预的情况自主下行驶。这项技术不仅提高了行车的安全性，还可以优化交通流、减少交通事故，并提高车辆的能源利用效率。自动驾驶技术也为交通运输业带来了更高效的物流运输和城市交通管理方式。

无人机配送作为物流领域的创新，通过飞行器实现货物的空中运输。这种方式提高了物流配送的速度，降低了成本，并且在一些偏远地区或紧急情况下发挥了重要作用。无人机配送还有助于减少交通拥堵和减少对环境的影响，是一种更为环保和高效的物流模式。

这些新技术的引入虽然为交通与物流领域带来了巨大的机遇，但也面临着一些挑战。包括法规标准的不断完善、技术安全性的考量、社会接受度等问题。随着技术的不断演进和应对挑战的不懈努力，交通与物流行业将朝着更加智能、高效、环保的方向发展。这不仅将改善城市交通流动性和物流效率，还有助于构建更为可持续的城市和社会。

（五）教育与培训领域

在当今教育与培训领域，新技术的广泛应用如在线教育、虚拟现实技术等，正在深刻地推动着教育的创新。这些前沿技术的引入不仅拓展了教学进行手段，还为学生提供了更为灵活、个性化的学习体验。

在线教育通过互联网平台为学生提供学习资源，突破了传统教育的时空限制。学生可以随时随地通过电脑、平板或手机接入在线学堂，参与课程进行学习。这种灵活的学习方式为各个年龄层的学生提供了更多选择，同时使知识更加普及和全球化。虚拟现实技术将计算机生成的虚拟环境与用户真实环境进行交互，为教育带来了更为身临其境的学习体验。学生可以通过虚拟现实设备沉浸式地参与学习，如进行虚拟实验、历史场景的漫游等。这种交互式学习方式不仅提高了学生的兴趣，还加深了他们对知识的理解。人工智能技术在教育中的应用使得教学更加个性化。通过学习平台的数据分析，系统可以根据每个学生的学习风格、进度和需求，量身定制教学内容，提供有针对性的辅导。这不仅有助于满足学生的个性化学习需求，还提高了教学的效果。尽管新技术在教育领域取得了显著进展，但也面临一些挑战。其中包括数字鸿沟的存在、教育平台的质量和隐私保护等问题。培训教育者和学生适应新技术也需要一定时间。随着技术的不断发展和社会对在线学习的接受度提高，教育将朝着更为智能化、个性化、全球化的方向发展。这不仅将促进学生的全面发展，也为教育体制的创新提供了丰富的可能性。

（六）金融与服务领域

在当今金融与服务领域，新技术的广泛应用如金融科技（FinTech）、人脸识别支付等，正深刻地改变着传统的金融业务和服务模式。这些前沿技术的引入不仅提升了金融服务的效率和便捷性，还为用户和企业带来了更为创新和多样化的金融解决方案。通过应用大数据分析、人工智能、区块链等技术，金融科技拓展了金融服务的边界，提高了服务的普及性和定制性。例如，智能投顾、P2P借贷、数字货币等都是金融科技的代表，它们重新定义了用户与金融机构之间的关系。人脸识别支付技术以面部特征为基础，实现了线上线下支付的无感知交易。用户只需通过脸部扫描即可完成支付过程，大大提高了支付的速度和便捷性。这种技术的普及不仅提高了支付的安全性，还为用户创造了更为流畅的购物和支付体验。移动支付的普及改变了传统的支付方式，用户通过手机 APP 即可完成各类交易，包括购物、转账、账单支付等。数字化银行则提供了在线开户、远程办理业务、个性化理财等服务，实现了金融服务的数字化转型。这不仅提高了用户的便利性，还推动了金融机构的创新。金融与服务领域的新技术应用虽然给行业带来了诸多便利，但也面临一些挑战，包括隐私安全问题、技术标准的制定、监管政策的跟进等。尤其是金融科技的发展需要平衡创新和风险防范的关系。随着技术的不断演进和社会对数字金融服务接受度的提高，金融与服务领域将迎来更为智能、便捷、安全的未来。这将推动金融服务向更广泛的用户群体普及，促进金融体系的更好发展。

（七）环境与能源领域

在当今环境与能源领域，新技术的广泛应用如智能能源管理、清洁能源技术等，正深刻地助力着可持续发展。这些前沿技术的引入不仅提高了能源利用效率，还为环境保护和碳减排提供了有效手段。智能能源管理系统通过物联网技术、大数据分析等手段，实现了对能源系统的智能监测、分析和调度。这使能源供应商和消费者能够更精准地掌握能源使用情况，合理安排能源的生产、传输和消耗，最大限度地提高了能源的利用效率。智能能源管理系统也为用户提供了更灵活的能源选择，如通过可再生能源的集成，降低了对传统能源的依赖。清洁能源技术，包括太阳能、风能、水能等，作为可再生能源的代表，正逐渐取代传统的化石能源，为能源结构的转型提供动力。太阳能光伏发电、风力发电等清洁能源技术的广泛应用，不仅减少了对有限资源的依赖，还降低了温室气体的排放，从而对气候变化产生积极的影响。智能化技术在节能与环保方面的应用也成为可持续发展的关键。例如，智能家居系统通过自动化控制家庭用电设备，实现能源的节约。智能交通系统通过优化交通流，减少拥堵，降低车辆排放。这些智能化应用为提升生活和工作环境的能效，实现环境可持续性发展发挥了积极作用。尽管环境与能源领域的新技术应用带来了巨大的潜力，但也面临一些挑战，包括技术成本、基础设施建设、政策法规等方面的问题。为了更好地推动可持续发展，需要通过全球合作，共同解决这些挑战。随着技术的进步和社会对可持续发展的认知提高，环境与能源领域将迎来更广泛、深入的创新，助力建设更为清洁、绿色的未来。

新技术的广泛应用正在为各个领域带来深刻的变革，推动社会不断向着更加数字化、智能化、可持续的方向发展。

三、对经济的积极影响

新技术的研究与开发对经济发展有着深远而积极的影响。随着科技的不断进步，新技术的涌现不仅改变了产业格局，也影响着社会生活的方方面面。随着科技的飞速发展，新技术的应用不断渗透到各行各业，成为经济增长的关键驱动力。新技术的引入通常伴随生产方式的改变，从而使生产效率得以提高。自动化、数字化和智能化等新技术的应用使得生产过程更为精细化和高效化，从而降低了生产成本，提高了企业的竞争力。例如，制造业中的工业机器人和自动化生产线，能够完成繁重的重复性工作，不仅降低了劳动力成本，还提高了产品的一致性和质量。科技创新带来了新产品、新服务和新业态，为市场注入新的活力。新兴产业的崛起，如信息技术、生物技术、清洁能源技术等，正在逐渐取代传统产业的地位。这不仅创造了新的经济增长点，也促使整个产业链的升级和优化。例如，移动互联网的发展催生了互联网经济，改变了传统零售业态，形成了新的商业模式，推动了电子商务的迅猛发展。通过对前沿技术的研究，国家和企业能够积累先进的科技知识和技术储备。这不仅有助于培养高端人才，还能够促进科研机构、高校和企业之间的合作，形成产、学、研、用相结合的科技创新体系。高水平的科技人才和创新能力是国家在全球竞争中立于不败之地的重要保障。例如，人工智能领域的研究不仅推动了智能技术的发展，也培养了大量的专业人才，成为引领未来科技浪潮的关键力量。在面临资源短缺、环境污染、能源危机等问题时，新技术往往能够提供创新性的解决方案。清洁能源技术的研究推动了可再生能源的利用，减缓了对化石能源的过度依赖，有助于构建更为可持续的能源体系。生物技术的应用促进了医药领域的创新，推动了疾病的治疗和预防。数字技术的发展改变了传统产业的运营模式，推动了智能城市建设，优化了资源配置，提高了城市管理效率。随着新兴产业的崛起，对高技能、高素质的劳动力需求不断增加。新技术的应用催生了一批新型职业，如数据分析师、人工智能工程师、网络安全专家等，为就业市场带来了更多选择。科技创新也激发了创业活力，促进了小微企业的发展，为就业提供了更多机会。新技术的研究与开发也面临一些挑战，技术的不断更新换代使得人才的培养和知识更新面临较大压力。科技的发展往往伴随着一些社会问题，如数据隐私、人工智能的伦理问题等，需要科技发展与社会规范相适应。新技术的引入可能导致一些传统产业的淘汰，对劳动力市场造成一定的冲击。

四、对社会的积极影响

新技术的研究与开发对社会结构和生活方式产生了深远的影响，这一影响涉及各个方面，从经济、文化到社交和日常生活的方方面面。数字化、自动化、人工智能等新技术的应用使得传统产业逐渐演变为知识经济和创新型经济。高科技产业的兴起推动了就业市场对技术人才和高端人才的需求，同时催生了新兴产业，如信息技术、生物技术和清洁能源等领域。这导致了社会经济结构的调整和产业链的重构，为更为现代化和可持续的经济体系奠定了基础。远程办公、云计算、智能制造等技术的发展使得传统的工作模式和生产方式发生了巨大的变革。人们可以通过互联网实现远程协作，企业可以借助智能化生产线提高生产效率。这不仅提高了工作的灵活性和效率，也为人们提供了更多的工作选择，也需要应对相关的挑战，如职业转型、技能更新等。社交媒体、虚拟现实、人工智能等技术的普及改变了人们之间的交流方式和文化传播方式。社交媒体让人们可以实时分享生活，虚拟现实技术提供了全新的娱乐体验，人工智能的推动催生了个性化定制的文化产品。这使文化多元化得以更好地表达和传递，也带来了新的社交挑战，如信息过载、隐私问题等。

在线教育、远程学习、智能辅助教学等技术的应用使得教育更为灵活和个性化。学生可以通过互联网获取丰富的学习资源，教师可以更好地针对学生的个性化需求进行教学。这为教育体制的改革和升级提供了契机，但也需要解决一系列的问题，如数字鸿沟、在线教育质量等。智能家居、智能医疗、智能交通等技术的应用使得人们的日常生活更加便利和智能。家庭设备的互联互通、医疗健康监测的智能化、交通工具的自动化等带来了更高的生活品质，但同时引发了一些问题，如数据隐私、信息安全等。新技术的研究与开发不仅改变了经济结构和工作方式，也深刻地影响了文化、社交、教育和日常生活的方方面面。随着技术的不断发展，社会将进一步迎来更多新的变革，需要全社会共同努力，以更好地适应和引导这一变革。

五、对科学研究的促进

新技术的研究与开发在推动科学研究方面发挥着至关重要的作用，其对科学领域的深入发展影响深远。先进的实验设备、数据采集与分析系统、计算机模拟等技术的应用，使科学家能够更加精确、迅速地进行实验和观测。例如，高通量的基因测序技术使基因研究取得了革命性的突破，先进的显微成像技术使细胞和生物结构的研究更加深入。在数字技术、人工智能等领域的发展下，科学研究越来越涉及多学科的交叉，形成了生物信息学、计算化学、数字地球等新的研究领域。这种跨学科的融合使得科学问题的探讨更为全面，为科学研究提供了更广阔的视野。先进的通信技术和互联网的普及使得科学家们能够迅速获取来自世界各地的数据、文献和合作机会。全球范围内的合作网络的建立，使得科学研究能够更加全面地考察问题，共同应对全球性的挑战，如气候变化、大流行病等。开源软件、开放获取期刊等机制的普及，使科研成果更容易被广泛分享、获取和利用。科学家们可以更加迅速地获取他人的研究成果，从而在已有研究的基础上进行更深入的探索，推动了科学研究的协同发展。生态学家可以利用遥感技术更全面地监测地球的生态系统，天文学家可以通过先进的望远镜观测更远的星系。这些新技术的应用不仅提供了更多的观测和实验数据，也拓展了科学家们对研究对象的认识。新技术的研究与开发为科学研究注入了新的活力和动力，推动了科学研究的深入发展。在新技术的推动下，科学界将迎来更多领域的创新和突破，有望解决更多现实世界面临的难题。

六、对可持续发展的促进

新技术的研究与开发对可持续发展目标的促进作用十分显著，其在多个领域的应用有望为实现可持续性目标提供创新性解决方案。智能制造、物联网技术以及先进的数据分析方法可以帮助企业更有效地管理资源，减少能源和原材料的浪费。这有助于实现"可持续消费与生产"目标，促使产业转向更为环保、节约资源的方向。太阳能、风能、潮汐能等清洁能源的研究和应用正在取得显著进展。这有助于实现"清洁能源"目标，减少对传统化石燃料的依赖，降低温室气体排放，从而应对气候变化。精准农业技术、基因编辑等新技术可以提高农作物的产量，减少农药和化肥的使用，有助于实现"零饥饿"目标，保护生态系统的健康。新技术在城市规划和建设中的应用有望优化城市功能，提高城市的可持续性。智能交通系统、智能建筑、智能城市管理等技术的引入，有助于实现"可持续城市与社区"目标，提高城市的能源利用效率，改善居民生活品质，减少交通拥堵和环境污染。远程医疗、健康数据分析、基因医学等技术的应用可以提高医疗服务的可及性和效率，促进人们健康管理和疾病预防，改善全球公共卫生状况。数字技术的发展为普及教育、提高就业机会提供了新途径，有助于实现"优质教育"和"没有贫困"等目标。新技术的研究与开发为可持续发展目标的实现提供了强大支持，需要在技术推广的同时关注社会、经济和环境的可持续性，防范新技术可能带来的负面影响，确保其真正成为可持续发展的有力推动者。

第三节　技术应用与示范项目

技术应用与示范项目是推动新技术发展和可行性验证的关键环节，通过这些项目的实施，可以在实际应用场景中验证技术的有效性、可行性和经济性。随着科技的不断进步和创新，技术应用与示范项目在各个领域崭露头角，成为推动新技术实际应用的有效途径。这些项目旨在通过在真实环境中的实际运用，验证新技术的可行性，为其商业化和大规模应用提供有力的支持。以可再生能源为例，各国纷纷启动光伏发电、风电示范项目，通过这些项目的实施，不仅验证了新型能源技术的可行性，也积累了大量运行数据，为新能源的规模化应用奠定了坚实的基础。同时，智能能源管理系统在实际建筑中的应用，也通过示范项目为智能建筑和智能电网的发展提供了宝贵经验。智能交通系统的示范项目在城市交通管理中起到了先锋作用，通过智能交通信号灯、智能交通监控等技术的应用，提高了交通效率，减缓了拥堵问题。电动汽车和共享出行项目的示范，推动了城市绿色出行方式的发展，为可持续交通体系的建设奠定了实践基础。在工业领域，智能制造和工业互联网技术的示范项目成为推动制造业转型升级的关键一环。工厂自动化、物联网技术的应用，通过示范项目的验证，不仅提高了生产效率，还为工业数字化进程提供了先进范本。这些项目的成功实施推动了制造业的智能化和数字化发展，助力企业适应快速变化的市场需求。农业物联网、精准农业等技术在实际农田中的应用，通过示范项目的推动，提高了农业生产效益，减少了农药和化肥的使用，为可持续农业的发展树立了榜样。这些项目通过在真实场景中的实施，不仅验证了技术的可行性，还为各行业提供了发展方向和经验总结。这种实际应用的验证过程将推动科技创新不断迈向更为成熟和可靠的阶段，为社会经济的可持续发展提供强有力的支持。

第四节　技术创新的挑战与前景展望

技术创新是推动社会发展和经济增长的关键引擎，随着技术创新的不断推进，也面临着一系列挑战。技术创新所带来的前景展望也是激动人心的。技术创新作为推动社会进步的引擎，无疑为人类带来了巨大的变革。随着科技不断发展，技术创新也面临着一系列严峻的挑战。这些挑战涉及技术本身的发展、社会对技术的接受程度以及与其他因素的复杂交互。在创新的初期阶段，新技术往往伴随许多未知因素，包括技术可行性、市场需求、法规政策等。这种不确定性使得企业和研究机构在决策时面临巨大的风险，需要在不断试错中前行。某些领域的技术创新需要高度专业化的人才，而这些人才往往供不应求。人才短缺可能阻碍一些领域的技术创新，加大了企业在人才招聘和培养方面的压力。一些新兴技术，如人工智能、基因编辑等，引发了社会对伦理和隐私问题的关切。缺乏明确的法律框架和规范，可能阻碍这些技术的正常发展和应用。尽管面临这些挑战，技术创新仍然展现出广阔的前景。技术创新有望推动产业升级和经济增长，新技术的应用将促使产业结构的调整，为新兴产业的崛起提供动力，带动整体经济的发展。对于气候变化、资源短缺、医疗卫生等问题，需要依靠技术的创新和应用来解决。清洁能源技术、生物技术等领域的创新有望为全球可持续发展目标的实现提供支持。智能化、数字化等技术的发展，将为人们带来更便捷、高效的生活体验。从智能城市到智能医疗，技术创新将深刻影响社会的方方面面。技术创新既面临挑战，又蕴含着巨大的潜力。解决技术创新过程中的挑战，需要全社会的共同努力，包括政府、企业、学术机构等多方面的合作。只有通过创新的思维方式和全球性的合作，才能更好地应对挑战，实现技术创新的可持续发展。

参考文献

[1] 过秀成，朱震军．交通运输工程导论 [M].南京：南京东南大学出版社，2022.

[2] 王辉，刘宏刚，罗奋．交通运输与经济发展 [M].长春：吉林人民出版社，2022.

[3] 刘强，孟凡奎，曹生炜．交通运输与物流供应管理 [M].长春：吉林人民出版社，2022.

[4] 孙晶晶，陈灿．交通运输概论 [M].成都：西南交通大学出版社，2021.

[5] 帅斌，王宇，霍娅敏．交通运输经济 [M].2 版．成都：成都西南交大出版社，2021.

[6] 邓红星．交通运输商务管理 [M].北京：机械工业出版社，2021.

[7] 程世东．交通运输发展策略与政策 [M].北京：人民日报出版社，2020.

[8] 王汝佳，李广军．交通运输工程概论 [M].成都：西南交通大学出版社，2019.

[9] 马书红，王元庆，戴学臻．交通运输经济与决策 [M].北京：人民交通出版社，2019.

[10] 刘南，汪浩，曲昭仲．交通运输管理 [M].杭州：浙江大学出版社，2019.

[11] 贾顺平．交通运输经济学 [M].北京：人民交通出版社，2019.

[12] 冯芬玲．交通运输创新创业实践与案例 [M].长沙：中南大学出版社，2019.

[13] 彭其渊．交通运输系统工程 [M].成都：西南交通大学出版社，2018.

[14] 许绍斌，邹娇．交通运输经济现状与发展战略研究 [J].中国航班，2023（17）．

[15] 郑倩倩．探讨交通运输经济发展的难题 [J].财经界，2023（11）：27-29.

[16] 曹威．"互联网＋"下交通运输经济发展分析 [J].产业创新研究，2023（10）：52-54.

[17] 赵刚．交通运输经济现状及发展战略研究 [J].中国储运，2023（6）：100-101.

[18] 周丽丽．基于"互联网＋"的交通运输经济发展 [J].市场周刊（理论版），2023（8）：84-87.

[19] 张洁．交通运输经济现状及发展战略分析 [J].现代营销，2023（5）：133-135.

[20] 魏跨．市场经济条件下交通运输经济管理策略研究 [J].经济与社会发展研究，2023（23）．

[21] 赵永斌．新常态下提升交通运输经济管理水平的研究 [J].中国航务周刊，2023（23）：52-54.